LEÇONS

DE

GÉOGRAPHIE

D'APRÈS

LES PROGRAMMES DU DÉPARTEMENT DE LA SEINE

COURS SUPÉRIEUR

AF727601

PARIS. — IMPRIMERIE E. MARTINET, RUE MIGNON, 2.

LEÇONS

DE

GÉOGRAPHIE

D'APRÈS

LES PROGRAMMES DU DÉPARTEMENT DE LA SEINE

PAR

E. BROUARD

Inspecteur primaire à Paris, membre du conseil départemental de la Seine,
chevalier de la Légion d'honneur, officier de l'Université.

En tout cherchons la conformité au but.

COURS SUPÉRIEUR

PRÉPARATOIRE AU CERTIFICAT D'ÉTUDES, AUX EXAMENS D'ÉLÈVES-MAITRES
ET D'ÉLÈVES-MAITRESSES, D'ENTRÉE AUX ÉCOLES NORMALES, ETC.

PARIS
LIBRAIRIE HACHETTE ET Cie
79, BOULEVARD SAINT-GERMAIN, 79

1876

12171

Tous droits réservés.

AVERTISSEMENT

En rédigeant nos *Leçons de géographie* pour les cours *élémentaire*, *moyen* et *supérieur*, nous n'avons pas eu l'intention de faire de nouvelles géographies : il en existe assez, et des meilleures, faites par des hommes plus compétents que nous. Nous avons simplement entrepris *de mettre l'enseignement géographique en harmonie avec les programmes officiels, adoptés notamment dans le département de la Seine;* de faire pour cet enseignement ce que d'autres ont fait pour l'enseignement historique et grammatical. Nous avons pensé que, pour la géographie aussi, il est utile, nous dirons presque indispensable, que, d'une part, les élèves aient entre les mains un livre où ils puissent retrouver les leçons du maître, et que, d'autre part, celui-ci ait à sa disposition un guide conforme de tout point à son programme, guide qui le dispense de chercher, à droite et à gauche, les principaux matériaux dont il a besoin pour son enseignement quotidien.

On nous a fait observer que nous facilitions ainsi peut-être outre mesure la tâche des maîtres et maîtresses, en leur évitant ce travail de réflexion et d'investigation qui est la base même de la préparation sérieuse des classes, et l'un des plus sûrs éléments de succès dans le professorat. Ce reproche nous a été fort agréable, et plaise à Dieu que nous le méritions!

Comme nous l'avons fait remarquer si souvent aux personnes qui voudraient étendre encore le programme déjà si chargé de l'école primaire, les enfants d'aujourd'hui ne sont pas autrement constitués que ceux d'il y a vingt ans; en outre, la période scolaire ne s'étend toujours que de sept à quatorze ans pour les privilégiés, et de neuf à douze ans (et encore!) pour le grand nombre. D'un autre côté, nos maîtres et maîtresses ne disposent ni de plus de vigueur, ni de plus de temps que leurs prédécesseurs. Ainsi, pendant que les obligations et le travail se sont accrus dans des proportions énormes, tant pour les élèves que pour les maîtres, la somme des forces et des ressources est restée la même. Il y a donc utilité, pour ne pas dire nécessité, à alléger la tâche des uns et des autres. Or, il n'existe pas d'autres moyens de diminuer le labeur des maîtres que celui de perfectionner leur outillage, et, notamment, de mettre à leur disposition des livres aussi appropriés que possible à leur enseignement. C'est le but que nous nous sommes proposé pour notre part ; peut-on nous en blâmer? Et d'ailleurs, qu'on le croie bien, nous laissons aux maîtres encore assez à faire : forcé continuellement de nous restreindre parce que nous nous adressons à des enfants d'*écoles primaires* en même temps qu'à eux, nous ne pouvons leur éviter entièrement de chercher ailleurs des détails plus circonstanciés et des notions plus étendues.

On nous a demandé en outre si nous apportions une méthode nouvelle. Nous répondons bien franchement que nous n'avons pas cette prétention, du moins pour les cours moyen et supérieur. Les méthodes sont du ressort de la *pédagogie;* c'est dans les livres de pédagogie qu'il faut aller les chercher. On dit : un livre est une méthode, un esprit qui dirige : cela est vrai dans une certaine mesure. Mais la véritable méthode, c'est le *maître*. Pour les livres, il suffit qu'ils ne contrarient pas, tant s'en faut, les méthodes reconnues les meilleures. Il en est ainsi, nous l'espérons du moins, de ceux que nous présentons pour l'enseignement géographique.

D'après la disposition que nous avons adoptée, le maître lit la leçon ou la fait lire ; la carte sous les yeux et la baguette à la main, il la commente, il l'explique, il l'étend s'il le juge à propos ; ensuite, il questionne et fait ou indique les exercices propres à corroborer son enseignement ; en un mot, il s'entretient avec ses élèves, il les guide, il travaille avec eux, il provoque leur travail personnel.... il professe : c'est ce que nous appelons *la lecture de la leçon avec explications, compte rendu, exercices et questions*. Mais cette leçon professée, étendue, développée, tous les élèves ne sont pas aptes à la retenir dans tous ses détails ; il y a des mémoires ingrates, des enfants distraits ou faibles ; il y a aussi des choses essentielles qu'il ne sera permis à personne d'ignorer au moment de l'inspection ou de l'examen du certificat d'études, des choses que le programme prescrit tout d'abord et impérativement : en prévision de tout cela, nous faisons suivre chaque leçon d'un *résumé*, d'un résumé à apprendre par cœur, parce que nous pensons qu'il faut apprendre *par cœur* dans les écoles, sous cette seule réserve qu'avant de passer dans la mémoire, les choses apprises auront passé par l'intelligence.

Du reste, c'est le système qui a été suivi par les auteurs de livres analogues au nôtre et faits aussi en vue des programmes officiels ; seulement, nous avons placé les résumés, les sommaires de chaque leçon à la fin, au lieu de les mettre au commencement. Nous avons cherché à appliquer ainsi à la géographie la marche indiquée par un grand éducateur pour l'enseignement de l'histoire :

« Le maître qui voudra bien faire une leçon devra commencer « par raconter lui-même, avec des détails propres à intéresser ses

» élèves, le fait qui sera l'objet de la leçon ; ensuite, il résumera son » récit en quelques mots clairs et faciles à retenir (1) ».

Voilà, si l'on veut, notre méthode. Autrement, sauf que nous suivons les programmes pas à pas et jusque dans les divisions mensuelles, que nous répartissons même les matières prescrites pour chaque mois entre les quatre leçons que comporte l'emploi du temps, nous tâchons de dire les mêmes choses que tout le monde, et de les dire comme tout le monde aussi. Nous nous rapprochons même quelquefois des anciens errements, notamment pour le groupement des provinces et des départements : outre que le groupement par bassins ou par régions est peu sûr et parfois arbitraire, il doit être le travail personnel des élèves, le résultat de leur parfaite connaissance de la carte physique de la France ; il suffit que le livre et le maître appellent leur attention sur ce point.

Au sujet des départements, on croira trouver, dans nos *Leçons de géographie*, une grosse lacune : ni dans le cours moyen, ni dans le cours supérieur, nous ne proposons l'étude détaillée des départements, étude qui, dans la plupart des ouvrages sur la matière, même les plus élémentaires, occupe une si grande place.

A nos yeux, cette étude est fastidieuse, peu utile, et d'ailleurs impossible eu égard au temps que lui attribuent les programmes. Nous ne connaissons rien de plus pénible pour de malheureux enfants que de répéter quatre-vingt-six fois à peu près les mêmes choses et aussi à peu près dans les mêmes termes. De plus, de quoi s'agit-il en fin de compte ? De familiariser nos élèves avec les noms et la place des anciennes provinces et des départements, avec le nom et la place des principales villes qui s'y trouvent. Eh bien, pour cela, il suffit de l'étude et du tracé des cartes. Mais, dira-t-on, les détails historiques, administratifs, agricoles, industriels, commerciaux ? — Les détails historiques sont du domaine de l'histoire : ce sera aux maîtres, dans les leçons d'histoire, dans les lectures, de faire en sorte que leurs élèves se reportent immédiatement, sur la carte, aux lieux où tels ou tels faits se sont accomplis. Pour les détails administratifs, agricoles, industriels, commerciaux, ils se trouveront groupés d'une manière bien autrement intéressante dans les synthèses spéciales qui complètent, d'après les programmes mêmes, l'étude de la France envisagée sous ses divers aspects. Enfin, les programmes n'accordent qu'un mois pour l'étude des départements. Nous demandons si, dans l'espace d'un mois et en quatre leçons, il est possible à des enfants de fixer dans leur souvenir les particularités propres à quatre-vingt-six départements et à trois ou quatre cents villes !!.. Voilà pourquoi, à l'exemple du reste de M. Levasseur, nous ne donnons qu'un tableau synoptique et comparatif des provinces et des départements, avec leurs inséparables capitales, chefs-lieux et sous-préfectures. Ce tableau suffira.

(1) Mgr Dupanloup, *Lettre à M. l'abbé Bernard*, au sujet de son Histoire sainte destinée aux écoles.

avec les détails que le maître croira pouvoir y ajouter, pour l'étude des provinces et des départements telle que les auteurs des programmes paraissent l'avoir entendue.

Il va sans dire que nous faisons hommage de nos *Leçons de géographie* aux instituteurs, et spécialement aux instituteurs de la Seine. S'il y a quelque chose de bon dans ces livrets et dans nos autres ouvrages, c'est auprès d'eux que nous l'avons puisé, pendant les vingt-cinq ans que nos efforts se sont joints aux leurs pour le progrès de l'instruction primaire. Nous ne faisons que leur rapporter leur propre bien, leurs propres leçons, unifiées, condensées, et, nous le répétons, mises d'accord avec nos programmes officiels.

Paris, 1er mai 1876.

E. BROUARD.

LEÇONS
DE
GÉOGRAPHIE
D'APRÈS
LES PROGRAMMES DU DÉPARTEMENT DE LA SEINE

COURS SUPÉRIEUR

LEÇON PRÉPARATOIRE

NOMENCLATURE GÉOGRAPHIQUE. — SIGNES GÉOGRAPHIQUES. — NOTIONS DE COSMOGRAPHIE (SIMPLE LECTURE AVEC EXPLICATIONS S'IL Y A LIEU).

Définition de la géographie. — La géographie est la description de la terre, ou plutôt la description de sa surface et des faits ou phénomènes principaux qui s'y produisent.

Ce que c'est qu'un plan, une carte. — Un *plan* est la représentation, par des lignes et par des signes convenus, d'un lieu, d'un monument, d'un objet quelconque. Une *carte* n'est qu'un plan réduit, destiné à figurer la surface de la terre ou une partie plus ou moins étendue de cette surface. Une *mappemonde* est une carte de la terre entière. Une carte *particulière* est celle d'une partie de la terre seulement ; par exemple, la carte d'Europe, la carte de France, celle d'une province, d'un département, etc.

Les points cardinaux. — S'*orienter*, c'est reconnaître l'*orient*, et se placer de manière à avoir ce point à sa droite.

Dans cette situation, on a à sa droite l'*orient*, *levant* ou *est*; à sa gauche, le *couchant*, *occident* ou *ouest*; devant soi le *nord* ou *septentrion*; derrière soi le *midi* ou *sud*. Ces points principaux se nomment les *quatre points cardinaux*. Ils se désignent par les lettres N. (nord), S. (sud), E. (est), O. (ouest). Les *points intermédiaires* s'indiquent par les lettres N.-E. (nord-est), N.-O. (nord-ouest), S.-E. (sud-est), S.-O. (sud-ouest).

Dans le tracé des cartes, on est convenu de figurer en haut les points, lieux ou contrées qui sont au N. par rapport aux autres; à droite ceux qui sont à l'E.; à gauche ceux qui sont à l'O.; en bas ceux qui sont au S.

Accidents géographiques. — On trouve à la surface de la terre de grandes étendues non interrompues par les mers; des parties de terre qui, au contraire, sont entourées d'eau de tous côtés ou de quelques côtés seulement; des reliefs ou des dépressions du sol; des eaux courantes ou stagnantes, etc. Il importe de connaître les noms donnés à ces divers *accidents*, et la manière dont on les figure sur les cartes.

La mer, les océans. — La *mer* est cette vaste étendue d'eau salée qui couvre les trois quarts de notre globe. Une partie considérable de cette étendue d'eau prend le nom d'*océan*: l'*océan Atlantique*, l'*océan Pacifique*, etc. Le mot océan est souvent pris lui-même pour synonyme du mot mer, comme dans cette phrase : il n'est pas rare qu'un marin ait pour tombe l'Océan.

Une mer est encore une partie de cette étendue d'eau, moins considérable et tirant son nom particulier de certaines circonstances, de la couleur de ses eaux, de sa situation, etc. : la *mer Rouge*, la *mer Méditerranée*, etc.

Golfes, baies, rades. — Une portion de mer s'avançant dans les terres s'appelle, selon son importance, *golfe*, *baie*, *anse*, *rade*, *havre*, *port*, si les hommes en ont fait un lieu d'abordage ou d'abri pour les vaisseaux : le *golfe du Lion*, la *baie de Cancale*, la *rade de Brest*, le *port de Marseille*, etc.

Une portion de mer resserrée entre deux terres prend le nom de *détroit*, *canal*, *pas*, *manche*, *bras de mer*: le *détroit de Gibraltar*, le *canal Saint-Georges*, le *Pas-de-Calais*, la *Manche*, etc.

Mers intérieures, côtes. — Une mer isolée ou s'avançant au loin dans les terres forme une mer intérieure, comme la *mer Caspienne*, la *Méditerranée*, etc. Les rivages de la mer sont appelés *côtes*.

Lacs, lagunes, étangs. — Un *lac* est une étendue d'eau, d'eau douce, ordinairement moins considérable qu'une mer ; les lacs ont pour diminutifs les *lagunes*, les *marais*, les *étangs :* le *lac de Grandlieu*, les *lagunes de Venise*, les *marais Pontins*, *l'étang de Berre*, etc.

Fleuves et rivières, bassin, lit, affluents, etc. — Un cours d'eau a sa *source* où il prend naissance, son *lit* dans lequel il coule, son *bassin* dont il recueille et concentre en quelque sorte les eaux, ses *affluents* ou cours d'eau qui viennent le grossir, ses *confluents* ou points de jonction avec ses affluents, son *embouchure*, ses *bouches* ou son *estuaire* à l'endroit où il se termine, soit dans la mer, soit dans un lac, soit dans un autre cours d'eau, sa *rive droite*, sa *rive gauche*, situées à la droite ou à la gauche de la personne qui le descend, qui va dans le même sens que ses eaux. C'est un *fleuve* s'il aboutit à la mer, une *rivière* dans le cas contraire, un *ruisseau* s'il a peu d'importance, un *torrent* s'il coule avec rapidité, un *gave*, dans certains pays; il a ses *cascades*, ses *chutes*, ses *rapides*, quand son lit n'a pas une pente régulière et uniforme. La Seine est un *fleuve;* elle a sa *source* au mont Tasselot, son *embouchure* ou son *estuaire* près du Havre; la Marne est un de ses *affluents* et n'est qu'une *rivière*; Charenton est situé au *confluent* de la Seine et de la Marne; le Rhône a ses *rapides;* il se jette par plusieurs *bouches* dans la Méditerranée; le Rhin a ses *chutes;* l'Œuf, qui passe à Pithiviers, n'est qu'un *ruisseau*, et présente quelques *cascades*. La Judée a des *torrents*, notamment le Cédron; on trouve dans les Basses-Pyrénées les *gaves* de Pau, d'Oloron, etc.

Les canaux. — Un cours d'eau creusé par la main des hommes pour faciliter la navigation, ou simplement l'arrosement des terres, s'appelle un *canal* : le *canal latéral à la Loire*, le *canal de Craponne*, etc.

Iles; presqu'îles, etc. — Il existe, au milieu des mers, des terres qui sont entourées d'eau de tous côtés; ce sont des *îles*, des *îlots* si elles ont peu d'étendue : l'*Irlande*, les *îles de Ré* et d'*Oléron*, etc. D'autres terres tiennent à la terre ferme au moins par un côté, ce sont des *presqu'îles* ou *péninsules* : la *presqu'île du Jutland*, la *péninsule espagnole*, etc. L'espace plus ou moins resserré par lequel une presqu'île communique avec les terres voisines, s'appelle un *isthme* : l'*isthme de Corinthe*, l'*isthme Pyrénéen*, etc.

Archipels. — Un groupe d'îles forme un *archipel* : *l'archipel Britannique*, *l'archipel Danois*, *l'archipel des îles Marquises*, etc.

Continents. — Une grande étendue de terre qui n'est point interrompue par des mers s'appelle *terre ferme* ou *continent* : l'Europe, l'Asie, l'Afrique forment un *continent;* l'Amérique en est un autre.

Reliefs ou montagnes. — Les reliefs ou exhaussements du sol sont des *montagnes*, des *monts*, des *collines*, des *monticules*, des *éminences*, etc. Ces exhaussements, quand ils se continuent, deviennent des *chaînes de montagnes* ou de *collines* dont les *crêtes* ou *sommets* forment une *ligne de faîte*, une *ligne de partage des eaux*. Les reliefs ou montagnes prennent, suivant leur forme, les noms de *ballon*, de *puy*, de *pic*, de *dôme*, de *plateau* : le *ballon d'Alsace*, le *puy de Sancy*, le *pic du Midi*, le *puy de Dôme*, le *plateau de la Beauce*.

Versants. — L'inclinaison des chaînes de montagnes vers la mer donne naissance aux *versants* : le *versant de l'Atlantique*, le *versant de la Méditerranée*, etc.

Vallées, défilés. — Entre les montagnes ou les chaînes de montagnes sont les *vallées*, *vallons*, *vals*, *cols*, *gorges*, *défilés* : la *vallée de la Seine*, le *val de la Loire*, le *col de Tende*, les *défilés de l'Argonne*, etc.; leurs pentes sont appelées *côtes*, *coteaux*, *versants*, *flancs*, *revers*.

Caps, promontoires. — En s'avançant dans la mer, les montagnes forment des *caps* ou *promontoires*, des *pointes* : le *cap de la Hève*, la *pointe Saint-Mathieu*.

Volcans. — Une montagne qui vomit des matières enflammées est un *volcan*, et les matières enflammées s'échappent par le *cratère* de ce volcan.

Récifs, écueils. — Il y a des montagnes dans la mer comme sur la terre découverte; les sommets ou rochers qui les terminent, cachés ou à fleur d'eau, s'appellent *récifs*, *brisants*, *écueils*, *bancs*, *bas-fonds*.

État, province, etc. — Un *état* est une contrée dont les habitants, parlant ordinairement la même langue, vivent sous les même lois et sous un gouvernement commun. Une *province*, un *comté*, un *département*, sont des parties d'un état. Le mot *canton*, en Suisse, a à peu près la même signification que le mot *province;* chez nous, il signifie une agglomération de *communes* autour d'une commune *chef-lieu*, résidence d'un juge de paix.

Signes géographiques conventionnels. — Sur une carte, on représente les *côtes, rivages* ou *contours* de la mer par une ligne que fait ressortir une suite de traits parallèles se prolongeant vers la haute mer ;

Les *cours d'eau* par des traits sinueux, allant en grossissant de la source à l'embouchure ;

Les *montagnes* par des hachures, des courbes ou des ombres dont la disposition marque le sens des pentes, et l'intensité le degré d'élévation relative ;

Les *routes* par deux lignes rapprochées et courant parallèlement dans le sens voulu ;

Les *canaux* par de simples lignes droites ou brisées ;

Les *chemins de fer*, les *limites*, par des moyens analogues ou par une suite de points recouverts d'une couche de couleur foncée ;

Les *contrées, provinces, départements*, par des teintes variées ;

Les *lieux qui rappellent des batailles* par des épées croisées ou par une simple date ;

Les *villes* ou *localités* par des ronds ; les forteresses par de petits carrés ou polygones.

Forme de la terre, pôles, axe, etc. — La terre a la forme d'une *boule* ou *sphère*. Elle tourne sur elle-même comme autour d'un *axe*. Les points où cet axe y entrerait d'un côté et en sortirait de l'autre s'appellent *pôles*. Il y a le *pôle nord*, celui qui est tourné vers une étoile que l'on nomme *polaire* à cause de cela, et qui reste immobile pendant que les autres astres paraissent entraînés d'orient en occident ; il y a le *pôle sud*, opposé au premier. Le pôle nord est encore celui vers lequel se tourne l'aiguille aimantée.

Équateur. — Si l'on suppose un cercle passant par le centre de la terre et à une égale distance des deux pôles, sa circonférence sera l'*équateur;* il divisera la terre en deux *hémisphères*, l'un *boréal* ou *septentrional*, l'autre *austral* ou *méridional*.

Méridien. — Si l'on suppose un autre cercle passant aussi par le centre de la terre, mais en même temps par les pôles, sa circonférence sera un *méridien*, ainsi appelé parce qu'il est midi pour tous les peuples qui habitent dans le voisinage de cette ligne, quand le soleil vient à passer au-dessus. Un méridien partage à son tour la terre en deux hémisphères, l'un *oriental*, l'autre *occidental*. On voit facilement que s'il n'y a qu'un seul équateur, il peut y avoir une infinité de méridiens; chaque nation a ou peut avoir le sien. Le méridien adopté en France est celui de Paris, passant par l'Observatoire et par l'église Saint-Sulpice.

Degrés de longitude et de latitude. — Toute circonférence de cercle se divise en 360 degrés. L'équateur étant ainsi partagé, si par chaque point de division on fait passer 360 circonférences de cercle allant d'un pôle à l'autre, comme les méridiens, on aura 360 degrés de *longitude*, soit 178 degrés de *longitude orientale* et 178 degrés de *longitude occidentale*, le soixante-dix-neuvième étant commun, et le méridien, point de départ des longitudes, étant marqué par zéro.

Si l'on trace sur un demi-méridien des points de division, et qu'on fasse passer par ces points des circonférences de cercle parallèles à l'équateur, on aura des degrés de *latitude*, 88 degrés de *latitude nord* ou *septentrionale*, et 88 degrés de *latitude sud* ou *méridionale*, abstraction étant faite de l'équateur, point de départ, et de deux cercles qui seraient nuls sous les pôles. On donne souvent aux degrés de latitude le nom de *parallèles* parce qu'ils sont parallèles entre eux et à l'équateur.

Latitude et longitude d'un lieu. — Grâce à ces divisions, il est facile de déterminer la place qu'occupe un pays, une ville, un lieu quelconque sur la terre ou sur la carte. Il suffit d'indiquer sa *latitude* (sa distance en degrés au N. ou au S. de l'équateur), et sa *longitude* (sa distance en degrés à l'E. ou à l'O. du méridien).

Sur les cartes, les degrés de longitude sont dans le sens *vertical*, comme le méridien; les degrés de latitude sont dans le sens *horizontal*, comme l'équateur.

Les degrés se divisent en 60 minutes, les minutes en 60 secondes.

La distance de deux degrés de latitude consécutifs est constante : c'est le résultat du parallélisme de ces lignes. Elle est toujours de 111 kilomètres 111 mètres, de 25 *lieues communes*, de 28 *lieues de poste*, de 69 *milles* 1/4 *anglais*, de 15 *milles allemands*, de 60 *milles marins* ou *géographiques*, de 20 *lieues marines*, de 7200 *nœuds*, etc. Mais il n'en saurait être de même pour les degrés de longitude : ces degrés n'ont l'équidistance des précédents que sous l'équateur; ils vont ensuite en se rapprochant jusqu'aux pôles où ils se confondent en un seul point.

Cercles parallèles à l'équateur, tropiques, solstices, équinoxes. — Parmi les cercles parallèles à l'équateur, il faut distinguer :

1° Les *tropiques :* le *tropique du Cancer* dans notre hémisphère, et le *tropique du Capricorne* dans l'hémisphère austral. Quand le soleil, dans sa course apparente, a atteint un de ces cercles, il retourne vers l'équateur, de là leur nom qui vient d'un verbe grec signifiant tourner, *retourner.* Le 21 juin, le soleil est perpendiculaire au tropique du Cancer ; il semble y faire une courte station, et c'est alors le *solstice d'été*, le moment des plus longs jours pour nous. Il retourne bientôt vers l'équateur ; il est perpendiculaire à cette ligne le 21 septembre ; les jours sont égaux aux nuits, d'où le nom de *ligne équinoxiale*, donné à l'équateur ; c'est alors l'*équinoxe*, l'*équinoxe d'automne*. Le 21 décembre, le soleil est perpendiculaire au tropique du Capricorne ; autre station, le *solstice d'hiver* ; puis nouveau retour vers l'équateur, nouvel *équinoxe*, *équinoxe du printemps* (21 mars).

2° Les *cercles polaires :* le cercle polaire *arctique* et le cercle polaire *antarctique* sont situés à 23 degrés 1/2 des pôles comme les tropiques le sont à 23 degrés 1/2 de l'équateur.

Zônes — Ces divers cercles partagent la terre en cinq *zônes* (ceintures, bandes) : la zône *torride*, entre les deux tropiques, les zônes *tempérées*, entre les tropiques et les cercles polaires, et les zônes *glaciales*, entre les cercles polaires et les pôles.

Le méridien et l'équateur sont des *grands cercles*, puisqu'ils passent par le centre de la sphère ; les tropiques et les cercles polaires sont des *petits cercles*.

Mouvement de rotation de la terre. — On appelle mouvement de *rotation* celui que la terre exécute sur elle-même en 24 heures. Dans ce mouvement, elle tourne d'occident en orient, présentant sans cesse la moitié de sa surface au soleil, pendant que l'autre est dans l'ombre ; de là les jours et les nuits ; de là aussi le *mouvement diurne*, le mouvement apparent du soleil et des astres autour de la terre, leur lever, leur passage au méridien et leur coucher.

Mouvement de translation. — La terre exécute en outre un mouvement de *translation* autour du soleil dans l'espace de 365 jours, 5 heures, 28 minutes, 50 secondes, ce qui constitue l'année *sidérale*. Pour combler la différence entre l'année *sidérale* et l'année *ordinaire* de 365 jours, on ajoute un jour tous les quatre ans, ce qui fait que certaines années sont *bissextiles* ou de 366 jours.

L'écliptique. — La circonférence de cercle, ou plutôt l'ellipse que décrit annuellement la terre autour du soleil, se nomme l'*écliptique*. L'inclinaison de l'axe terrestre sur l'écliptique explique la différence des saisons, ainsi que l'inégalité des jours et des nuits.

Climats. — La différence des *climats* est due à la distance des pôles ou de l'équateur, et, en outre, à une foule de circonstances dites *climatériques* (voisinage de la mer ou des montagnes, élévation ou nature du sol, etc.).

Horizon. — En été, le soleil est très-haut sur l'*horizon*, en hiver, il est au contraire très-bas.

On appelle en général *horizon* le plan circulaire que l'on voit s'étendre autour de soi et que la voûte céleste semble terminer.

L'*horizon terrestre* est de 90 degrés dans tous les sens. Les astres qui y sont visibles sont dits *à l'horizon*. Pour l'homme placé sur l'équateur, il s'étendrait d'un pôle à l'autre; pour l'habitant du nord, il dépasse le pôle nord et n'atteint pas le pôle sud : l'étoile polaire du sud et les constellations qui l'avoisinent ne sont donc jamais visibles pour lui.

Constellations, zodiaque. — Les *constellations* sont des groupes d'étoiles conservant toujours entre elles la même position respective : ainsi les groupes de la *petite Ourse*, de la *grande Ourse*, etc., les douze signes du *zodiaque*, c'est-à-dire les douze constellations que semble parcourir le soleil dans sa course annuelle, que les anciens appelaient ses douze palais, et dont les noms sont renfermés dans les deux vers latins suivants, d'une traduction facile :

> Sunt Aries, Taurus, Gemini, Cancer, Leo, Virgo,
> Libraque, Scorpius, Arcitenens, Caper, Amphora, Pisces.

Planètes et satellites. — Les constellations sont composées d'*étoiles fixes*. Les *planètes* qui, en apparence, ressemblent aux étoiles fixes ou étoiles proprement dites, en diffèrent pourtant essentiellement : ce sont des corps opaques, qui n'ont qu'une lumière d'emprunt, celle du soleil, qu'elles reflètent. Elles accomplissent, en des laps de temps divers, un double mouvement de rotation sur elles-mêmes, et de translation autour du soleil. Ce sont : Mercure, Vénus, la Terre, Mars, Jupiter, Saturne, etc.

La Terre n'est elle-même qu'une planète qui, avec les précédentes, forme notre *système planétaire*.

Certaines planètes ont un ou plusieurs *satellites* qu'elles entraînent avec elles. La terre n'en a qu'un qui est la *lune*.

La lune, ses phases. — La lune tourne sur elle-même et autour de la terre en 29 jours 1/2. Nous ne voyons qu'un seul côté de sa surface, en tout ou en partie, selon ses *phases*. On appelle ainsi les aspects sous lesquels elle se présente à nous pendant son mouvement de translation. Placée entre nous et le soleil, elle est invisible, elle est *nouvelle*. En s'éloignant du soleil, elle nous laisse apercevoir un croissant lumineux dont les cornes ou pointes sont tournées vers l'Orient; c'est alors le *premier quartier*. En opposition avec le soleil, elle est *pleine;* puis vient son *dernier quartier* et, de nouveau, son entière disparition.

Éclipses. — Quand la *lune* est sur une même ligne avec la terre et le soleil, elle couvre en tout ou en partie le disque de ce dernier; il y a alors *éclipse totale* ou *partielle* de soleil. Quand elle entre en totalité ou en partie dans le cône d'ombre projeté par la terre, il y a éclipse totale ou partielle de lune.

Marées. — On attribue à la lune, à l'attraction qu'elle exerce sur la terre, le phénomène des *marées*, du *flux* et du *reflux* de la mer.

Comètes. — Les comètes sont des astres qui apparaissent dans le ciel, les uns à des époques fixes et déterminées, les autres à l'improviste. Elles se composent d'un noyau et d'une traînée lumineuse en forme de *queue* ou de *chevelure*. On leur a longtemps attribué une influence sur les événements de notre planète. On ignore encore leur origine et leur composition intime.

Divers aspects de la science géographique. — Lorsqu'on étudie un pays, on peut l'en l'envisager sous des aspects fort divers.

Géographie physique. — Si, après avoir déterminé la position astronomique d'un pays, on décrit ses côtes, ses frontières naturelles, ses montagnes, ses fleuves, la nature de son sol, ses climats; en un mot, si on le montre tel que le Créateur l'a livré à l'action de l'homme, on en fait la *géographie physique*.

Géographie historique, politique, etc. — Si l'on dit ensuite les peuples qui l'ont habité et les souvenirs qu'ils y ont laissés, le peuple qui l'habite encore, le gouvernement qui y est établi, les lois ou institutions qui le régissent, la manière dont il est administré; ses provinces, ses villes, son organisation judiciaire, religieuse, etc., on en fait la *géographie historique, politique, administrative*, etc.

Géographie agricole, industrielle et commerciale. — Considère-t-on surtout ses productions, ses cultures spéciales, les matières premières qu'il fournit, l'industrie qui les transforme, les transactions commerciales qui les livrent à la consommation, on en fait la *géographie agricole, industrielle, commerciale*.

OCTOBRE

RÉVISION DES MATIÈRES DU COURS MOYEN. GÉOGRAPHIE GÉNÉRALE DES GRANDES DIVISIONS DU GLOBE : ASIE, AFRIQUE, AMÉRIQUE ET OCÉANIE.

PREMIÈRE LEÇON

(Lecture avec explications, compte rendu, exercices et questions.)

ASIE

Notions générales. — L'Asie, la plus grande des cinq parties du monde, occupe toute la partie orientale de l'ancien continent. Elle a été le berceau du genre humain; c'est de là que, pendant que les enfants de Sem restaient dans les plaines de la Mésopotamie, les enfants de Japhet ont émigré vers l'Europe, et ceux de Cham vers l'Afrique. Elle compte 750 millions d'habitants, suivant les uns la religion de Mahomet (l'islamisme), les autres les diverses religions de l'Inde (bouddhisme et brahmisme). — Les Anglais dominent dans tout l'Indoustan. Les Français et les Portugais possèdent quelques villes ou comptoirs dans les mêmes parages. La France a fondé récemment la colonie de Saïgon, dans la Basse-Cochinchine.—On tire : de la Sibérie, des pelleteries; de la Turquie d'Asie, des tapis et des tissus divers; de l'Arabie, du café et de la gomme; de l'Indoustan, des étoffes (indiennes, châles, etc.), du riz, des épices, du coton, de l'opium, des pierres précieuses; de la Chine et du Japon, de la soie et des porcelaines.

Bornes. — L'Asie est bornée, au N., par l'océan Glacial arctique; dans sa partie occidentale, par les monts Ourals et le fleuve du même nom, par la mer Caspienne, le Caucase, la mer Noire, la Méditerranée, l'isthme de Suez, la mer Rouge; au S. par l'océan Indien; à l'E., par le Grand océan.

Longitude et latitude. — Elle est comprise entre les 25me et 170me degrés de longitude E., et les 1er et 78me degrés de latitude N; elle appartient ainsi aux zones torride, tempérée et glaciale.

Étendue et superficie. — Sa plus grande largeur du N. au S. est de 850 myriamètres, et, du S. O. au N. E., de 1000 myriamètres. Sa superficie est évaluée à 42 ou 43 millions de kilomètres carrés.

Contours. — Si, partant du cap Oriental situé à l'extrémité N. E. de l'Asie, et se dirigeant d'abord vers l'E., ensuite vers le S., on fait le tour de cette immense contrée, on rencontre *sur les côtes de l'océan Glacial :* l'archipel Liaknow ou Nouvelle Sibérie, le cap Nord-Est ou cap Sacré, les golfes d'Iénisséi et d'Obi; *dans l'O. :* les monts Ourals et le fleuve du même nom, la mer Caspienne, le Caucase, la mer Noire, le canal de Constantinople, la mer de Marmara, le détroit des Dardanelles, l'Archipel avec l'île de Rhodes, la grande presqu'île de l'Anatolie (ancienne Asie Mineure), l'île de Chypre, le golfe d'Alexandrette, l'isthme de Suez, la mer Rouge ou golfe Arabique; *vers le S. :* le détroit de Bab-el-Mandeb, le golfe d'Aden, la mer d'Oman avec le détroit d'Ormuz et le golfe Persique; la grande presqu'île de l'Indoustan ayant au S. le cap Comorin, le détroit de Palk et l'île de Ceylan; le golfe du Bengale; la grande presqu'île de l'Indo-Chine avec la presqu'île de Malaka, le cap Bourou, le détroit de Singapour, les golfes de Martaban, de Siam et du Tonquin, l'île d'Haï-nan; *vers l'E. :* le détroit et l'île de Formose dans la mer de Chine, la mer Orientale ou de Corée, la mer Jaune et le golfe Pé-tché-li; le détroit et la presqu'île de Corée, la mer et les îles du Japon; la mer d'Okhotsk s'étendant entre l'île Sakhalien, les Kouriles et la presqu'île du Kamschatka; la mer et le détroit de Behring; enfin le cap Oriental qui a été pris pour point de départ.

Montagnes. — L'Asie a, comme l'Europe, sa ligne de partage des eaux et son nœud de montagnes. La ligne de partage des eaux court de l'O. à l'E. et au N. E. Elle comprend le Taurus en Asie Mineure; l'Ararat en Arménie; les monts Elbours, du Khoraçan, Indou-Khouch, Bolor, Thian-Chan ou Célestes, Altaï, vers le centre; Iablanoï ou Stanovoï vers le N. De cette ligne se détachent les monts Liban, continués par la chaîne arabique dont fait partie le Sinaï; les monts Elvend dans la Perse; les monts Karakoroum et Kouen-Loun qui vont se ramifier jusqu'en Chine; la chaîne de l'Hymalaya qui renferme les plus hautes montagnes du globe (8840 mètres), et qui pousse des ramifications jusqu'au fond de la presqu'île de Malaka. Dans l'Indoustan se trouvent en outre les Ghattes occidentales (côte de Malabar) et orientales (côte de Coromandel), qui se réunissent et se terminent au cap Comorin. Nous avons nommé plus haut le Caucase et les monts Ourals, qui séparent l'Europe de l'Asie. A ces reliefs s'ajoutent les hauts plateaux de la Perse et du Thibet.

Versants et fleuves. — Ces chaînes de montagnes dont le nœud est le grand plateau central de l'Asie, forment quatre principaux versants : ceux du N. (océan Glacial), de l'O. (mer Noire et Méditerranée), du S. (océan Indien), de l'E. (Grand Pacifique) auxquels il convient d'ajouter les bassins intérieurs de la mer Caspienne, de la mer ou du lac d'Aral, de la mer Morte, etc.

Au versant de l'*océan Glacial* appartiennent la Léna, l'Iénisséi et l'Obi ; au versant de la *mer Noire* et de *la Méditerranée*, les petits fleuves de l'Asie Mineure et de la Palestine : le Kizil-Ermach (ancien Halys), le Simoïs (souvenirs de la guerre de Troie), l'Hermus et le Pactole, le Méandre (souvenirs mythologiques), le Cydnus (souvenirs d'Alexandre et de l'empereur Frédéric I, dit *Barberousse*), l'Oronte, etc. ; au versant de l'*océan Indien* l'Euphrate et le Tigre dont la réunion forme le Chot-el-Arab (embouchure dans le golfe Persique), le Sindh ou Indus (mer d'Oman), le Gange (golfe du Bengale), le Brahmapoutre (it.), l'Iraouaddi et le Salouen (golfe de Martaban); au versant du *Grand Pacifique*, le Mé-nam (golfe de Siam), le Mé-Kong ou Cambodge (mer de Chine), le Dun-naï (it.), le Sang-koï (golfe du Tonquin), le Yang-tse-kiang ou fleuve Bleu, le Hoang-Ho ou fleuve Jaune (mer Orientale et mer Jaune), le Sakhalien ou Amour (mer d'Okotsk, manche de Tarakaï). Le lac d'Aral reçoit le Sir-Deria et l'Amou-Deria ; la mer Caspienne, l'Oural et le Khour, le lac Asphaltite, le Jourdain et le Cédron.

Contrées et villes principales. — L'Asie renferme 12 grandes contrées.

Au nord :

La *Sibérie*. Villes principales : Tobolsk, Irkoutsk, Tomsk, Iénisséï, etc.

Vers le S.-O. :

La *Transcaucasie* : Tiflis, Erivan, Bakou, etc. (La Sibérie, et la Transcaucasie forment, avec une partie du Turkestan, la Russie d'Asie.)

La *Turquie d'Asie* (Asie-Mineure ou Anatolie, Arménie turque, Syrie, Palestine) : Trébizonde, Sinope, Scutari, sur la mer Noire ; Smyrne, sur l'Archipel ; Tripoli, Beyrouth, Saint-Jean-d'Acre ou Ptolémaïs, Jaffa, Ascalon, sur la côte orientale de la Méditerranée ; Erz-Roum, en Arménie ; Alep, Antakieh, Damas en Syrie ; Jérusalem en Palestine ; Mossoul, dans le voisinage de l'ancienne Ninive ; Bagdad, sur le Tigre, etc.

L'*Arabie* : Médine, la Mecque, Moka, Aden, Mascate, etc.

La *Perse* : Téhéran, Ispahan, Chiraz, Bender-Boucher.

Au sud :

Le *Béloutchistan* : Kélat.—L'*Afghanistan* : Caboul, Kandahar, Hérat.—Le *Turkestan* : Khiva, Boukhara, Samarkand.

L'*Indoustan* : Calcutta, Bénarès, Luknow, Agrah, Dehly, dans le bassin du Gange ; Lahore, Kashmir, Moultan, dans le bassin de l'Indus ; Surate, Bombay, sur la côte de Malabar ; Madras, sur la côte de Coromandel ; Golconde, dans le Dekan ; les comptoirs français de Karikal, Pondichéry, Yanaon, sur le golfe de Bengale ; de Chandernagor, au N. de Calcutta ; de Mahé et de Calicut, sur la mer d'Oman ; les villes portugaises de Goa, Goa-la-Nouvelle ou Panjim, sur la mer d'Oman ; de Diu et de Daman, à l'E. et à l'O. du golfe de Cambay.

Le *Népaul* et le *Boutan*, sur les pentes méridionales de l'Himalaya.

L'*Indo-Chine*, contenant, du N. au S. et à l'E., l'*empire Birman* : Mandalé et Ava ; le *royaume de Siam* : Bankok ; l'état de *Malaka* : Singapour, etc. ; le *royaume de Cambodge* : Cambodge, Oudong, etc. ; la *Basse-Cochinchine* : Saïgon ; l'empire d'*Annam* (Tonkin et Cochinchine) : Hué, etc.

Vers l'E. :

L'*empire Chinois*, comprenant le *Turkestan chinois* à l'O., la *Mongolie* au N., la *Mandchourie* et la *Corée* au N.-E., le *Thibet* vers le S. : Péking, Nan-King, Schang-Haï, Ning-Po-

Fou, Canton ; sur les côtes, la ville portugaise de Macao, Victoria, dans l'île anglaise de Hong-Kong.

Le *Japon*, groupe d'îles dont la principale est Nipon ou Niphon ; Yeddo, Yokohama, Mijako, Ozaka, Nangasaki, etc.

EXERCICES.

Tracer la carte de l'Asie : contours, mers, îles, montagnes, fleuves, contrées et villes principales.

QUESTIONS.

Dites les bornes de l'Asie, sa longitude, sa latitude. — Décrivez les contours de l'Asie en partant du cap Oriental et en vous dirigeant vers l'O., vers le S., etc. — Quelles sont les montagnes qui forment comme la ligne de faîte de l'Asie? Quelles sont les chaînes qui s'en détachent? — Où placez-vous le Liban, la chaîne Arabique, les monts Elvend, les Ghattes? — Quelle est la chaîne qui renferme les plus hautes montagnes du globe? — Quelle est la hauteur des sommets de l'Himalaya? — Dites les principaux caps de l'Asie. — Quels sont les quatre grands versants de l'Asie? — Quels fleuves appartiennent à chacun de ces versants? — Quelles sont les mers intérieures et les fleuves qui s'y rendent? — Où se jettent la Léna, l'Iénisseï, l'Obi, l'Oural, le Kizil-Ermak, le Simoïs, l'Hermus et le Pactole, le Méandre, le Cydnus, l'Oronte ; l'Euphrate et le Tigre, après avoir formé le Chot-el-Arab ; le Sindh ou Indus, le Gange et le Brahmapoutre ; l'Iraouaddi et le Salouen ; le Mé-Nam ; le Mé-Kong ou Cambodge ; le Sang-Koï, le Yang-tse-Kiang ou fleuve Bleu ; le Hoang-Ho ou fleuve Jaune ; le Sakhalien ou Amour, le Sir-Deria et l'Amou-Deria ; le Khour; le Jourdain et le Cédron? — En combien de grandes contrées se divise l'Asie? — Énumérez-les en faisant le tour de l'Asie de droite à gauche et en commençant par la Sibérie. — Quelles sont les principales villes de la Sibérie, de la Transcaucasie, de la Turquie d'Asie (sur la mer Noire, sur l'Archipel, sur la côte orientale de la Méditerranée, dans l'intérieur de la Syrie, en Arménie, dans le voisinage de l'ancienne Ninive et sur le Tigre)? En Arabie? En Perse? Dans le Béloutchistan, l'Afghanistan, le Turkestan? Dans l'Indoustan (vallée du Gange, bassin de l'Indus, côte de Malabar, côte de Coromandel, Dékan)? — Quels sont les comptoirs ou établissements français sur le golfe du Bengale, au N. de Calcutta, sur la mer d'Oman? — Où placez-vous les villes portugaises de Goa, de Goa-la-Nouvelle, de Diu et de Daman? — Quelles sont les capitales ou villes principales de l'empire Birman, du royaume de Siam, de l'état de Malaka, du royaume de Cambodge, de la Basse-Cochinchine, de l'empire d'Annam, de l'empire Chinois, du Japon?—Où placez-vous la ville portugaise de Macao? l'île anglaise de Hong-Kong?

RÉSUMÉ.

(A apprendre par cœur.)

Bornes. — L'Asie est bornée : au N., par l'océan Glacial; à l'O. et au S.-O., par le fleuve et les monts Ourals, la mer Caspienne, le Caucase, la mer Noire, la Méditerranée, l'isthme de Suez et la mer Rouge; au S., par l'océan Indien; à l'E., par le Pacifique.

Mers et golfes. — Les principales mers et les principaux golfes à noter sur les contours de l'Asie sont : l'océan Glacial avec les golfes d'Iénisséï et d'Obi, la mer Caspienne, la mer Noire; la mer Méditerranée avec la mer de Marmara, l'Archipel et le golfe d'Alexandrette; la mer Rouge ou golfe Arabique, la mer d'Oman et le golfe Persique, les golfes du Bengale et de Martaban, la mer de Chine projetant les golfes de Siam et du Tonkin, la mer Orientale ou de Corée, la mer Jaune, la mer du Japon, la mer d'Okhotsk et la mer de Behring.

Iles et archipels. — Il faut remarquer : les îles de Rhodes et de Chypre, dans la Méditerranée; l'île de Ceylan, dans l'océan Indien; l'île de Formose et les îles du Japon, dans l'océan Pacifique.

Grandes presqu'îles. — Les grandes presqu'îles de l'Asie sont : l'Anatolie, l'Arabie, l'Indoustan, l'Indo-Chine et Malaka, la Corée et le Kamschatka.

Caps. — On distingue : les caps Nord-Est ou Sacré, sur l'océan Glacial; Comorin, au S. de l'Indoustan; Bourou, au S. de la presqu'île de Malaka; Cambodge, au S. de la Basse-Cochinchine; Oriental, sur le détroit de Behring.

Montagnes. — Notons : le Taurus, l'Ararat, les monts du Khoraçan, de Bolor, Célestes, Altaï, Iablanoï ou Stanovoï, formant la ligne de partage des eaux ; le Liban, le Sinaï, l'Himalaya ; les plateaux élevés de la Perse et du Thibet.

Versants et fleuves. — La Léna, l'Iénisséï et l'Obi appartiennent au versant de la mer Glaciale ; l'Oural, au versant de la mer Caspienne ; l'Euphrate et le Tigre, l'Indus ou Sindh, le Gange, au versant de l'océan Indien ; le Cambodge ou Mé-Kong, le Dun-Naï, le Yang-tse-Kiang ou fleuve Bleu, le Hoang-Ho ou fleuve Jaune, le Sakhalien ou Amour, au versant du Pacifique ; le Jourdain se jette dans la mer Morte.

Contrées et villes principales. — Les principales contrées de l'Asie sont : la Russie d'Asie (Sibérie, Caucasie, etc.), vers le N. ; la Turquie d'Asie, à l'O ; l'Arabie, la Perse, l'Indoustan, l'Indo-Chine, au S. ; la Chine et le Japon, à l'E. — Les villes principales sont : Tobolsk, en Sibérie ; Smyrne, Saint-Jean-d'Acre ou Ptolémaïs, Jaffa, Damas, Jérusalem, Bagdad, etc., dans la Turquie d'Asie ; Médine, la Mecque, Moka, Aden, en Arabie ; Calcutta, Bénarès, Kashmir, Bombay, Pondichéry, Chandernagor, Goa, etc., dans l'Indoustan ; Saïgon, dans la Basse-Cochinchine ; Péking, Nan-King, Canton, Macao, etc. dans la Chine ; Yeddo, Yokohama, etc., au Japon.

DEUXIÈME LEÇON.

(Lecture avec explications, compte rendu, exercices et questions.)

AFRIQUE

Notions générales. — Traversée par l'équateur, s'étendant en grande partie sous la zone torride, l'Afrique n'est guère fertile et habitable que sur ses côtes ou dans les oasis dont sont semés ses immenses déserts, et où se reposent les *cara-*

vanes qui la parcourent. Malgré son étendue, elle ne compte guère que 100 millions d'habitants. La partie indigène de sa population appartient à la race blanche vers le N., à la race nègre partout ailleurs. Les Européens y ont introduit le christianisme; mais les religions dominantes y sont encore le mahométisme, et, parmi les nègres, un paganisme grossier. — Les productions spéciales de l'Afrique sont le palmier, le dattier, le sycomore, le bananier, le sandal, l'arbre à gomme, le cocotier, l'ébénier, l'olivier, l'oranger, etc. On y trouve des animaux féroces, tels que le tigre, le lion, l'hyène; le chameau y rend de très-grands services. On y échange avec les nègres de la poudre d'or, de l'ivoire, des gommes, des huiles, etc. Le Maroc fournit des cuirs merveilleusement préparés; la colonie du Cap, des vins; l'Egypte, du coton, des étoffes, la canne à sucre; le Sahara, des dattes; l'Algérie, des céréales, des fruits, des métaux, etc.

Bornes. — L'Afrique est bornée au N. par la Méditerranée; à l'O. par l'Atlantique, qui vers le S. joint l'océan indien; à l'E. par ce dernier océan, par la mer Rouge et par l'isthme de Suez.

Longitude et latitude. — Elle est comprise entre le 20e (19° 50′) degré de longitude O. et le 49e degré de longitude E.; traversée par l'équateur, elle s'étend de 37°,4′ de latitude N. à 34°,24′ de latitude S.

Étendue et superficie. — Sa plus grande longueur est évaluée à 785 myriamètres, sa plus grande largeur à 760, sa superficie à 30 millions de kilomètres carrés.

Contours. — Si, partant de la ville de Port-Saïd, située à l'extrémité N.-E., nous avançons vers l'O., sur les côtes de la Méditerranée, nous rencontrons les grands golfes de la Sidre et de Cabès, le cap Bon et le cap Blanc, les golfes de Stora, de Bougie et d'Oran, le détroit de Gibraltar. Entrant ensuite dans l'océan Atlantique, et tournant vers le S., nous reconnaissons le cap Blanc et le cap Vert; les groupes d'îles des Açores, de Madère, des Canaries, du Cap-Vert; le golfe de Guinée se divisant en golfes de Bénin et de Biafra; les îles isolées de Fernando-Pô, du Prince, de Saint-Thomas, d'Annobon, et, au loin vers l'O., celles de l'Ascension et de Sainte-Hélène; tout à fait au S., le cap de Bonne-Espérance (ancien cap des Tempêtes), et le cap des Aiguilles; nous entrons alors dans l'océan Indien. Remontant vers le N., et traversant le canal de Mozambique, nous laissons sur notre droite le groupe des Mascareignes, dont font partie l'île de la Réunion (ancienne île Bourbon et Napoléon) et l'île Maurice (ancienne île de France); la grande île de Madagascar, les Comores, les Séchelles, Socotora. Des caps d'Orfui et Guardafui, nous atteignons le golfe d'Aden, le détroit de Bab-el-Mandeb, la mer Rouge ou golfe Arabique, l'isthme de Suez, et nous rejoignons notre point de départ sur la Méditerranée.

Montagnes. — L'Afrique est en quelque sorte encadrée de montagnes qui courent parallèlement à ses côtes. Au N. sont les chaînes de l'Atlas; à l'O. les monts de Kong et les monts du Congo ou du Soleil; au S., les monts Nieuw-Weld; à l'E., les monts Lupata, Kilimandjaro, Kénia, de Semen, les chaînes Arabique et Libyque, formant la vallée du Nil; dans l'intérieur, les monts de la Lune, Mandara et Mandéfi (Soudan), etc.

Versants et grands fleuves. — Au versant de la Méditerranée appartiennent le Nil, le Chélif et autres fleuves qui arrosent notre Algérie; au versant de l'Atlantique, le Sénégal et la Gambie, le Niger (golfe de Guinée), le Gabon, le Zaïre ou Congo, le fleuve Orange; à celui de l'Océan Indien, le Zambèze (canal de Mozambique), etc.

Lacs. — Des lacs nombreux et considérables forment, en outre, des bassins intérieurs. Le lac Tschad, dans le Soudan, à 300 mètres au-dessus du niveau de la mer; l'Oujiji ou Tanganyeka, dont le bassin est formé par les monts de la Lune; les lacs Albert et Victoria, à l'O. des monts Kilimandjaro et Kénia, où seraient les sources du Nil-Blanc; le Dembéa, au pied des monts de Semen, d'où sort le Nil-Bleu.

Contrées et villes principales. — L'Afrique renferme 20 contrées principales : Au N. E., l'*Égypte*, v. pr. le Caire, Alexandrie, Rosette, Damiette, Port- Saïd, Suez, etc.; la *Nubie*, v. pr. Khartoum; l'*Abyssinie*, v. pr. Gondar;

Au N., les régences de *Tripoli* et de *Tunis* avec des capitales de même nom; l'*Algérie*, v. pr. Alger, Constantine, Bône, Stora, Oran, etc.;

Au N. O., le *Maroc*, v. pr. Fez, Maroc, Tétouan, Ceuta, Tanger, Mogador, etc.;

Dans le centre, le *Sahara* ou *Grand Désert*; le *Soudan*, *Nigritie* ou *Takrour*, v. pr. Tombouctou;

A l'O., sur les côtes, la *Sénégambie*, v. pr. Saint-Louis du Sénégal, Bathurst, Gorée., etc.; la *Guinée supérieure* ou *septentrionale* avec ses côtes de divers noms (côtes du Poivre, d'Ivoire, d'Or, des Esclaves, etc.) ; la *Guinée inférieure* ou *méridionale*, v. pr. San-Salvador, Saint-Paul de Loanda, Saint-Philippe de Benguela; la *Cimbébasie* ou *Ovampie*; la *Hottentotie*;

Au S., la *colonie du Cap*, v. pr. le Cap; la Cafrerie, divisée en Cafrerie *intérieure* (état de la rivière d'Orange, cap. Bloemfontein, république Transvaalienne, cap. Potschefstrom), et Cafrerie *maritime* avec la côte de Natal, capitale Port-Natal;

A l'E., sur les côtes de l'océan Indien, la *capitainerie générale de Mozambique*, v. pr. Sofala et Mozambique; le *Zanguebar*, v. pr. Quiloa, Zanzibar, Mélinde; les côtes d'*Ajan* et d'*Adel*, le *Somâl*, avec quelques ports dont Berbera; l'île de *Madagascar*, cap. Tananarive; celle de la *Réunion*, cap. Saint-Denis.

EXERCICES.

Tracer la carte de l'Afrique avec l'indication des accidents géographiques, contrées et villes qui viennent d'être nommées.

QUESTIONS.

Quelles sont les bornes de l'Afrique? — Sa longitude, sa latitude, sa plus grande étendue, sa superficie? — Quels golfes, caps, détroits, groupes d'îles ou îles isolées trouve-t-on sur ses côtes? — Nommez les principales chaînes de montagnes qui se trouvent sur les côtes; dans l'intérieur. — Nommez les principaux fleuves en indiquant le versant auquel ils appartiennent. — Quels sont les principaux lacs? — Où placez-vous les lacs Tschad, Oujiji ou Tanganyeka, Albert et Victoria, Dembéa? — En combien de grandes contrées se divise l'Afrique? — Nommez ces contrées en suivant les côtes et en indiquant les villes principales. — Où placez-vous Khartoum? Gondar? Suez? Port-Saïd? Alexandrie? Le Caire? Tripoli? Tunis? Alger? Fez? le Cap? Port-Natal? Mélinde? Zanzibar? Tombouctou? etc.

RÉSUMÉ.

(A apprendre par cœur.)

Bornes. — L'Afrique est bornée : au N., par la Méditerranée ; à l'O., par l'Atlantique, qui, au S., joint l'océan Indien ; à l'E., par l'océan Indien, la mer Rouge et l'isthme de Suez.

Mers et golfes. — La Méditerranée projette les golfes de la Sidre, de Cabès, de Stora, etc. ; l'Atlantique, le golfe de Guinée ; l'océan Indien, les golfes d'Aden et Arabique.

Groupes d'îles et îles. — On trouve sur les côtes d'Afrique, ou l'on considère comme lui appartenant : les Açores, Madère, les Canaries, les îles du Cap-Vert, l'Ascension, Sainte-Hélène, les Mascareignes, Madagascar, Zanzibar, Socotora, etc.

Détroits. — Détroit de Gibraltar, canal de Mozambique, détroit de Bab-el-Mandeb.

Caps. — Le cap Bon et le cap Blanc, au N. ; à l'O., un autre cap Blanc, le cap Vert, etc. ; au S., les caps de Bonne-Espérance et des Aiguilles ; à l'E., le cap Guardafui.

Montagnes. — Diverses chaînes encadrent en quelque sorte l'Afrique : vers le N., les chaînes de l'Atlas ; à l'O., les monts de Kong et du Congo ; au S., les monts Nieuw-Weld ; vers l'E., les monts Lupata, Kénia, de Semen, les chaînes Arabique et Libyque.

Versants et fleuves. — La Méditerranée reçoit le Nil, le Chélif, etc. ; l'Atlantique, le Sénégal et la Gambie, le Niger, le Zaïre, l'Orange, etc. ; l'océan Indien, le Zambèze, etc.

Lacs. — On distingue le Tchad, l'Oujiji, les lacs Albert et Victoria, le Dembéa. etc.

Contrées et villes principales. — Les principales contrées de l'Afrique sont : au N.-E., l'*Égypte*, cap. le Caire ; la *Nubie*, cap. Khartoum ; l'*Abyssinie*, cap. Gondar ; au N., les *régences* de *Tripoli* et de *Tunis*, l'*Algérie*, le *Maroc* ; à l'O., la *Sénégambie*, où nous possédons Saint-Louis du Sénégal, la *Guinée*, la *Hottentotie*, etc. ; au S., la *Colonie du Cap*, la *Cafrerie maritime*, v. pr., Port-Natal ; le *Mozambique*, v. pr., Sofala, Mozambique ; le *Zanguebar*, v. pr., Zanzibar, Mélinde ; le *Somâl* ; dans l'intérieur, la *Nigritie*, le *Soudan*, cap. Tombouctou.

TROISIÈME LEÇON.

(Lecture avec explications, compte rendu, exercices et questions.)

AMÉRIQUE

Notions générales. — L'Amérique, appelée encore le Nouveau Monde ou Indes occidentales, a été découverte en 1492 par Christophe Colomb. L'Espagne y a longtemps possédé le Mexique, l'Amérique centrale, le Pérou, etc; le Portugal, le Brésil; l'Angleterre et la France, l'Amérique du Nord. Aujourd'hui ces contrées forment, pour la plupart, des états indépendants qui, à l'exception du Brésil, ont adopté le gouvernement républicain. La population totale des Amériques atteint presque le chiffre de 100 millions d'habitants (39 millions aux États-Unis, 9 au Mexique, 10 au Brésil, 7 ou 8 dans les possessions européennes, etc.). Cette population est catholique dans le centre et dans le sud, protestante en grande partie dans le nord. Elle est presque toute d'origine européenne ou africaine, les indigènes ayant à peu près disparu. Les productions spéciales de l'Amérique sont : le coton, le tabac, la canne à sucre, le cacao, l'indigo, les bois de teinture, l'acajou, l'ébène, le quinquina, le caoutchouc, etc.

Bornes, latitude, longitude, étendue et superficie.— L'Amérique, ou, si l'on veut, les Amériques (Amérique du Nord, Amérique Centrale, Amérique du Sud) sont comprises entre l'océan Glacial arctique au N., et l'océan Glacial antarctique au S.; entre l'océan pacifique à l'O. et l'océan Atlantique à l'E.; entre 82° de latitude N. et 53° de latitude S.; 171° de longitude O. et 36° 10′ de longitude E. — La plus grande longueur de l'Amérique est de 1500 myriamètres, sa plus grande largeur de 720; sa superficie est évaluée à 40 millions de kilomètres carrés.

Contours. — On trouve, dans le N. de l'Amérique, le détroit de Davis et la mer de Baffin, le détroit et la mer d'Hudson, les détroits de Lancastre, de Banks, etc.; les grandes terres du Groënland, de Cumberland, de Fox, de Kockburn; une foule d'îles, dont celles de Parry, de Banks, etc.; des baies, des passages encore mal connus; — Vers le N. O., le cap Occidental, le détroit et la mer de Behring, la presqu'île d'Alaska et les îles Aléoutiennes qui en sont comme le prolongement, l'archipel du Prince de Galles, l'île de Vancouver; à l'O., en suivant la côte du Pacifique, la presqu'île de la Vieille Californie, le golfe de Californie ou mer Vermeille, l'isthme de Tehuantepec, le golfe et l'isthme de Panama; au S., les détroits de Magellan et de Lemaire, la Terre de Feu, le cap Horn, le groupe des Malouines ou îles Falkland; —Sur les côtes de l'Atlantique, à l'E., les golfes de Saint-Georges et de Saint-Mathias, le cap Corientes, les baies de Rio-de-Janeiro et de Todos-os-Santos, les caps Saint-Augustin, Blanc et Saint-Roch, la mer des Antilles et ses groupes d'îles (grandes et petites Antilles), les golfes de Darien et de Honduras, la presqu'île du Yucatan, le golfe du Mexique, la presqu'île et le canal de la Floride, les îles Lucayes ou de Bahama, les Bermudes. — Au N. E., la presqu'île de la Nouvelle-Écosse (ancienne Acadie), l'île du cap Breton, le golfe Saint-Laurent, la baie et l'île de Terre-Neuve, les caps Charles et Farewell (Groënland), l'Islande, d'après certains géographes.

Montagnes. — Une immense chaîne de montagnes, allant de la presqu'île d'Alaska au cap Horn, forme comme la dorsale ou la ligne de faîte des trois Amériques. Elle comprend les monts Alaska et les montagnes Rocheuses dans l'Amérique du Nord, la Cordillère de l'Amérique Centrale, les Cordillères occidentales et orientales de l'Amérique du Sud. — On trouve, en outre, dans l'Amérique du Nord, les monts des Cascades, la Sierra Nevada et la Sierra Madre, les Laurentides, les monts Alleghanys ou Apalaches; dans l'Amérique du Sud, les diverses sierras du Brésil, de hauts plateaux tels que ceux de Mexico, de Bolivie, de Potosi, etc.; çà et là de hauts sommets volcaniques : le Saint-Hélie dans l'Alaska, le Popocatepelt au Mexique (5250 mètres), le Chimborazzo dans la république de l'Équateur (6700 mètres), le Cotopaxi au Pérou, l'Aconcagua dans le Chili (7256 mètres).

Versants et grands fleuves. — L'Amérique compte trois grands versants : ceux de l'océan Glacial arctique, du Grand-Pacifique et de l'Atlantique. Ses principaux fleuves sont, dans l'Amérique du Nord : le Mackensie, tributaire de l'océan glacial; le Saint-Laurent qui sert de déversoir au groupe des lacs Supérieur, Michigan, Huron, Érié et Ontario, et qui se jette dans l'Atlantique; le Mississipi, qui reçoit, sur sa rive droite, le Missouri, sur sa rive gauche, l'Ohio, et se jette dans le golfe du Mexique; le Rio-Grande-del-Norte (it.); le Sacramento (Pacifique); le Colorado (mer vermeille), etc. — Dans l'Amérique du

Sud : l'Orénoque, l'Amazone, l'Uruguay se réunissant au Parana grossi du Paraguay, pour former le Rio de la Plata (Atlantique).

Lacs. — Outre les lacs que nous avons déjà nommés, on trouve ceux de Nicaragua (Amérique centrale), de Maracaïbo (côtes de la mer des Antilles), de Titicaca (Pérou), de Dos Patos (au S. E. du Brésil).

Contrées et villes principales. — On compte, en Amérique, 24 contrées principales dont 21 états indépendants, savoir :

1° Dans l'Amérique du Nord,

L'Amérique danoise (Groënland et Islande) ;

L'Amérique anglaise, du Nord ou Nouvelle Bretagne (toute la partie septentrionale de l'Amérique moins le territoire d'Alaska), comprenant le nouveau Brunswick, la Nouvelle Écosse (ancienne Acadie), les îles du cap Breton et de Terre-Neuve, le Canada, la presqu'île du Labrador, le Maine, la Colombie anglaise, les grandes îles de la reine Charlotte et de Vancouver, etc. ; v. pr., Ottawa, Québec, Montréal, Halifax, etc. ;

Le territoire d'Alaska (ancienne Amérique russe, cédée récemment aux États-Unis) ;

Les États-Unis, composés de 37 états fédérés, ayant pour capitale politique Washington, et pour villes principales New-York, Boston, la Nouvelle-Orléans, San-Francisco, Albany, Philadelphie, Richemond, etc. ;

Le Mexique, v. pr. Mexico, Puebla, Queretaro, Monterey, Vera-Cruz, Saint-Jean d'Ulloa, Campèche, Acapulco, etc.

2° Dans l'Amérique centrale, les républiques :

De Guatemala, cap. Nouvelle Guatemala ;

De San-Salvador, cap. du même nom ;

Du Honduras, cap. Comayagua (remarquez le Honduras anglais, cap. Balize) ;

De Nicaragua, cap. Managua ;

De Costa-Rica, cap. San-José.

3° Dans l'Amérique du Sud,

Les États-Unis de Colombie (Nouvelle Grenade), v. pr. Bogota, Carthagène sur la mer des Antilles, Panama sur le Pacifique ;

La république de Venezuela, v. pr. Caracas, Maracaïbo, Bolivar, etc. ;

La république de l'Équateur, v. pr. Quito, Guayaquil, etc. ;

La république du Pérou, v. pr. Lima, Callao, etc. ;

La république de Bolivie ou du Haut-Pérou, v. pr. Chuquisaca, la Plata, ou Sucre ;

La république du Chili et l'Araucanie, v. pr. Santiago, Valparaiso, la Conception, etc. ;

La Patagonie, la Terre de Feu, les Malouines ;

La république Argentine ou Confédération de la Plata, cap. Buenos-Ayres ;

La république de l'Uruguay, cap. Montevideo ;

La république du Paraguay. cap. l'Assomption ;

L'empire du Brésil, v. pr. Rio de Janeiro, Bahia ou San-Salvador, Permambouc, etc. ;

La Guyane, v. pr. Cayenne (Guyane Française), Paramaribo (Guyane hollandaise), Georges-Town (Guyane anglaise).

4° Dans l'Atlantique,

Les grandes Antilles, Cuba, cap. la Havane, Haïti, comprenant la république haïtienne (v. pr. Port-au-Prince et le Cap Haïtien) et la république Dominicaine (cap. Saint-Domingue); Porto-Rico, cap. San Juan; la Jamaïque, cap. Kingston. ;

Les Petites Antilles ou îles du *Vent*, comprenant la Guadeloupe (v. pr. la Basse-Terre et la Pointe-à-Pitre), la Martinique (v. pr. Saint-Pierre et Fort-de-France), Marie Galante, Saint-Martin, etc. ; les îles *sous le vent* : Curaçao, Tabago, la Trinité, etc. ; les îles *Lucayes* ou de *Bahama*, les *Bermudes*.

EXERCICES.

Tracé de la carte complète de l'Amérique.

QUESTIONS.

Quelles sont les bornes de l'Amérique? Sa latitude et sa longitude? Sa plus grande longueur? Sa plus grande largeur? Sa superficie. — Décrivez-en les contours en partant du détroit de Davis et de la mer de Baffin et en vous avançant de l'E. à l'O., puis du N. au S., etc. — Quelles sont les chaînes de montagnes qui forment comme la dorsale de l'Amérique? — Quelles chaînes de montagnes trouve-t-on en outre dans l'Amérique du Nord et dans l'Amérique du Sud? —

Indiquez les trois grands versants et les principaux fleuves qui leur appartiennent? — Quels sont les principaux lacs?—Quels sont les principaux volcans, golfes, isthmes, caps, etc.?— Énumérez les contrées de l'Amérique du Nord. De l'Amérique Centrale, de l'Amérique du Sud. — Quelles contrées secondaires comprend l'Amérique anglaise du Nord?— Où placez-vous le Canada? L'ancienne Acadie? — Quelles sont les principales villes de l'Amérique anglaise? Des États-Unis? Du Mexique? etc. — Quelles îles ou groupes d'îles trouve-t-on sur les côtes ou dans le voisinage de l'Amérique? — Où placez-vous les grandes presqu'îles de la Vieille Californie, du Yucatan, de la Floride, du Labrador? Les isthmes de Tehuantepec et de Panama? Les détroits de Lemaire et de Magellan, etc., etc.?

RÉSUMÉ.

(A apprendre par cœur.)

Bornes. — L'Amérique est entourée, au N., par l'océan Glacial arctique; elle s'étend ensuite entre le Pacifique et l'Atlantique, qui, après l'avoir bornée à l'O. et à l'E., se confondent vers le Sud.

Mers, golfes, baies. — Notons : au N., les mers de Baffin et d'Hudson; à l'O., la mer Vermeille, le golfe de Panama; à l'E., les baies de Rio-de-Janeiro et de Todos-os-Santos, les golfes de Darien, de Honduras, du Mexique, Saint-Laurent, etc.

Détroits. — Vers le N. sont les détroits de Davis, d'Hudson, de Lancastre, de Behring, etc.; au S., les détroits de Magellan et de Lemaire; à l'E., le canal de la Floride.

Iles et groupes d'îles. — Vers le N.-E., îles de Terre-Neuve et du Cap Breton; au N.O., les îles Aléoutiennes, de la Reine-Charlotte, de Vancouver; au S., la Terre de Feu, les Malouines ou Falkland; à l'E., les îles sous le Vent, les îles du Vent (petites Antilles), les grandes Antilles, les îles Lucayes ou de Bahama, les Bermudes.

Presqu'îles. — Au N.-E., la Nouvelle-Écosse (ancienne

Acadie), le Labrador ; au N.-O., l'Alaska, la Vieille-Californie ; à l'E., le Yucatan, la Floride.

Isthmes. — Dans l'Amérique centrale, l'isthme de Panama.

Caps. — Distinguons : le cap Farewell, au S. du Groënland ; le cap Occidental, sur le détroit de Behring ; les caps Horn, au S. de la Terre de Feu, et Froward, au S. du continent américain ; Corientes et Blanc, sur les côtes orientales de l'Amérique du Sud.

Montagnes. — La longue chaîne des monts Alaska, des montagnes Rocheuses, de la Cordillère de l'Amérique Centrale, de la Cordillère des Andes, forme la dorsale de l'Amérique. Nous connaissons, en outre, la Sierra Nevada, les collines Laurentides, les monts Alleghanys ou Apalaches, dans l'Amérique du Nord,

Volcans. — Le Saint-Hélie, dans l'Alaska ; le Popocatepelt, au Mexique ; le Chimborazo, au Pérou, etc.

Fleuves. — Le Mackensie, le Sacramento, le Colorado, le Rio Grande del Norte, le Mississipi grossi du Missouri, le Saint-Laurent, dans l'Amérique du Nord ; le Rio de la Plata, formé du Parana et de l'Uruguay, l'Amazone, l'Orénoque, dans l'Amérique du Sud.

Lacs. — Lacs Supérieur, Michigan, Huron, Érié, Ontario, dans l'Amérique du Nord ; Maracaïbo, Titicaca, dans l'Amérique du Sud.

Contrées et villes principales. — *Dans l'Amérique du Nord :* la Nouvelle-Bretagne du Nord (v. pr. : Ottawa, Québec, Halifax, etc.) ; les États-Unis (v. pr. : Washington, New-York, Boston, la Nouvelle-Orléans, etc.) ; le Mexique (v. pr. : Mexico, Puebla, Vera-Cruz, etc.) ; *dans l'Amérique centrale :* les républiques de l'Amérique Centrale (v. pr. : Nouvelle-Guatemala, San-Salvador, Comayagua, etc.) ; *dans l'Amérique du Sud :* les États-Unis de Colombie ou Nouvelle-Grenade (Bogota, Carthagène, Panama, etc.) ; le Vénézuela (Caracas) ; les républiques de l'Équateur (Quito), du Pérou (Lima, Callao), de Bolivie ou du Haut-Pérou (Chuquisaca, la Plata ou Sucre), du Chili (Santiago, Valparaiso, etc.), de la Plata (Buenos-

Ayres), de l'Uraguay (Montevideo), du Paraguay (l'Assomption) ; l'empire du Brésil (Rio de Janeiro, Bahia, Pernambuco) ; la Guyane (Cayenne) ; les grandes Antilles : la Jamaïque (Kingston), Cuba (la Havane), Haïti (Port-au-Prince, Saint-Domingue) ; les petites Antilles : la Guadeloupe (la Basse-Terre et la Pointe-à-Pitre), la Martinique (Saint-Pierre et Fort-de-France).

QUATRIÈME LEÇON.

(Lecture avec explications, compte rendu, exercices et questions.)

OCÉANIE

Notions générales. — L'Océanie n'a été découverte ou explorée que dans les deux derniers siècles par les navigateurs Magellan, Tasman, Van Diemen, Dampier, Cook, Bougainville, La Pérouse, Dumont-d'Urville, etc. Ses 20 millions d'habitants appartiennent à la race jaune (nord), à la race nègre (centre et sud), à la race blanche (Européens). Le mahométisme domine dans le voisinage de l'Asie, le paganisme dans les autres contrées où les Européens n'ont pas encore implanté le christianisme. Les produits spéciaux de l'Océanie sont : le maïs, le riz, la canne à sucre, le café, le camphre, le benjoin, le ricin, la cannelle, la muscade, le girofle, le coton. On y trouve le bananier, le palmier, l'arbre à pain, etc., des diamants dans les îles de la Sonde, des métaux précieux dans l'Australie.

Divisions. — On la partage en quatre grandes régions qui sont :

Au N. O. la **Malaisie** ou **Notasie**, comprenant : l'archipel de la Sonde (îles de Sumatra, de Java et de Timor), l'île de Bornéo, Célèbes, les Moluques ou îles aux Épices, les Philippines ;

Au S. O. la **Mélanésie**, comprenant : l'Australie ou Nouvelle-Hollande ou continent Austral, la Tasmanie ou Terre de Van Diémen, la Nouvelle-Guinée ou Papouasie, la Nouvelle-Bretagne, les îles Salomon, les Nouvelles-Hébrides, la Nouvelle-Calédonie, etc.;

Vers le N. E., la **Micronésie**, comprenant l'archipel de Magellan, les Mariannes, les Carolines, les îles Marshall, Gilbert, etc.;

A l'E. la **Polynésie**, comprenant : les îles Hawaï ou Sandwich, des Navigateurs ou Samoa, de Tonga ou des Amis, l'archipel de Mendana, de Nouka-Hiva ou des Marquises, les îles Basses ou Touamotou, les îles de la Société ou de Taïti, les îles Gambier, la Nouvelle-Zélande, etc.

A ces régions on peut joindre les terres australes d'Adélie, de Victoria, etc.

Montagnes. — Les montagnes de l'Océanie paraissent n'être que les prolongements et les ramifications des chaînes asiatiques qui se relèvent notamment dans les îles Sandwich par le Maouna-Roa, dans l'île de Sumatra par le Gounong-Kassoumbra, dans celle de Bornéo, par le mont Saint-Pierre, etc. On trouve, dans l'Australie, la chaîne des Alpes australiennes ou montagnes Bleues.

Mers, golfes, détroits. — On distingue, dans la *Malaisie*, la mer de Java, la mer et le détroit de la Sonde, la mer et le détroit des Moluques, la mer de Célèbes; dans la *Mélanésie*, le détroit de Torrès entre l'Australie et la Papouasie, la mer de Corail dans les mêmes parages, les golfes de Carpentarie et Australien, de nombreux caps sur les côtes de l'Australie, le détroit de Bass entre l'Australie et la Tasmanie; dans la *Polynésie*, le détroit de Cook entre les deux principales îles de la Nouvelle-Zélande.

Contrées et villes principales. — Malaisie. — Notons, *dans l'île de Sumatra*, le royaume d'Achem, les villes hollandaises de Palembang, Padang, Bencoulen; *dans l'île de Java*, les villes hollandaises de Batavia, de Sourabaya, etc.; *dans l'île de Timor*, des établissements hollandais et portugais; *dans l'île de Bornéo*, le royaume de Bornéo ou sultanie de Varauni, les villes hollandaises de Bandermassin, de Pontianak, etc.; *dans les Moluques*, les établissements hollandais de Banda et d'Amboine; *dans les presqu'îles de Célèbes*, des établissements hollandais; *dans les Philippines*, les îles Luçon avec la ville de Manille (aux Espagnols), de Mindanao avec la ville de Selangan, capitale d'un royaume indépendant.

Mélanésie. — Notons la *Nouvelle-Guinée* ou *Papouasie*

avec des établissements hollandais; *les îles Salomon* et les *Nouvelles-Hébrides;* la *Nouvelle-Calédonie* dont la capitale est Nouméa; l'*Australie* avec les villes de Sidney, de Melbourne, etc.; la *Tasmanie* avec la ville de Hobart-Town.

Micronésie. — Rappelons les *Mariannes* et les *Carolines* avec des établissements espagnols.

Polynésie. — Nous trouvons le royaume de *Hawaï* ou *Sandwich* avec Honolulu pour capitale; l'*archipel des Marquises*, de *Mendana* ou de *Nouka-Hiva*, avec des établissements français; l'*archipel de la Société* ou de *Taïti* avec Papéiti pour capitale; les îles *Gambier*, *Touamotou;* la *Nouvelle-Zélande*, capitale Auckland, etc.

EXERCICES.

Tracé de la carte de l'Océanie.

QUESTIONS.

Où placez-vous l'Océanie? — Comment la divisez-vous? — Où placez-vous la Malaisie? la Mélanésie? la Micronésie? la Polynésie? — Quelles îles et groupes d'îles se trouvent dans la Malaisie? dans la Mélanésie? dans la Micronésie? dans la Polynésie? — Quelles sont les trois grandes îles de l'archipel de la Sonde? — Où placez-vous Bornéo, Célèbes, les Moluques, les Philippines? — Quelles îles et groupes d'îles se trouvent dans la Mélanésie? — A quelle partie de l'Océanie appartiennent l'Australie, la Nouvelle-Guinée ou Papouasie, la Nouvelle-Bretagne, les îles Salomon, les Nouvelles-Hébrides, la Nouvelle-Calédonie? — Quels noms divers donne-t-on à l'Australie? — Où placez-vous la Micronésie? — Quels groupes d'îles composent la Micronésie? — A quelle partie de l'Océanie appartiennent les Mariannes ou îles des Larrons? les Carolines? les îles arshall? les îles Gilbert? — Où placez-vous la Polynésie? — Quels sont les principaux groupes d'îles de la Polynésie? — Où placez-vous les îles Hawaï ou Sandwich? des Navigateurs ou Samoa? Tonga ou des Amis? la Nouvelle-Zélande? l'archipel de Mendana, de Nouka-Hiva ou des Marquises? des îles Basses ou Touamotou, de Taïti ou de la Société? des îles Gambier? — Comment peut-on considérer les montagnes de l'Océanie? — Où placez-vous le Maouna-Roa?

le Gounong-Kossoumbra? le mont Saint-Pierre? les Alpes australiennes? — Quelles mers trouvez-vous dans la Malaisie? — Quels détroits? — Où placez-vous la mer de Java? de la Sonde? de Célèbes? des Moluques? — Où placez-vous le détroit de la Sonde? des Moluques? — Quelles mers trouvez-vous dans la Mélanésie? quels golfes? quels détroits? — Où placez-vous la mer de Corail? le golfe de Carpentarie? le golfe Australien? les détroits de Torrès? de Bass? de Cook?

RÉSUMÉ.

(A apprendre par cœur.)

Bornes. — L'Océanie, située au S. E. de l'Asie, dans le Grand océan, s'étend d'une part entre l'océan Indien et l'Amérique, d'autre part entre le 34e degré de lat. N. et le pôle austral.

Divisions. — On la partage en quatre grandes régions qui sont :

Au N. O., *la Malaisie* ou *Notasie*, comprenant l'archipel de la Sonde (Sumatra, Java, Timor), Bornéo, Célèbes, les Moluques ou îles aux Épices, les Philippines;

Au S. O., la *Mélanésie*, comprenant l'Australie, la Tasmanie ou Terre de Van Diemen, la Nouvelle-Guinée ou Papouasie, la Nouvelle-Bretagne, la Nouvelle Calédonie, etc.;

Vers le N. E., la *Micronésie*, comprenant les Mariannes, les Carolines, etc.;

A l'E., la *Polynésie*, comprenant les Sandwich, les Marquises, les îles de la Société ou de Taïti, les îles Gambier, la Nouvelle-Zélande, etc.

Montagnes. — On trouve, en Australie, les Alpes Australiennes ou montagnes Bleues.

Mers, golfes, détroits. — Notons les mers de Java, de la Sonde, de Célèbes, de Corail; les golfes de Carpentarie et Australien; les détroits de Torrès, de Bass, de Cook, etc.

Contrées et villes principales. — On trouve dans l'île de Sumatra le royaume d'Achem, les villes hollandaises de Palembang et de Bencoulen; dans l'île de Java, les villes hollandaises de Batavia, de Sourabaya, etc.; dans l'île de Bornéo, la sultanie de Varauni, les villes hollandaises de Bandermassin, de Pontianak, etc.; dans les Philippines, la ville espagnole de Manille; en Australie, Sidney, Melbourne, etc.; dans la Tasmanie, Hobart-Town; aux îles Sandwich, Honolulu; à Taïti, Papéiti; dans la Nouvelle-Calédonie, Nouméa.

NOVEMBRE

RÉVISION DES MATIÈRES DU COURS MOYEN : GÉOGRAPHIE PHYSIQUE ET POLITIQUE DE L'EUROPE.

PREMIÈRE LEÇON.

(Lecture avec explications, compte rendu, exercices et questions.)

EUROPE. — GÉOGRAPHIE PHYSIQUE.

Bornes. — L'Europe occupe le N. O. de l'hémisphère oriental et de l'ancien continent. Elle est bornée, au N., par l'océan Glacial arctique; à l'O., par l'océan Atlantique; au S., par le détroit de Gibraltar et la Méditerranée; au S. E., par l'Archipel, le détroit de Gallipoli, la mer de Marmara, le canal de Constantinople, la mer Noire, le Caucase; à l'E., par la mer Caspienne, par le fleuve et les monts Ourals, et par le petit fleuve Kara.

Position astronomique. — L'Europe, si on y comprend l'Islande, la Nouvelle-Zemble et le Spitzberg, est située entre 35° et 81° de latitude N., 27° de longitude O. et 77° de longitude E.

Étendue. — Sa plus grande longueur, du S. O. au N. E., du cap Saint-Vincent au golfe de Kara, est d'environ 550 myriamètres, et sa plus grande largeur, du N. au S., du cap Nord au cap Matapan, d'environ 385 myriamètres. Sa superficie est évaluée à 10 millions de kilom. carrés, soit à 1 milliard d'hectares.

Mers particulières. — On trouve, sur les côtes de l'Europe, les mers particulières suivantes :

La mer Blanche, la mer Baltique, la mer du Nord, la Manche, la mer d'Irlande, la mer de France, la mer Tyrrhénienne ou de Toscane, l'Adriatique, la mer Ionienne, l'Archipel, la mer de Marmara, la mer Noire, la mer d'Azof.

Golfes. — La mer Blanche projette les golfes de Mezen, de la Dwina ou d'Arkangel, d'Onéga, de Kandalaskaïa ; la Baltique, ceux de Botnie, de Finlande, de Livonie ou de Riga, de Dantzick, de Lubeck, de Christiania ; la mer du Nord, les golfes de Ham, de Dollart, du Zuiderzée sur le continent, de Murray, de Forth ou d'Édimbourg en Angleterre ; la mer d'Irlande, les golfes de la Clyde et de Solway, la baie de Cardigan aussi en Angleterre ; la mer de France, le golfe de Gascogne ; la Méditerranée, les golfes du Lion, de Gênes, de Tarente ; la mer Adriatique, les golfes de Venise, de Trieste ; la mer Ionienne, les golfes d'Arta, de Patras, de Lépante ou de Corinthe ; la Méditerranée, au S. de la Grèce, les golfes de Koron, de Marathonisi ; l'Archipel, ceux de Volo, de Salonique, d'Orphano, de Saros, etc.

Grandes presqu'îles. — Les grandes presqu'îles de l'Europe sont au nombre de sept : la Scandinavie (Suède et Norwége), le Jutland (partie continentale du Danemark), la péninsule Ibérique (Espagne et Portugal), l'Italie, la Morée (partie de la Grèce), la Crimée, au N. de la mer Noire.

Iles et Archipels. — On trouve, dans l'océan Glacial, la Nouvelle-Zemble et l'île de Waïgatch séparées par le détroit de Kara, l'île de Kalgouew, le Spitzberg ; sur les côtes de la Norwége, les archipels Tromson et Loffoden ; dans la Baltique, les îles Dabo, Dago, Oesel, celles d'Aland, de Gottland, d'Oeland, l'archipel Danois (Seeland, Fionie, Alsen, Langeland, Laaland, Falster, Bornolm) ; dans l'Atlantique, au loin vers le N., l'Islande et plus au S., les îles Feroë ou Fœroer, les îles Britanniques (Angleterre, Irlande), et, dans leur voisinage, les îles Shetland, les Orcades, les Hébrides, les îles de Man, d'Anglesey, de Whight ; sur les côtes de France, les îles anglo-normandes, d'Ouessant, etc. ; dans la Méditerranée, les Baléares (Majorque, Minorque, Ivice), la Corse, la Sardaigne, la Sicile,

Malte ; dans la mer Ionienne, les îles du même nom (Corfou, Céphalonie, Zante, etc.) ; au S. de l'Archipel, Candie ; dans l'Archipel même, le groupe des Cyclades, la grande île d'Eubée ou de Négrepont, Skyro, etc.

Détroits. — On remarque le détroit de Kara, entre la Nouvelle-Zemble et l'île de Waïgatch ; le Sund, entre l'île de Seeland et la Suède ; le Grand-Belt, entre cette île et l'île de Fionie ; le Petit-Belt, entre l'île de Fionie et la presqu'île du Jutland ; le Cattégat et le Skager-Rack, qui contiennent le passage du Sund, de la Baltique à la mer du Nord ; le Pas de Calais, entre la mer du Nord et la Manche ; le canal du Nord et le canal Saint-Georges, au N. et au S. de la mer d'Irlande ; le détroit de Gibraltar, entre l'Espagne et l'Afrique ; le détroit de Bonifacio, entre la Corse et la Sardaigne ; le Phare ou le détroit de Messine, entre la Sicile et l'Italie ; le canal d'Otrante, entre l'Italie et la Grèce ; le canal d'Atalanti et de Négrepont, entre l'Eubée et la Grèce continentale ; le détroit des Dardanelles ou de Gallipoli, joignant l'Archipel à la mer de Marmara ; le canal de Constantinople ou Bosphore, joignant cette mer à la mer Noire ; enfin, le détroit d'Iénikalé ou de Kertch, entre la mer Noire et la mer d'Azof.

Isthmes — Les principaux isthmes de l'Europe sont : l'isthme de Laponie, entre le golfe de Botnie et l'océan Glacial ; l'isthme Pyrénéen, qui ferme la péninsule Ibérique ; l'isthme de Corinthe, entre le golfe de Lépante et le golfe d'Égine ; l'isthme de Pérékop, qui joint la Crimée au continent.

EXERCICES.

Tracer les contours de la carte d'Europe avec l'indication des mers, golfes, presqu'îles, îles et archipels, détroits et isthmes.

QUESTIONS.

Quelles sont les bornes de l'Europe ? — Sa latitude et sa longitude ? son étendue du S.-O. au N.-E., du N. au S. ? sa superficie en kilomètres carrés et en hectares ? — Quelles sont les mers particulières qui entourent l'Europe ? — Quels golfes projettent l'océan Glacial, la Baltique, la mer du Nord, la mer d'Irlande, la mer de France, la Méditerranée, la mer Adriatique, la mer Ionienne, la Méditerranée au S. de la Grèce, l'Archipel ? — Où placez-vous les golfes de Mézen, de la Dwina, d'Onéga et Kandalaskaïa, de Botnie, de Finlande, de Livonie.... ? — Quelles sont les grandes presqu'îles de l'Europe? — Où placez-vous la Scandinavie, le Jutland... ? — Quels îles ou archipels trouvez-vous dans l'océan Glacial, sur les côtes de la Norwége, dans la Baltique... ? — Où placez-vous les îles de la Nouvelle-Zemble, de Waïgatch, de Kalgouew? — Les archipels Tromsen et Loffoden? — Les îles d'Abo, Dago, Œsel... ? — Quels sont les principaux détroits de l'Europe ? — Où placez-vous le détroit de Kara, le Sund, le Grand-Belt, le Petit-Belt... ? — Quels sont les principaux isthmes de l'Europe ? — Où placez-vous l'isthme de Laponie, l'isthme Pyrénéen ?

RÉSUMÉ.

(A apprendre par cœur.)

Bornes de l'Europe. — L'Europe est bornée au N. par l'océan Glacial arctique ; à l'O. par l'Atlantique ; au S. par la Méditerranée, la mer Noire et le Caucase ; à l'E. par la mer Caspienne, par le fleuve et les monts Ourals.

Mers particulières. — On trouve, sur les côtes de l'Europe : la mer Blanche, la mer Baltique, la mer du Nord, la Manche, la mer d'Irlande, la mer de France, la mer Tyrrhénienne ou de Toscane, l'Adriatique, la mer Ionienne, l'Archipel, la mer de Marmara, la mer Noire, la mer d'Azof.

Golfes. — La mer Blanche projette les golfes de Dwina, de Kandalaskaïa, etc ; la Baltique, ceux de Botnie, de Finlande, de Livonie, de Dantzick, de Christiania, etc.; la mer du Nord, le Zuyderzée ; la mer de France, le golfe de Gascogne ; la Méditerranée, les golfes du Lion, de Gênes, de Tarente ; l'Adriatique, les golfes de Venise et de Trieste ; la mer Ionienne, le golfe de Lépante, etc. ; l'Archipel, les golfes de Volo, de Salonique, etc.

Grandes presqu'îles. — Les grandes presqu'îles de l'Europe sont : la Scandinavie, le Jutland, la péninsule Ibérique, l'Italie, la Morée, la Crimée.

Iles et archipels. — Notons, dans l'océan Glacial, la Nouvelle-Zemble, le Spitzberg, etc. ; dans la Baltique :

l'archipel Danois, etc. ; dans l'Atlantique : l'archipel britannique ; dans la Méditerranée : les Baléares, la Corse, la Sardaigne, la Sicile, Malte, les îles Ioniennes, les Cyclades, Candie, etc.

Détroits. — Les principaux détroits sont : le Sund, le Grand et le Petit-Belt, le Cattégat et le Skager-Rack, dans la Baltique ; le Pas de Calais, entre la France et l'Angleterre ; le canal du Nord et le canal Saint-Georges, entre l'Angleterre et l'Irlande ; le détroit de Gibraltar, entre l'Espagne et l'Afrique ; le détroit ou les Bouches de Bonifacio, entre la Corse et la Sardaigne ; le Phare ou le détroit de Messine, entre l'Italie et la Sicile ; le canal d'Otrante, entre l'Italie et la Grèce ; le détroit de Gallipoli et le canal de Constantinople, entre l'Europe et l'Asie ; le détroit d'Iénikalé ou de Kertch, entre la mer Noire et la mer d'Azof.

Isthmes. — On distingue l'isthme de Laponie, l'isthme Pyrénéen, l'isthme de Corinthe et l'isthme de Pérékop.

DEUXIÈME LEÇON.

(Lecture avec explications, compte rendu, exercices et questions.)

EUROPE. — GÉOGRAPHIE PHYSIQUE (Fin).

Ligne de partage des eaux ; versants. — Une immense ligne de faîte partant du détroit de Gibraltar pour se terminer à l'océan Glacial, et courant du S.-O. au N.-E., divise l'Europe en deux grands versants : versant du N.-O. (mer Glaciale et océan Atlantique), et versant du S.-O. (Méditerranée, mer Noire et mer Caspienne). Les principales chaînes qui forment cette ligne de faîte ou de partage des eaux sont : la Sierra Nevada et les monts Ibériques, en Espagne ; les Pyrénées, entre la France et l'Espagne ; les Corbières, les Cévennes, la Côte-d'Or, les Faucilles, en France ; les collines de Belfort et du Jura, à l'E. de notre pays ; en Suisse, puis en Allemagne, le mont Jorat, les Alpes Bernoises, les Alpes Centrales, les Alpes Grises, les Alpes d'Algau, les Alpes de Constance, la partie méridionale des monts de la Forêt-Noire, les Alpes de Souabe, le Jura Franconien; en Autriche, les monts de Bohême et de Moravie, les Sudètes, les Carpathes septentrionales; en Pologne, les collines du même nom ou plutôt de Galicie; en Russie, les hauteurs d'Uvalli et de Valdaï, les monts Chemaknowski, et enfin l'Oural.

Autres chaînes de montagnes; volcans. — Les autres chaînes importantes de l'Europe sont : les Dofrines ou Alpes Scandinaves, entre la Suède et la Norwége; les monts Grampians en Angleterre; le massif des Alpes projetant, en Italie, la chaîne de l'Apennin, vers la Grèce, les monts Helléniques, et en Turquie les monts Balkans. — Les volcans européens sont le Vésuve en Italie, l'Etna en Sicile, le Stromboli dans une île voisine, et l'Hécla en Islande.

Caps. — Les principaux caps sont : les caps Nord et Nord-Kyn, au N. de la Scandinavie; Skagen, au N. du Jutland; Duncansby et Land's-End, au N. et au S. de la Grande-Bretagne; Saint-Mathieu, à l'O. de la Bretagne; Finistère, Saint-Vincent, Trafalgar, Creux, dans la péninsule Ibérique; Passaro et Faro, en Sicile; d'Armi et Spartivento, au S. de l'Italie; Matapan, au S. de la Morée; Possidi, Drapano, etc., au fond de la presqu'île Chalcidique, en Turquie, etc.

Fleuves. — Se jettent dans l'océan Glacial : la Kara, la Petchora, la Dwina du Nord, l'Onéga, la Tana; dans la Baltique : la Tornéa, la Néva, la Duna ou Dwina du Sud, le Niémen, la Vistule, l'Oder; dans la mer du Nord : l'Elbe, le Weser, l'Ems, le Rhin sur le continent; la Tamise, l'Humber, en Angleterre; dans la Manche : la Seine; dans la mer de France : la Loire et la Garonne; dans l'Atlantique : le Minho, le Duero, le Tage, la Guadiana, le Guadalquivir; dans la Méditerranée : l'Èbre, le Rhône, le Tibre, le Pô, l'Adige, la Maritza; dans la mer Noire : le Danube grossi du Pruth, le Dniester, le Dnieper, le Don; dans la mer Caspienne : le Volga et l'Oural.

Sources, affluents, parcours de quelques-uns de ces fleuves. — La *Vistule*, descendue des Carpathes, passe à Cracovie et à Varsovie (Pologne), et va se jeter dans le golfe de Dantzick. L'*Oder* prend sa source dans les monts Sudètes, passe à Breslau, à Francfort-sur-l'Oder, à Stettin, et atteint les lagunes de la Baltique. L'*Elbe* prend sa source aux monts des Géants, en Bohême, reçoit la Moldau, s'échappe par le défilé de Winterberg, entre les monts Métalliques et les monts de Lusace, arrose Dresde dans la Saxe, se grossit de la Mulde et de la Sale sur sa rive gauche, de l'Elster Noir sur sa rive droite, passe à Wittenberg, à Magdebourg, à Hambourg, et se jette, par un long estuaire, dans la mer du Nord. Le *Weser*, formé de la Werra et de la Fulde, passe à Minden et à Brême, et se jette dans la même mer, un peu plus au N. que l'Ems. Le *Rhin* s'échappe du Saint-Gothard (Rhin occidental) et des massifs du Maloïa (Rhin oriental), traverse le lac de Constance, passe à Bâle, puis près de Strasbourg, à Philipsbourg, Spire. Mayence, Cologne, projette sur sa droite l'Yssel, sur sa gauche le Wahal et le Leck, et aboutit, sous le nom de Vieux-Rhin, à la mer du Nord, en Hollande, ayant reçu, sur sa rive droite, le Necker dans les environs de Manheim, le Mayn ou Mein dans les environs de Mayence, la Lippe à Wesel; sur sa rive gauche, à Coblentz, la Moselle, grossie de la Sarre. La *Meuse*, grossie du Chiers et de la Semoy (rive droite), de la Sambre (rive gauche), aboutit à la mer du Nord par plusieurs estuaires qui forment les îles de la Zélande.... Le *Pô* et l'*Adige* descendent des Alpes. Le Pô passe à Turin, à Plaisance, à Guastalla; il a pour affluents, sur sa rive droite, la Stura grossie de la Bormida, la Trébie, le Taro, etc.; sur sa rive gauche, les deux Doria, la Sésie, le Tésin, l'Adda, l'Oglio, le Mincio. L'*Adige*, la *Brenta*, la *Piave*, le *Tagliamento*, l'*Isonzo*, se perdent dans les lagunes du golfe de Venise. Le *Danube* naît dans la forêt Noire, reçoit sur sa rive droite l'Isar, l'Inn grossie de la Salza, la Leitha, la Drave et la Save; sur sa rive gauche, la March, la Theiss; il franchit les Carpathes du S. aux Portes-de-Fer, et se jette par plusieurs bouches dans la mer Noire, après avoir reçu sur sa rive gauche le Pruth. Dans la même mer se jettent le *Dniester*, descendu des Carpathes; le *Dnieper*, grossi de la Bérésina, et le *Don*, sortis des hauts plateaux de l'intérieur de la Russie. Le *Volga*, sorti des monts Valdaï, coule de l'O. à l'E., puis du N. au S., et se jette dans la mer Caspienne, ainsi que l'*Oural*, descendu des montagnes de ce nom.

Lacs. — On trouve en Europe un certain nombre de lacs et de lagunes : les lacs Onéga, Ladoga et Péïpous, en Russie; les lacs Wener, Wetter et Mœlar, en Suède; les lacs de Constance, de Zurich, de Lucerne ou des Quatre-Cantons, de Neuchâtel, de Genève, etc., en Suisse; d'Annecy, du Bourget, de Grand-lieu, en France; les lacs Majeur, de Côme, d'Iséo, de Garde, les lagunes de Venise, dans la haute Italie; le lac Balaton, en Autriche, etc.

EXERCICES.

Ajouter à la carte d'Europe la ligne de partage des eaux, les montagnes et les volcans énumérés ci-dessus, les fleuves et les lacs.

QUESTIONS.

Quels sont les points de départ et d'aboutissement de la ligne de faîte de l'Europe? En combien de grands versants divise-t-elle l'Europe? — Quelles chaînes de montagnes la forment en Espagne, en France, en Suisse, en Allemagne, en Autriche, en Galicie, en Russie? — Quelles sont les autres chaînes de montagnes de l'Europe? — Où placez-vous les Dofrines? les monts Grampians? le massif des Alpes? — Quelles chaînes projettent les Alpes en Italie? en Grèce? en Turquie? — Quels sont les volcans de l'Europe? — Où placez-vous l'Hécla? le Stromboli? le Vésuve? l'Etna? — Nommez les principaux caps de l'Europe. — Où placez-vous les caps Nord et Nord-Kyn? Skagen? Duncansby et Land's-End? Saint-Mathieu? Finistère? Saint-Vincent? Trafalgar? Creux? Passaro et Faro? d'Armi et de Spartivento? Matapan? Possidi et Drapano? — Quels sont les grands fleuves qui se jettent dans l'océan Glacial? dans la mer du Nord? dans la Manche? dans l'Atlantique et dans la Méditerranée (Portugal, Espagne)? — Quels sont les fleuves qu'on trouve en Italie? dans la haute Italie? dans la Turquie? — Décrivez le cours de la Vistule, de l'Oder, de l'Elbe, du Rhin, du Danube, du Volga. — Quels sont les principaux lacs que l'on trouve en Russie? en Suède? en France? en Suisse? dans la haute Italie? en Autriche? — Où placez-vous les lacs Onéga? Ladoga? Peïpous? les lacs Wener? Wetter? Mœlar? de Genève? de Constance? des Quatre-Cantons? d'Annecy et du Bourget? de Grandlieu? Majeur? de Garde? de Côme? Balaton?

RÉSUMÉ.

(A apprendre par cœur.)

Ligne de partage des eaux de l'Europe. — Les chaînes de montagnes qui forment la ligne de partage des eaux de l'Europe et qui la divisent en deux grands versants (versant de l'Atlantique, et versant de la Méditerranée, de la mer Noire et de la mer Caspienne) sont : la Sierra Nevada et les monts Ibériques; les Pyrénées, les Corbières, les Cévennes, la Côte-d'Or, le plateau de Langres, les collines de Belfort, le Jura, les Alpes sous divers noms, les monts de la Forêt-Noire, les Alpes de Souabe, le Jura Franconien, les monts de Bohême, les monts de la Moravie, les Sudètes, les Carpathes, les monts de Galicie, les hauteurs d'Uvalli et de Waldaï, les monts Chemaknowski, les monts Ourals.

Autres chaînes de montagnes. — Les Dofrines ou Alpes Scandinaves, les monts Grampians, les Apennins, les Balkans, la chaîne Hellénique.

Volcans. — L'Etna, le Vésuve, le Stromboli, l'Hécla.

Fleuves. — Les principaux fleuves sont : la Kara, la Petchora, la Dwina du nord, l'Onéga, tributaires de l'océan Glacial; la Tornéa, la Néva, la Dwina du sud, le Niémen, la Vistule, l'Oder, tributaires de la mer Baltique; l'Elbe, le Wéser, le Rhin, la Tamise, qui se jettent dans la mer du Nord; la Seine, qui se jette dans la Manche; la Loire, la Garonne, qui se jettent dans la mer de France; le Tage, la Guadiana, qui se jettent dans l'Atlantique; l'Èbre, le Rhône, le Tibre, le Garigliano, qui se jettent dans la Méditerranée; le Pô et l'Adige, qui se jettent dans l'Adriatique : la Maritza, qui se jette dans l'Archipel; le Danube, grossi d'un grand nombre d'affluents tels que l'Ill, la Save, le Pruth, etc.; le Dniester, le Dnieper, grossi de la Bérésina, le Don, qui se jettent dans la mer Noire; le Volga et l'Oural, qui se jettent dans la mer Caspienne.

TROISIÈME LEÇON.

(Lecture avec explications, compte rendu, exercices et questions.)

EUROPE. — GÉOGRAPHIE POLITIQUE.

Divisions. — L'Europe, au point de vue politique, renferme 15 contrées, puissances ou États (empires, monarchies ou républiques). Quatre sont vers le nord : les Iles Britanniques, le Danemark, la Suède et la Norwége, la Russie d'Europe; sept vers le centre; la France, la Belgique, la Hollande ou les Pays-Bas, l'empire d'Allemagne, la Suisse ou république Helvétique, l'empire d'Autriche ou empire Austro-Hongrois, la Turquie d'Europe; quatre au sud : l'Espagne, le Portugal, l'Italie, la Grèce.

ILES-BRITANNIQUES, ROYAUME-UNI DE GRANDE-BRETAGNE ET D'IRLANDE, OU SIMPLEMENT ANGLETERRE.

L'Angleterre se compose de deux grandes îles : la Grande-Bretagne et l'Irlande. A ces deux îles principales se joignent les îles ou groupes d'iles environnants : îles Shetland, Orcades. Hébrides au N.; îles de Man et d'Anglesey dans la mer d'Irlande; îles Sorlingues ou Scilly au S. O.; îles de Wight et Anglo-Normandes (Jersey et Guernesey) dans la Manche. L'île de la Grande-Bretagne comprend l'Angleterre proprement dite au S., et l'Écosse au N.

Bornes. — L'archipel Britannique est baigné au N. et à l'O. par l'océan Atlantique, au S. par la Manche, à l'E. par le Pas de Calais et la mer du Nord.

Montagnes. — On trouve, du N. au S., les monts Grampians, Cheviot, etc.; les monts du pays de Galles et des Cornouailles dans le S. O.

Caps. — Les principaux caps sont ceux de Duncansby au N., de Land's End au S. O., de North-Foreland et South-Foreland au S. E.

Fleuves, golfes, baies. — Notons parmi les fleuves : la Tamise, l'Humber, le Forth, la Clyde, la Mersey, la Severn, dans la Grande-Bretagne; la Boyne et le Shannon, en Irlande; parmi les golfes ou baies : le Wash, les golfes de Forth, de Murray, de la Clyde, de Solway, le canal de Bristol.

Villes principales. —Les villes principales sont : *Londres* ou *London* (3,266,000 habitants), cap. de l'Angleterre proprement dite et de tout le royaume; *Édimbourg* (196,600 habitants), cap. de l'Écosse; *Dublin* (246,000 habitants), cap. de l'Irlande; *Manchester* (351,000 habitants); *Liverpool* (493,000 habitants); *Birmingham* (343,000 habitants), *Newcastle*, *Glasgow*, *York*, *Plymouth*, *Portsmouth*, *Southampton*, *Folkestone*, *Douvres*, etc.

Gouvernement, religion, population. — Le gouvernement

est une monarchie constitutionnelle. Le protestantisme anglican domine en Angleterre, le presbytérianisme en Écosse, et le catholicisme en Irlande. La population des trois royaumes est de 31 millions d'habitants; la population extérieure ou coloniale de plus de 220 millions.

Colonies. — L'Angleterre a des colonies dans toutes les parties du monde, notamment d'immenses possessions dans l'Inde (tout l'Hindoustan), dans l'Amérique du Nord (Nouvelle Bretagne), en Afrique (la colonie du Cap, etc.).

ROYAUME DE DANEMARK.

Le Danemark se compose de l'archipel Danois (Seeland, Fionie, Laaland, etc.) et de la partie septentrionale du Jutland.

Détroits. — Les détroits sont nombreux dans ces parages ; on remarque notamment, entre le Jutland et la Norwége, le *Skager-Rack*, ayant pour suite le *Cattégat* et le *Sund;* le *Grand-Belt*, entre les îles Seeland et Fionie ; le *Petit-Belt* entre l'ile Fionie et le Jutland.

Bornes. — Le Danemark est borné au N. par le Cattégat; à l'O. par la mer du Nord; au S. par la Baltique; à l'E. par la Baltique, le Sund et le Cattégat.

Villes principales. — Les villes principales sont *Copenhague*, cap. dans l'ile Séeland (181,000 habitants); *Elseneur*, sur le Sund, dans la même ile; *Odensée*, dans l'ile Fionie, *Fredéricia*, *Viborg*, etc., sur le continent

Gouvernement, religion, population. — Le gouvernement est une monarchie constitutionnelle; la religion est le luthérianisme; la population s'élève à 1,784,000 habitants.

Possessions. — Les Danois possèdent les iles Fœroer ou Faroë, l'Islande, le Groënland, etc.

ROYAUME DE SUÈDE ET NORWÉGE.

Bornes. — Le royaume de Suède et Norwége a pour bornes, au N. E. la Tornéa et la Tana qui la séparent de la Russie; au N. l'océan Glacial; à l'O. encore l'océan Glacial, puis l'Atlantique et le commencement de la mer du Nord; au S. le Skager-Rack, le Cattégat, le Sund, la Baltique; à l'E. cette dernière mer.

Montagnes. — Entre la Suède et la Norwége s'étendent les Dofrines ou Alpes scandinaves.

Lacs.— On trouve en Suède un assez grand nombre de lacs dont les principaux sont les lacs Wener, Wetter et Mœlar.

Villes principales. — *Stockholm,* sur le lac Mœlar, est la capitale de la Suède et de tout le royaume (144,000 habitants), Christiania, sur le golfe du même nom, est la capitale de la Norwége (66,000 habitants). Notons ensuite *Upsal, Calmar,* etc., en Suède; *Frédérickshald, Christiansand, Drontheim,* en Norwége.

Gouvernement, etc. — Le gouvernement est une monarchie constitutionnelle; la population, qui est de 6 millions d'habitants, est luthérienne.

EMPIRE DE RUSSIE (RUSSIE D'EUROPE).

Bornes.— La Russie d'Europe est bornée au N. par l'océan Glacial ; à l'E. par la Tornéa et la Tana, par la Baltique, la Prusse, l'empire Austro-Hongrois; au S. par la Turquie d'Europe, la mer Noire, le Caucase; à l'Est par la mer Caspienne, le fleuve Oural, par les montagnes du même nom et par le petit fleuve de Kara.

Montagnes. — La Russie est divisée en deux grands versants par les hauteurs ou plateaux d'Uvalli et de Waldaï, et par les monts Chemaknowski joignant la chaîne de l'Oural.

Fleuves. — L'*océan Glacial* reçoit le Kara, la Petchora, la Dwina du nord, l'Onéga; la *Baltique,* la Néva, la Dwina du sud, le Niémen et la Vistule, dont l'embouchure est en Prusse ; la *mer Noire,* le Dniester, le Dnieper, le Don ; la *mer Caspienne,* le Volga et l'Oural.

Golfes. — L'*océan Glacial* projette la mer Blanche avec les golfes d'Onéga et de Kandalaskaïa; la *Baltique,* les golfes de Botnie, de Finlande, de Livonie ou de Riga ; la *mer Noire,* la mer d'Azof, à laquelle elle est unie par le détroit d'Iénikalé.

Iles et presqu'îles. — On trouve dans la mer Glaciale la Nouvelle-Zemble et l'île de Vaïgatch, séparées par le détroit de Kara, l'île de Kalgouew, etc. ; dans la Baltique, les îles d'Abo, Dago et Oesel ; dans la mer Noire, la presqu'île de Crimée, jointe au continent par l'isthme de Pérékop.

Lacs. — La Russie possède des lacs considérables dont ceux d'Onéga, de Ladoga, de Peïpous, etc.

Villes principales. — Les principales villes sont : *Saint-Pétersbourg*, sur la Néva, capitale de tout l'empire (667,000 habitants) ; *Moscou*, sur la Moscowa, ancienne capitale de la Russie (612,000 habitants) ; *Varsovie*, sur la Vistule, ancienne capitale de la Pologne (251,000 habitants) ; *Odessa*, port franc sur la mer Noire ; *Astrakan*, sur la mer Caspienne, à l'embouchure du Volga, etc.

Gouvernement, population, religion. — Le gouvernement est une monarchie absolue ; le souverain porte le titre de czar ou d'empereur de toutes les Russies ; il est le chef de la religion grecque (qui est la religion *orthodoxe* pour les Russes, et *schismatique* pour nous). La Pologne est généralement catholique. — La population de la Russie est d'environ 73 millions d'habitants, et sa superficie de près de 6 millions de kilomètres carrés.

ROYAUME DE BELGIQUE.

Bornes. — La Belgique est bornée au N. par la Hollande ; à l'O. par la mer du Nord ; au S. par la France ; à l'E. par le grand-duché de Luxembourg et par la Prusse.

Montagnes. — On trouve en Belgique plutôt des collines que des montagnes à proprement parler, par exemple les collines de Belgique qui se détachent du plateau de Saint-Quentin, des ramifications des Ardennes et de l'Eifel.

Fleuves. — La Belgique est traversée par l'Escaut, grossi, sur sa rive gauche, de la Lys et de la Scarpe, sur sa rive droite, du Rupel formé de la Senne, de la Dyle et de la Nèthe ; par la Meuse, grossie, sur sa rive gauche, de la Sambre, sur sa rive droite, du Chiers, de la Semoy et de l'Ourthe.

Villes principales. — Les villes principales sont *Bruxelles* sur la Senne, cap. du royaume (171,000 habitants) ; *Anvers*, grand port sur l'Escaut ; *Gand*, au confluent de l'Escaut et de la Lys ; *Liége*, au confluent de l'Ourthe et de la Meuse ; *Louvain*, *Mons*, *Namur*, au confluent de la Meuse et de la Sambre ; *Ostende*, port sur la mer du Nord.

Gouvernement, population, religion. — Le gouvernement est une monarchie constitutionnelle. La population est d'environ 5 millions d'habitants en grande majorité catholiques.

ROYAUME DE HOLLANDE OU DES PAYS-BAS.

Bornes. — La Hollande est bornée, au N. et à l'O., par la mer du Nord, au S., par la Belgique, à l'E., par la Prusse.

Golfes. — On trouve en Hollande le *Zuyderzée* et le golfe de l'*Y* auquel s'ajoutait naguère la mer de *Harlem* aujourd'hui desséchée.

Iles. — Les côtes sont semées d'îles parmi lesquelles on remarque le *Texel*, entre le Zuyderzée et la mer, les îles de *Walcheren*, de *Beveland*, etc., dans le groupe qui forme la Zélande et la Hollande méridionale.

Fleuves. — Le Rhin, peu après son entrée en Hollande, y projette, sur la gauche, le Wahal qui joint la Meuse, le Leck et l'Yssel inférieur; sur la droite, l'Yssel et le Wecht, puis, appauvri, va se jeter dans la mer sous le nom de Vieux-Rhin. La Meuse et l'Escaut finissent également leur cours en Hollande par plusieurs embouchures.

Villes principales. — Les villes principales sont *Amsterdam* (277 000 hab.); *La Haye*, cap. politique du royaume (92 000 hab.); *Rotterdam*, *Leyde*, *Utrecht*, *Nimegue*, *Arnheim*, *Bois-le-Duc*, *Maëstricht*, etc.

Gouvernement, population, religion. — Le gouvernement est une monarchie constitutionnelle. La religion dominante est le calvinisme. La population hollandaise ou néerlandaise est d'environ 4 millions d'habitants.

Possessions. — Les Hollandais comptent en Afrique, en Amérique et surtout en Océanie, de nombreuses colonies dont la population n'est pas évaluée à moins de 22 millions d'habitants.

A la Hollande se rattache le grand-duché de Luxembourg, cap. *Luxembourg*, placé sous la souveraineté du roi des Pays-Bas.

EXERCICES.

Ajouter à la carte de l'Europe physique les contrées ou États ci-dessus.

QUESTIONS.

En combien d'États se divise l'Europe? — Nommez ces États? — Quels sont ceux que vous placez au N., vers le centre, au midi?

Quelles sont les grandes et petites îles qui forment l'archipel Britannique ? — Quels noms donnez-vous à l'État formé par cet archipel ? — De quels anciens royaumes se compose ce même État ? — Quels caps trouve-t-on sur les côtes d'Angleterre ? Quels golfes ou baies ? — Nommez les chaînes de montagnes que l'on trouve en Angleterre ? — Nommez les principaux fleuves de l'Angleterre et de l'Irlande ? Quelle est la capitale de l'Angleterre proprement dite ? de l'Écosse ? de l'Irlande ? — Quelles sont les principales villes de l'Angleterre ? — Quelle est la population de Londres ? — Où les Anglais ont-ils des colonies ? — Quels sont le gouvernement et la population de l'Angleterre ? — Quelle religion y domine ? — Questions analogues sur le Danemark, la Suède et la Norwége, la Russie, la Belgique et la Hollande.

RÉSUMÉ.

(A apprendre par cœur.)

L'Europe renferme 15 contrées ou États : 4 au N. : Iles-Britanniques, Danemark, Suède et Norwége, Russie ; 7 au centre : France, Belgique, Hollande, empire d'Allemagne. Suisse, Autriche, Turquie ; 4 au S. : Espagne, Portugal, Italie, Grèce.

Iles-Britanniques. — Capitale : Londres : villes principales : Edimbourg, Dublin, Manchester, Liverpool, Birmingham, Cantorbery, York, Glasgow, Southampton, Plymouth, Portsmouth, Douvres, etc.

Danemark. — Cap. Copenhague : v. pr. : Elseneur, Odensée, Frédéricia, Viborg, etc.

Suède et Norwége. — Cap. Stockholm : v. pr. : Upsal, Calmar, Christiania, Frédérickshald, Christansand, etc.

Russie d'Europe. — Cap. Saint-Pétersbourg : v. pr. : Moscou, Varsovie, Odessa, Sébastopol, Astrakan, etc.

Belgique. — Cap. Bruxelles : v. pr. : Anvers, Gand, Liége, Louvain, Malines, Mons, Namur, etc.

Hollande et Luxembourg. — Cap. La Haye : v. pr. : Amsterdam, Rotterdam, Leyde, Utrecht, Nimègue, Maëstricht, Luxembourg, etc.

QUATRIÈME LEÇON.

(Lecture avec explications, compte rendu, exercices et questions.)

EUROPE GÉOGRAPHIE POLITIQUE (Suite).

EMPIRE D'ALLEMAGNE.

Bornes. — L'empire d'Allemagne a pour bornes : au N., la Baltique, la partie continentale du Danemark, la mer du Nord ; à l'O., la Hollande, la Belgique, le grand-duché de Luxembourg, la France ; au S., la Suisse et l'Autriche ; à l'E., la Russie.

Montagnes. — L'Allemagne est traversée ou longée par une grande partie de la ligne de partage des eaux de l'Europe. Elle possède en outre, vers l'O., le versant oriental des *Vosges* et les prolongements de cette chaîne ; vers le centre, le *Thuringer-Wald*, le massif du *Hartz* avec le *Broken;* au S., le *Franken-Wald*, le versant septentrional des monts *Métalliques* ou des *Mines* (*Erz-Gebirge*), des monts des *Géants* (*Riesen-Gebirge*), etc.

Fleuves. — Les grands fleuves de l'Allemagne sont : le *Niémen* (partie inférieure du cours), la *Vistule* (partie inférieure du cours), l'*Oder*, l'*Elbe*, le *Weser*, l'*Ems*, le *Rhin*, le *Danube* supérieur, auxquels il faut ajouter le *Mein* grossi de la *Saale*, et le *Necker*, affluents du Rhin, les deux *Elster*, affluents de l'Elbe, etc.

ÉTATS CONFÉDÉRÉS D'ALLEMAGNE.

L'empire d'Allemagne, ancienne confédération Germanique, comprend 26 États confédérés : 4 royaumes, 6 grands-duchés, 5 duchés, 7 principautés, 3 anciennes villes libres, et enfin l'Alsace-Lorraine.

Les 4 royaumes sont :

Le royaume de Prusse, cap. Berlin, sur la Sprée (826 000 hab.) ; villes principales ou à noter : *Tilsitt*, sur le Niémen, *Kœnigsberg*, sur le Prégel *Dantzig*, sur le golfe de ce nom et à l'embouchure de la Vistule, *Stralsund*, vis-à-vis de l'île de Rügen, *Kiel*, port sur la Baltique ; *Breslau*, *Francfort*, *Stettin*, sur l'Oder ; *Magdebourg*, sur l'Elbe ; *Hanovre*, capitale d'un ancien royaume ; *Munster*, en Westphalie ; *Coblentz*, *Cologne*, *Crevelt*, *Clèves*, *Aix-la-Chapelle*, dans la Prusse rhénane ; *Wiesbaden; Cassel*, sur la Fulda; *Francfort*, sur le Mein, ancienne ville libre, etc. — Le royaume de Prusse (Prusse propre, Poméranie, Silésie, Brandebourg, Holstein, Hanovre, Westphalie, etc.) compte 24 650 000 habitants.

Le royaume de Saxe, cap. *Dresde*, sur l'Elbe (177 000 hab.) ; villes principales, *Leipsick*, sur la Pleisse ; *Lutzen*, *Bautzen*, *Pilnitz*, etc., — 2 millions et demi d'habitants.

Le royaume de Bavière, cap. *Munich*, sur l'Isar (170 000 hab.) ; villes principales ou à remarquer : *Ratisbonne*, sur le Danube ; *Augsbourg*, sur le Lech ; *Hochstedt*, sur le Danube ; *Nordlingen*, dans les mêmes parages ; *Wurtzbourg*, *Bamberg*, *Nurenberg*, dans le bassin du Main ; *Spire*, *Landau*, dans la Bavière rhénane, etc., — 4 852 000 habitants.

Le royaume de Wurtemberg, cap. *Stuttgard;* villes principales, *Ulm*, *Louisbourg*, etc., 1 818 000 habitants.

Notons ensuite les grands-duchés :

De Bade, cap. *Carlsruhe;* villes principales, *Radstadt*, *Bade*, *Constance;*

De Hesse, cap. *Darmstadt;* ville principale, *Mayence*, au confluent du Main et du Rhin;

De Mecklembourg, de **Saxe-Weimar**, d'**Oldenbourg** ;

Les duchés de **Brunswick**, de **Saxe-Meiningen**, etc. ; les principautés de **Waldeck**, de **Lippe**, etc. ; les villes libres de **Lubeck**, **Brême**, **Hambourg** ; enfin l'**Alsace-Lorraine**. villes principales, *Strasbourg*, *Mulhouse*, *Metz*, etc.

Gouvernement, population, religion. — Le roi de Prusse, sous le nom d'empereur d'Allemagne, gouverne avec le concours du conseil fédéral et d'un parlement siégeant à Berlin. Chaque État conserve l'administration de ses affaires intérieures. — Le protestantisme domine dans le nord de l'Allemagne, le catholicisme dans le sud. — La population totale de la confédération est d'environ 40 millions d'habitants.

SUISSE, CONFÉDÉRATION OU RÉPUBLIQUE HELVÉTIQUE.

Bornes. — La Suisse est bornée au N. par l'Allemagne, dont la séparent en partie le Rhin et le lac de Constance ; à l'O, par la France ; au S. encore par la France, et par l'Italie ; à l'E. par l'Autriche.

Montagnes.—La Suisse tantôt s'appuie au massif des Alpes, tantôt est traversée par ce massif ou ses ramifications. On y trouve, en tout ou en partie, les Alpes *Pennines*, les Alpes *Centrales*, les Alges *Grises*, les Alpes d'*Uri*, les Alpes *Bernoises*, le *Jorat*, etc. Elle s'appuie en outre, à l'E., sur le *Jura*, qui la sépare de la France.

Fleuves. — Du Saint-Gothard, des Alpes Lépontiennes et du mont Maloïa, s'échappe le *Rhin* (Rhin inférieur, du milieu, Rhin supérieur), qui contourne la Suisse jusqu'à Bâle en traversant le lac de Constance. Du mont Furca descend le *Rhône*, qui traverse le Valais, le lac et le canton de Genève, et entre ensuite en France. L'*Aar*, la *Reuss*, etc., vont rejoindre le Rhin; l'*Inn*, le Danube.

Lacs. — Les principaux lacs de la Suisse sont ceux de *Genève*, de *Neuchâtel*, de *Bienne*, de *Lucerne* ou des *Quatre-Cantons*, de *Zurich*, de *Constance*, etc.

Villes principales. — Les villes principales sont *Berne*, sur l'Aar, siége de la Diète fédérale (36,000 hab.); *Bâle*, sur le Rhin (45,000 hab.); *Geneve*, sur le lac Léman (46,000 hab.); *Lausanne*, près du même lac; *Zurich*, *Lucerne*, *Sion*, *Soleure*, *Fribourg*, etc.

Gouvernement. — La Suisse comprend 22 cantons, administrant eux-mêmes leurs affaires intérieures, et reliés entre eux par une Diète et un Conseil fédéral qui traitent les affaires communes et gouvernent la Confédération. — **Religion.** — La population se partage entre le protestantisme (12 cantons) et le catholicisme (10 cantons). — **Population.** — La Suisse compte 2,670,000 habitants.

EMPIRE D'AUTRICHE OU EMPIRE AUSTRO-HONGROIS.

Bornes. — L'empire Austro-Hongrois est borné au N. par la Prusse; à l'O. par la Bavière et la Suisse; au S. par l'Italie et la Turquie; à l'E. par les principautés Danubiennes et la Russie.

Montagnes. — L'Autriche a aussi sa part de la ligne de faîte de l'Europe : les monts de la *Forêt de Bohême* et de la *Moravie*, les *Sudetes*, les *Carpathes*, les *collines de Galicie*. On y trouve en outre les Alpes *Salzbourgeoises*, *Styriennes*, *Noriques*, *Carniques*, *Juliennes*, *Dinariques*, le versant méridional des monts *Métalliques*, de *Lusace*, des *Géants*, etc.

Fleuves. — Le grand fleuve de l'Autriche est le *Danube*, qui a pour affluents, sur sa rive droite, l'*Inn* grossie de la

Salza, la *Leitha*, le *Raab*, la *Drave*, la *Save;* sur sa rive gauche, la *March*, la *Theiss*, etc.

Villes principales. — *Vienne*, sur le Danube, capitale de tout l'empire (608,000 hab.); *Prague*, sur la Moldau, capitale de la Bohême (157,000 hab,); *Brün*, capitale de la Moravie; *Inspruck*, *Trente*, dans le Tyrol; *Salzbourg; Trieste*, sur le golfe de ce nom, dans l'Istrie; *Presbourg*, *Bude*, *Pesth*, en Hongrie; *Lemberg*, en Galicie; *Cronstadt*, en Transylvanie. Localités à remarquer : *Austerlitz*, en Moravie; *Schœnbrunn*, près de Vienne; l'île de *Lobau*, sur le Danube; *Essling*, *Wagram*, dans les environs.

Gouvernement. — Monarchie représentative. — **Population**, 36 millions d'habitants. — **Religion** : Le catholicisme domine; la religion grecque est très-répandue dans le S.-E., le protestantisme en Bohême et en Hongrie.

TURQUIE D'EUROPE.

Bornes. — La Turquie d'Europe est bornée au N. par la Russie et l'Autriche; à l'O. par l'Autriche et l'Adriatique; au S. par la Grèce et l'Archipel; à l'E., par la mer de Marmara et la mer Noire.

Montagnes. — Les *Balkans*, la chaîne *Hellénique*, les Alpes *Dinariques*, les monts de *Thessalie* (*Pélion*, *Ossa*, etc.).

Fleuves. — Le *Danube*, ayant pour affluents de droite la *Bosna*, la *Drina*, la *Morava*, etc., et pour affluents de gauche le *Sereth*, le *Pruth ;* le *Salembria* (ancien Pénée), la *Maritza* (ancien Hèbre).

Mers, détroits, golfes, îles. — La Turquie d'Europe est baignée par l'*Adriatique*, le canal d'*Otrante*, la mer *Ionienne*, l'*Archipel*, la mer de *Marmara*, la mer *Noire;* le détroit de *Gallipoli* ou des Dardanelles et le canal de *Constantinople* la séparent de l'Asie; les îles de *Thaso*, de *Samotraki*, de *Lemno* et d'*Imbro* en font partie; l'Archipel y projette les golfes de *Volo*, de *Salonique*, de *Contessa*, etc.

Villes principales. — *Constantinople* (ancienne *Byzance*), capitale de tout l'empire, sur le canal auquel elle donne son nom (500,000 hab.); *Andrinople*, *Gallipoli*, *Salonique*, dans la Roumélie; *Larisse*, en Thessalie; *Scutari*, dans l'Albanie; *Bosna-Seraï*, dans la Bosnie; *Nicopoli*, *Silistrie*, dans la Bulgarie; *Cetigné*, capitale de la principauté de Montenegro, *Belgrade* et *Semendria*, dans la Servie; *Bukarest*, dans la Valachie; *Jassy* dans la Moldavie. Le Montenegro, la Servie, la Moldavie et la Valachie (Roumanie ou provinces Danubiennes), sont seulement tributaires de la Turquie et placées sous sa suzeraineté.

EXERCICES.

Porter l'empire d'Allemagne, la Suisse, l'empire Austro-Hongrois et la Turquie d'Europe, sur la carte d'Europe.

QUESTIONS.

Quelles sont les bornes de l'empire d'Allemagne?—Quels en sont les principales montagnes et les principaux fleuves? — En combien de catégories rangez-vous les 26 États confédérés dont se compose l'empire d'Allemagne? — Quelles sont les principales villes de la Prusse? de la Saxe? de la Bavière? du Wurtemberg, etc.? — Indiquez les anciennes villes libres de l'Allemagne. — Donnez quelques notions sur le gouvernement, la religion, la population de l'empire d'Allemagne et de ses principaux États.—Indiquez les principales chaînes de montagnes, les principaux fleuves, les principales villes de la Suisse. — De combien de cantons se compose la république Helvétique? — Donnez quelques détails sur son gouvernement, sa population, etc. — Questions analogues sur l'empire Austro-Hongrois et sur la Turquie d'Europe.

RÉSUMÉ.

(A apprendre par cœur.)

Empire d'Allemagne. — L'empire d'Allemagne, situé au S. de la Baltique et de la mer du Nord, comprend les 26 États confédérés suivants (royaumes, grands-duchés, duchés, principautés, etc.) :

Le royaume de *Prusse*, cap. Berlin; villes principales ou à noter : Tilsitt, Stettin, Kiel, Breslau, Francfort-sur-l'Oder et Francfort-sur-le-Mein, Magdebourg, Münster, Coblentz, Cologne, Aix-la-Chapelle, etc. — Le royaume de *Saxe*, cap. Dresde; villes à noter : Pilnitz, Leipsick, Lutzen, Bautzen, etc. — Le royaume de *Bavière*, cap.

Munich ; villes à noter : Hochsted, Nordlingen, Spire, Landau, etc. — Le royaume de *Wurtemberg*, cap. Stuttgard ; v. pr. : Ulm, etc. — Les grands-duchés de *Bade ;* v. pr. : Carlsruhe, Constance, etc. ; de *Hesse :* v. pr. : Darmstadt, Mayence, etc. — Les anciennes villes libres de Lubeck, Brême, Hambourg.

La Suisse. — La Suisse est groupée autour du massif des Alpes. Elle se compose de 22 cantons, formant la république ou confédération Helvétique. Ses principales villes sont : Berne, Genève, Bâle, Zurich, Lucerne, Sion, etc.

L'Autriche. — L'Autriche occupe à peu près la partie la plus centrale de l'Europe. Elle comprend l'Autriche propre, la Bohême et la Hongrie. Ses villes ou localités à noter sont : Vienne, capitale de tout l'empire ; Prague, cap. de la Bohême ; Trente, dans le Tyrol ; Presbourg, Bude et Pest, en Hongrie ; l'île Lobau, Essling, Wagram, Austerlitz, etc.

La Turquie d'Europe. — La Turquie d'Europe a pour villes principales : Constantinople, sur le Bosphore, capitale de tout l'empire turc, résidence du sultan ; Andrinopoli, Gallipoli, Larisse, Silistrie ; Jassy et Bukarest, dans le pays tributaire de la Moldo-Valachie, etc.

CINQUIÈME LEÇON.

(Lecture avec explications, compte rendu, exercices et questions.)

EUROPE. — GÉOGRAPHIE POLITIQUE (Fin).

ESPAGNE.

Bornes. — L'Espagne est bornée au N. par les Pyrénées et le golfe de Gascogne ; à l'O. par l'Atlantique et le Portugal ; au S. par le détroit de Gibraltar ; à l'E. par la Méditerranée.

Montagnes et versants. — L'Espagne est sillonnée de *sierras* allant généralement du S.-O. au N.-E. On distingue les sierras Nevada et Morena, les monts de Tolède et des Asturies ;

les sierras de Cuença, de Oca, les monts Cantabriques et les Pyrénées, qui, avec la Sierra Nevada, forment la ligne de partage des eaux et divisent l'Espagne en deux versants, ceux de l'Atlantique et de la Méditerranée.

Caps. — Notons les caps Finistère et Trafalgar, les pointes de Tarifa et d'Europe, le cap Creux, etc.

Fleuves. — Au versant de l'Atlantique appartiennent le Minho et la Guadiana, qui, dans une partie de leur cours, séparent l'Espagne du Portugal; le Tage, qui a son cours supérieur en Espagne ; le Guadalquivir, etc. ; au versant de la Méditerranée, l'Èbre, etc.

Villes principales. —Les villes principales sont, *vers le N.* : Barcelone (Catalogne), Saragosse (Aragon), Pampelune (Navarre), Saint-Sébastien, Bilbao (provinces basques), Burgos, Santander (Vieille-Castille), Oviédo (Asturies), Léon, Salamanque (royaume de Léon), la Corogne, Santiago ou Saint-Jacques de Compostelle (Galice), etc; *vers le centre* : Valence, sur la Méditerranée; Madrid, sur le Manzanarès (capitale, 322,000 habitants), Tolède, Badajoz (Estramadure); *vers le S.* : Alicante, Murcie, Carthagène, Malaga, Grenade, Cordoue, Séville, Xérès, Cadix (Andalousie) ; *dans les îles Baléares :* Mahon (Minorque), Palma (Majorque), Ivice (île du même nom).

Gouvernement. — Le gouvernement de l'Espagne est une monarchie constitutionnelle rétablie récemment, après une république de quelques années. — **Religion**: La religion catholique est seule reconnue; du reste, les cultes dissidents ne comptent que fort peu d'adhérents. — **Population** : La population est de 16 millions d'habitants.

PORTUGAL

Bornes. — Le Portugal occupe une bande assez étroite de la péninsule Ibérique sur l'océan Atlantique, entre le Minho et la Guadiana.

Caps. — Notons le cap Saint-Vincent.

Montagnes. — On trouve des sierras qui continuent celles d'Espagne, la Sierra da Estrella vers le centre, la Sierra de Monchique au S.

Fleuves. — Le Minho, le Duero, le Tage, la Guadiana, terminent leur cours sur les côtes du Portugal.

Villes principales. — Les principales villes sont Oporto, Bragance, Coïmbre ; Lisbonne, à l'embouchure du Tage (capitale, 225,000 hab.); Madère (dans l'île de ce nom). — Le **gouvernement** est une monarchie constitutionnelle; la **population** est de 1,367,000 habitants, presque tous catholiques.

ITALIE.

Bornes — L'Italie est bornée au N. par les Alpes, à l'O. par les mêmes montagnes, puis par le golfe de Gênes et la mer Tyrrhénienne; au S. par la mer Ionienne et le golfe de Tarente; à l'E. par le canal d'Otrante, l'Adriatique et le golfe de Venise.

Montagnes et volcans. — La chaîne des Apennins la traverse dans toute sa longueur ; elle compte trois volcans en activité : le Vésuve, l'Etna et le Stromboli.

Iles. — Les grandes îles de la Sicile et de la Sardaigne, les îles d'Elbe, de Lipari, etc., font partie de l'Italie; l'île de Malte ne lui appartient que géographiquement.

Caps.—Notons les caps de Leuca, de Spartimento et d'Armi, au S. de la péninsule; de Faro et de Passaro en Sicile.

Fleuves et versants. — Au versant de la mer Tyrrhénienne appartiennent l'Arno, le Tibre, le Garigliano ; à celui de l'Adriatique, le Pô et ses nombreux affluents de la rive droite (Tanaro, grossi de la Stura et de la Bormida, Trébie, Taro, etc.) et de la rive gauche (les deux Doria, la Sésia, le Tésin, l'Adda, l'Oglio, grossi de la Chiese, le Mincio) ; l'Adige, la Brenta, la Piave, le Tagliamento, l'Isonzo, etc.

Lacs. — On trouve, dans le N. de l'Italie, les lacs Majeur, de Côme, Iséo, de Garde ; dans le centre, le lac de Pérouse ; vers le S., les lacs Lucrin et Averne.

Villes principales — Rome, sur le Tibre, capitale du monde catholique, et aujourd'hui capitale politique de l'Italie, 240,000 habitants; Turin, Gênes, en Piémont ; Milan, en Lombardie ; Venise, dans la Vénétie; Parme et Modène, dans l'Émilie; Bologne, Ravenne, Ferrare, dans la Romagne; Florence et Livourne, dans la Toscane; Ancône, dans les Marches; Naples, ancienne capitale du royaume de ce nom; Tarente, Reggio, dans l'Italie méridionale; Palerme, en Sicile; Cagliari, dans la Sardaigne, etc.

Le **gouvernement** de l'Italie est une monarchie constitutionnelle; sa **population** est de 26,800,000 habitants, appartenant à peu près tous au catholicisme.

GRÈCE.

Bornes. — La Grèce est bornée au N. par la Turquie, du golfe de Volo à celui d'Arta ; à l'O. par la mer Ionienne; au S. par la Méditerranée ; à l'E. par l'Archipel. Elle se divise en deux parties, l'Hellade ou Grèce propre, et la grande presqu'île de la Morée (ancien Péloponèse) au S., jointe à l'Hellade par l'isthme de Corinthe.

Golfes. — Ses côtes sont profondément découpées par les golfes d'Arta, de Patras et de Lépante, d'Arcadia, de Coron, de Marathonisi, de Nauplie, d'Égine et de Volo.

Iles. — A l'O. se trouvent les îles Ioniennes, Corfou (anc. Corcyre), Sainte-Maure (anc. Leucade), Céphalonie, Zante, etc. ; au S., Cerigo (anc. Cythère) ; à l'E., les Cyclades, la grande île d'Eubée ou de Négrepont, etc.

Montagnes. — La chaîne Hellénique projette dans la Grèce propre de nombreuses ramifications avec des points culminants auxquels nous conservons leurs anciens noms : le Pinde, l'Œta, le Parnasse, l'Hélicon, l'Hymette. Dans la Morée se trouve le Pentédactylon (anc. Taygète), se terminant par plusieurs pointes dont le cap Matapan.

Fleuves. — Les fleuves de la Grèce ont plus de célébrité que d'importance ; ce sont l'Aspro-Potamo (anc. Achéloüs), le Rouphia (anc. Alphée), le Mavro-Potamo (anc. Céphise), le Vasili-Potamo (anc. Eurotas), etc.

Villes importantes. — Les villes principales sont, dans la Grèce propre : Athènes, qui a pour port le Pirée, sur le golfe d'Égine, capitale du royaume (44,500 hab.) ; Corinthe, sur l'isthme du même nom, au fond du golfe de Lépante ; Mégare, Marathon, Thiva (anc. Thèbes), Zeïtoun ou Lamia ; dans l'Eubée, Khalcis, entre le canal d'Atalanti et de Négrepont ; dans la Morée, Argos, Sparte, Nauplie, Marathonisi, Coron, Patras, etc.

Gouvernement, population, etc. — Le gouvernement de la Grèce est une monarchie constitutionnelle ; sa population est de 1,348,000 hab., professant la religion grecque schismatique.

EXERCICES.

Ajouter à la carte d'Europe l'Espagne, le Portugal, l'Italie et la Grèce, avec les détails que nous venons de donner.

QUESTIONS.

Quelles sont les bornes de l'Espagne? ses montagnes? ses versants? ses fleuves? ses caps? ses îles? ses villes principales? — Mêmes questions pour le Portugal, pour l'Italie. De plus, quels volcans trouve-t-on en Italie? — Quels sont les principaux lacs que l'on rencontre dans le nord? dans le centre? dans le sud? — En combien de parties se divise la Grèce? — Par quel isthme sont-elles réunies?—Que forme la Morée et quel nom portait-elle autrefois? — Quelles sont les bornes de la Grèce? — Quels sont les golfes qui découpent ses côtes? — Quels caps trouve-t-on au S. de la Grèce?—Quelle est la principale chaîne de montagnes dans la Grèce propre? — Quels points culminants ou quelles ramifications projette-t-elle? — Quelle est la principale chaîne de la Morée? — Quelles sont les îles qui dépendent de la Grèce? — Quels sont les principaux fleuves et quels noms ont-ils portés autrefois? — Quelles sont les principales villes de la Grèce propre? — de la Morée? —Quel est le gouvernement de la Grèce?— Quel est le chiffre de sa population, et à quelle religion cette population appartient-elle? — Comment appelez-vous le port d'Athènes?

RÉSUMÉ.

(A apprendre par cœur.)

Bornes. — L'Espagne occupe toute la péninsule Ibérique, moins la bande de terre qui forme le Portugal. Elle est donc limitée par les Pyrénées, l'Atlantique et la Méditerranée.

Montagnes. — La Sierra Nevada, une suite de sierras désignées sous le nom de monts Ibériques et les Pyrénées y commencent la ligne de partage des eaux de l'Europe.

Fleuves. — Ses principaux fleuves sont : le Tage et la

Guadiana, dans la partie supérieure de leur cours; le Guadalquivir, l'Èbre, etc.

Villes principales, gouvernement, etc. — Les villes principales sont : Madrid, capitale, sur le Manzanarès; Barcelone, Saragosse, Pampelune, Saint-Sébastien, Santander, etc., vers le N.; Valence, Cadix, etc., vers le S. — Le *gouvernement* est constitutionnel; la *population*, qui est de 16 millions d'habitants, suit la religion catholique.

PORTUGAL.

Bornes. — Le Portugal est compris d'une part entre le Minho et la Guadiana, de l'autre entre l'Espagne et l'Océan.

Fleuves. — Le Minho, le Duero, le Tage, la Guadiana, le traversent dans une partie de leur cours.

Montagnes. — Les sierras de l'Espagne s'y continuent; on y trouve notamment la Sierra da Estrella.

Villes principales, gouvernement, etc. — Les villes principales y sont : Lisbonne, cap.; Oporto, Bragance, Coïmbre, etc. Le gouvernement est une monarchie constitutionnelle; la religion catholique domine.

ITALIE.

Bornes. — L'Italie forme une grande presqu'île, fermée au N. par les Alpes, et entourée d'ailleurs par la Méditerranée sous les noms de golfe de Gênes, de mer Tyrrhénienne, de mer Ionienne et de mer Adriatique.

Iles. — La Sardaigne, la Sicile, l'île d'Elbe, le groupe des îles Lipari, en font partie.

Montagnes. — L'Apennin la traverse du N.-O. au S.-E., et s'y termine par divers caps (Spartivento, d'Armi, etc.). On y remarque trois volcans : le Vésuve, l'Etna et le Stromboli.

Lacs. — Les lacs abondent dans le N. : lacs Majeur, de Côme, de Garde, etc.

Fleuves. — Les plus grands fleuves sont : le Pô et l'Adige, tributaires du golfe de Venise; on remarque ensuite : l'Arno, le Tibre, le Garigliano, qui se jettent dans la mer Tyrrhénienne.

Villes principales. — Les villes principales sont : Rome, cap., sur le Tibre ; Florence, sur l'Arno ; Naples, vers le S. ; Palerme, en Sicile ; vers le N., Turin, Milan, Venise, Mantoue, Pavie, Ravenne, etc.—Le *gouvernement* est une monarchie constitutionnelle ; la *population*, dont le chiffre est de 26 millions, est catholique.

GRÈCE.

Bornes. — La Grèce est séparée de la Turquie par une ligne allant du golfe d'Arta au golfe de Volo. Elle est ensuite entourée par la mer Méditerranée (mer Ionienne, Archipel), qui y projette les golfes de Patras et de Lépante, de Coron, de Marathonisi, de Nauplie, d'Égine, etc. — Le golfe de Lépante la divise en deux parties, qu'unit l'isthme de Corinthe : l'Hellade ou Grèce propre, au N ; la presqu'île de Morée, au S.

Iles. — Elle possède les îles Ioniennes, à l'O., et les Cyclades, à l'E. ; l'Eubée ou île de Négrepont, etc.

Montagnes. — La chaîne Hellénique s'y ramifie dans le N. ; celle du Pentédactylon, dans le S., se termine par le cap Matapan.

Fleuves. — Les fleuves de la Grèce sont surtout connus par leurs anciens noms ; ce sont : l'Achéloüs, l'Alphée, le Céphise, l'Eurotas, etc.

Villes principales. — Les villes principales sont : Athènes, avec le Pirée pour port, sur le golfe d'Égine, cap., 44 000 habitants ; Corinthe, Sparte, Argos, Nauplie, Marathon, Zeïtoun, Khalcis, etc. — Le *gouvernement* est une monarchie constitutionnelle. La *population* (1 348 000 hab.) suit la religion grecque schismatique.

DÉCEMBRE

FRANCE. — GÉOGRAPHIE PHYSIQUE. — NOTIONS TRÈS-ÉLÉMENTAIRES SUR LE CLIMAT. — LIGNE DE PARTAGE DES EAUX, CHAINES DE MONTAGNES ET RAMIFICATIONS PRINCIPALES — FLEUVES ET RIVIÈRES DIVISÉS PAR BASSINS. — TRACÉ DES FRONTIÈRES ET DESCRIPTION DES CÔTES.

PREMIÈRE LEÇON.

(Lecture avec explications, compte rendu, exercices et questions.)

FRANCE. — GÉOGRAPHIE PHYSIQUE.

Etudier la géographie physique d'un pays, c'est étudier son sol et les circonstances à peu près invariables qui le caractérisent, telles que : ses limites naturelles, ses montagnes, ses versants, ses fleuves, ses bassins, ses climats, etc. ; c'est encore étudier sa position astronomique, sa configuration, son étendue, ses limites naturelles et celles que lui ont faites les événements politiques, etc.

Limites naturelles de la France. — Les limites naturelles de notre pays, qui étaient du reste celles de l'ancienne Gaule, seraient le Rhin, l'océan Atlantique, les Pyrénées, la Méditerranée et les Alpes.

Limites politiques. — Les partages, les guerres, les traités, notamment celui de 1871, ont substitué à ces limites, au N. et au N.-E., une ligne conventionnelle partant de la mer du Nord, dans le voisinage de Dunkerque, nous séparant de la Belgique, du grand-duché de Luxembourg et de l'empire d'Allemagne, aboutissant non plus à Landau ou à la Lauter, comme après les traités d'Utrecht et de 1815, mais au mont Donon, dans les Vosges, laissant ainsi en dehors la partie détachée de notre Lorraine. Du mont Donon, cette ligne se continue par les Vosges jusqu'au col de Valdieu, contourne le territoire de Belfort et joint le Jura, laissant encore en dehors notre ancienne province d'Alsace. Le Jura, le lac de Genève, les Alpes occidentales, une partie du cours de la Roja, nous bornent ensuite à l'E. ; puis nous retrouvons nos limites naturelles de la Méditerranée, des Pyrénées et de l'Océan.

Configuration. — Notre pays se trouve ainsi former une sorte d'hexagone ayant ses sommets à Zuydecoote (à 3 lieues de Dunkerque), au mont Donon, entre le village de Menton et l'embouchure de la Roja, au cap Cerbera, à la pointe du Figuier et au cap Saint-Mathieu.

Position astronomique. — La France est comprise, d'une part, entre les quarante-deuxième (42° 20′) et cinquante et unième (51° 5′) degrés de latitude N., et, d'autre part, entre le cinquième (5° 20′) degré de longitude orientale, et le septième degré de longitude occidentale.

Étendue et superficie. — La plus grande longueur de la France, du nord aux Pyrénées, est de 973 kilomètres. Sa plus grande largeur, des côtes de la Bretagne aux Vosges, de 888. Sa superficie, en y comprenant la Corse et les îles du littoral, n'est plus que de 52,856,000 hectares, le traité de Francfort lui en ayant enlevé 1,449,000.

Climat. — La température moyenne de la France varie entre 10 et 15 degrés centigrades. On peut dire que son climat est tempéré, puisque nous ne connaissons ni les froids rigoureux ni les chaleurs extrêmes ; il est pluvieux et frais sur les bords de l'Océan, plus sec dans le centre, plus froid dans le N., plus chaud dans le S., notamment sur les bords de la Méditerranée où l'on trouve les plantes et les fruits des pays méridionaux.

Pentes. — Le territoire de la France va en s'abaissant des Alpes, du Jura, des Vosges, sa ceinture extérieure, vers les vallées du Rhône, de la Saône et de la Moselle. Il se relève par la longue chaîne des Cévennes qui, avec leurs prolongements, forment comme sa ceinture intérieure. De là, il s'incline peu à peu vers l'Océan.

Ligne de partage des eaux. — Cette ligne traverse la France du S. O. au N. E. Elle se soude aux Pyrénées par les Corbières. A partir du col de Naurouze, elle se continue par la chaîne des Cévennes sur une longueur de 530 kilomètres (Cévennes méridionales, centrales, septentrionales ; montagnes Noires, monts de l'Espinous, de l'Orb, Garrigues, du Gévaudan, du Vivarais, du Lyonnais, du Beaujolais, du Charolais). Ensuite viennent les monts de la Côte-d'Or, le plateau de Langres et les Faucilles. Du pied des Vosges (Ballon d'Alsace), elle joint le Jura par les collines ou la trouée de Belfort.

De cette longue ligne de faîte se détachent, surtout dans la direction de l'O., du N. O. et du N., des ramifications ou des prolongements dont plusieurs forment les contours de nos grands bassins : les monts Lozère, les monts de la Margeride joignant les monts d'Auvergne, les monts du Velai et du

Forez, les monts du Morvan, les deux Argonnes continuées par les Ardennes, enfin les Vosges.

EXERCICES.

Tracer sur la carte de France la ligne de faîte avec les ramifications qui s'y rattachent.

QUESTIONS.

Qu'est-ce que faire la géographie physique d'un pays ? — Quelles seraient les limites naturelles de la France ? — Quelles en sont aujourd'hui les limites politiques ? — Quelle est sa configuration ? — Quelle est sa position astronomique ? — Quelles sont l'étendue et la superficie de la France ? — Quelles observations avez-vous à faire sur le climat de la France ? — Décrivez le plan incliné que forme le territoire de la France, des Alpes aux bords de l'Océan ? Décrivez la ligne de partage des eaux ? Où commence et où aboutit cette ligne ? Dans quel sens se dirige-t-elle ? — De quelles chaînes particulières se compose-t-elle ? Quelles ramifications s'en détachent ? Que forment ces ramifications ?

RÉSUMÉ.

(A apprendre par cœur.)

Bornes de la France.—La France, depuis les partages ou les traités qui lui ont fait perdre ses limites naturelles, a pour bornes : au N., la Belgique, le Luxembourg, l'empire d'Allemagne ; à l'O., la mer du Nord, la Manche, la mer de France ou golfe de Gascogne ; au S., les Pyrénées et la Méditerranée ; à l'E., les Alpes, le Jura, l'empire d'Allemagne et les Vosges.

Position astronomique. — Elle est comprise d'une part entre les quarante-deuxième (42°20′) et cinquante et unième (51°5′) degrés de latitude N., d'autre part entre le cinquième (5°20′) degré de longitude E., et le septième degré de longitude O.

Étendue et superficie. — La plus grande longueur de

la France est de 973 kilom.; sa plus grande largeur de 888; sa superficie de 52 millions d'hectares.

Climat. — Son climat est tempéré, pluvieux sur les côtes de l'Océan, assez chaud sur les bords de la Méditerranée pour que les plantes méridionales (olivier, oranger, etc.) puissent y être cultivées.

Ligne de partage des eaux. — La France est traversée, du S.-O. au N.-E., par une ligne de faîte ou de partage des eaux. Cette ligne se compose des Corbières, des Cévennes, des monts de la Côte-d'Or, du plateau de Langres, des Faucilles, des collines de Belfort et du Jura. Elle projette, surtout vers l'O., vers le N.-O. et vers le N., des ramifications dont les prolongements forment les contours des bassins de nos fleuves ou rivières : les monts Lozère et les monts de la Margeride, les monts du Morvan, les Argonnes, les Vosges.

DEUXIÈME LEÇON.

(Lecture avec explications, compte rendu, exercices et questions.)

FRANCE. — GÉOGRAPHIE PHYSIQUE (Suite).

Chaînes de montagnes. — Outre la ligne de faîte, on trouve en France les chaînes de montagnes suivantes : les *Pyrénées*, les *Alpes*, les *Vosges*, qui ne lui appartiennent que par un de leurs versants, les monts d'Auvergne qui lui appartiennent tout entiers; les *Argonnes* et *Ardennes* qui la traversent dans sa partie septentrionale.

Les Pyrénées, qui ferment l'isthme Pyrénéen et séparent la France de l'Espagne, s'étendent de l'E. à l'O., sur une longueur de 360 kilomètres et sur une largeur de 130 vers le centre, de 50 à 55 vers les extrémités, avec une hauteur moyenne de 2,200 mètres. Elles se divisent en Pyrénées orientales, Pyrénées centrales et Pyrénées occidentales. Points culminants : le Canigou, le Néthou, le pic de la Maladetta ou mont Maudit, le Vignemale, etc. Contre-forts ou ramifications : les Corbières, les monts de l'Ariége, de Bigorre et de la Basse-Navarre; pentes abruptes du côté de l'Espagne, douces du côté de la France.

Les Alpes (Alpes occidentales) courent du S. vers le N., du col de Tende au massif du mont Blanc, sous le nom d'Alpes Maritimes, d'Alpes Cottiennes, d'Alpes Grées et d'Alpes Pennines (hors de la frontière de France). Points culminants : le mont Viso, le mont Cenis, le mont Blanc (4,810 mètres), etc. Contre-forts ou ramifications : Alpes de Provence, Alpes du Dauphiné et montagnes de la Grande-Chartreuse, Alpes de Savoie, du Valais, monts Voirons, etc.

Le Jura se compose de plusieurs terrasses parallèles, courant du S. O. au N. E., commençant à ce qu'on appelle la trouée du Rhône pour finir à celle de Belfort, en prolongeant leur extrémité septentrionale en Suisse. Longueur de la chaîne, 150 kilomètres; largeur, 60; hauteur, de 500 à 1,400 mètres. Points culminants : le Grand-Crédo, le Reculet, le Grand-Châtel ou Montrou.

Les Vosges, jointes au Jura par les collines ou la trouée de Belfort, par le col de Valdieu, ont leur versant occidental en France depuis le Ballon d'Alsace jusqu'au mont Donon; elles appartiennent ensuite tout entières à l'Allemagne jusqu'au mont Tonnerre. Leurs points culminants sont le Ballon d'Alsace (1,257 mètres), le col de Bussang (1,725 mètres), le Ballon de Guebwiller (1,426 mètres).

Les Ardennes orientales, prolongement de l'Argonne orientale, se terminent aussi en Allemagne à l'Eifel-Gebirge; les Ardennes occidentales, prolongement des monts de la Meuse et de l'Argonne occidentale, couvertes par la forêt qui porte leur nom, célèbres par les défilés de Grandpré, du Chêne-Populeux, des Islettes, etc., interrompues par la trouée qui livre passage à l'Oise, vont rejoindre, au N. O., le nœud ou plateau de Saint-Quentin.

Les monts d'Auvergne, dont le massif et les ramifications forment le plateau Central, se composent des monts du Cantal, des monts Dômes, etc.; ils ont pour points culminants le Plomb du Cantal (1,858 mètres), le Puy de Sancy (1,886 mètres), le Puy de Dôme (1,465 mètres), etc., et pour ramifications les monts du Limousin, du Quercy, etc.

Versants, fleuves et rivières, bassins. — La ligne de partage des eaux divise la France en deux grands versants : versant de l'Océan et versant de la Méditerranée. Le premier se subdivise en versants de la mer du Nord, de la Manche et de la mer de France.

Au versant de la mer du Nord appartiennent la Moselle, la

Meuse, l'Escaut; à celui de la Manche, la Seine; à celui de la mer de France, la Loire et la Garonne; au versant de la Méditerranée, le Rhône.

La Moselle prend sa source au Ballon d'Alsace, coule vers le N. et va se jeter dans le Rhin, à Coblentz, après avoir reçu, sur sa rive droite, la Meurthe, la Seille et la Sarre.

La Meuse s'échappe des Faucilles, entre les deux Argonnes, coule vers le N. O., entre en Belgique au-dessous de Givet, et va se jeter par plusieurs bouches dans la mer du Nord, après avoir reçu, sur sa rive droite, le Chiers et la Semoy, et, sur sa rive gauche, la Sambre.

L'Escaut descend du plateau de Saint-Quentin, entre bientôt en Belgique, et va joindre ses bouches à celles de la Meuse en formant le groupe d'îles dont se compose la Zélande. Il reçoit, sur sa droite, diverses petites rivières de Belgique, sur sa rive gauche, les rivières en partie françaises de la Scarpe et de la Lys grossie de la Deule.

EXERCICES.

Ajouter à la carte de France les chaînes de montagnes, la Moselle, la Meuse, l'Escaut.

QUESTIONS.

Quelles sont, outre la ligne de faîte, les chaînes de montagnes qui appartiennent à la France, soit par un de leurs versants, soit entièrement ? — Décrivez les Pyrénées? Quelle est leur direction ? Leur longueur ? Leur largeur? Leur hauteur moyenne ? Comment se divisent-elles ? Quels sont leurs points culminants? Leurs contre-forts ?—Décrivez les Alpes(questions analogues). — Le Jura (*id.*) — Quel est en quelque sorte le trait d'union entre le Jura et les Vosges? — Où commencent les Vosges ? Où finissent-elles en France et en Allemagne ?— Quels sont leurs points culminants? — Combien distinguez-vous de chaînes des Ardennes? — Où finissent les Ardennes orientales? Où finissent les Ardennes occidentales? — Nommez les principaux défilés qui s'y trouvent ? — Que forment le massif des monts d'Auvergne et ses ramifications ? — De quelles chaînes principales se forment les monts d'Auvergne? Quels en sont les points culminants? Quelles ramifications projettent-ils ? — En combien de grands versants la ligne de partage des eaux divise-t-elle la France ? — Combien de versants particuliers forme le versant général de l'Océan? — Décrivez la Moselle; la Meuse ; l'Escaut ? Dites leur source, leur direction, leurs affluents, leur embouchure.

RÉSUMÉ.

(A apprendre par cœur.)

Chaines de montagnes. — En dehors de sa ligne de partage des eaux, la France compte plusieurs chaînes de montagnes soit à l'intérieur, soit sur ses frontières. Ce sont : les Pyrénées, les Alpes, le Jura, les Vosges et les Ardennes.

Les Pyrénées s'étendent de l'E. à l'O., entre la France et l'Espagne, sur une longueur de 360 kilomètres. Elles se divisent en Pyrénées orientales, Pyrénées centrales et Pyrénées occidentales. Elles ont pour points culminants le Canigou, le Nethou, le mont Maudit ou de la Maladetta, et pour contre-forts les Corbières, les monts de Bigorre, etc.

Les Alpes occidentales séparent la France de l'Italie. Elles se divisent en Alpes Maritimes, Cottiennes, Grées et Pennines. Leurs points culminants sont : le Viso, le mont Cenis, le mont Blanc, etc. Elles projettent les Alpes de Provence et du Dauphiné.

Le Jura se compose de terrasses parallèles, allant de la trouée du Rhône à celle de Belfort, entre la France et la Suisse. On y trouve le Grand-Crédo, le Reculet, etc.

Les Vosges commencent au col de Valdieu et se dirigent vers le N.-E., finissant au mont Tonnerre en Allemagne, et, pour nous, maintenant, au mont Donon. Leurs points culminants sont les ballons d'Alsace et de Guebwiller.

Les Ardennes se soudent aux monts Faucilles par les monts de la Meuse et les Argonnes. Les Ardennes orientales vont finir, en Allemagne, à l'Eifel ; les Ardennes occidentales couvrent notre frontière du nord jusqu'au plateau de Saint-Quentin. Leurs défilés de Grandpré, du Chêne-

Populeux, des Islettes, etc., ont joué un grand rôle dans la campagne de 1792.

Les monts d'Auvergne, dont le massif et les ramifications forment le plateau Central, comprennent les chaînes du Cantal, des monts Dômes, etc. Ils projettent les monts de la Margeride, les monts Lozère, du Limousin, du Quercy, etc.

Versants. — La ligne de partage des eaux divise la France en deux grands versants, ceux de l'Océan et de la Méditerranée.

Fleuves et rivières. — Au premier appartiennent la Moselle, la Meuse, l'Escaut (mer du Nord), la Seine (Manche), la Loire et la Garonne (mer de France); au second, le Rhône.

La Moselle prend sa source au Ballon d'Alsace, reçoit la Meurthe, la Seille et la Sarre, et va se jeter dans le Rhin, vis-à-vis Coblentz.

La Meuse s'échappe des Faucilles, reçoit le Chiers, la Semoy, la Sambre, et va se jeter dans la mer du Nord.

L'Escaut prend sa source au plateau de Saint-Quentin et va se jeter dans la mer du Nord, à travers les îles de la Zélande, après avoir reçu la Scarpe et la Lys grossie de la Deule.

TROISIÈME LEÇON.

(Lecture avec explications, compte rendu, exercices et questions.)

FRANCE. — GÉOGRAPHIE PHYSIQUE (Suite).

Fleuves, rivières, bassins. — La Seine prend sa source au mont Tasselot (Côte-d'Or), sur le territoire de la commune de Saint-Germain-la-Feuille, dans le voisinage des communes de Chanceaux et de Saint-Seine, coule vers le N. O. jusqu'à sa jonction avec l'Aube; vers le S. O., jusqu'à l'embouchure de l'Yonne, et de nouveau vers le N. O. jusqu'à la Manche, où elle se jette par un vaste estuaire près du Havre, après un parcours de 700 kilomètres.— **Affluents** : sur la rive droite, l'Aube, la Marne grossie de l'Ornain et de l'Ourcq, l'Oise grossie de l'Aisne, l'Epte; sur la rive gauche, l'Yonne grossie de l'Armançon, le Loing, l'Eure grossi de l'Iton, la Rille. — **Contours du bassin** : à l'E., N. E. et N., Côte-d'Or, plateau de Langres, Argonne et Ardennes occidentales, plateau de Saint-Quentin, collines de Picardie et du pays de Caux; vers le S., monts du Morvan, collines du Nivernais, dos de Seine et Loire, plateau d'Orléans, collines du Perche et du Lieuvin.

La Loire prend sa source au mont Gerbier-des-Joncs (Cévennes centrales, monts du Vivarais, département de l'Ardèche), coule vers le N. O. jusqu'aux environs de Gien et d'Orléans, vers le S. O. jusqu'à l'embouchure de la Vienne, ensuite vers l'O., et se jette dans la mer de France près de Saint-Nazaire, entre les pointes du Croizic et de Saint-Gildas, après un cours de 1226 kilomètres. — **Affluents** : sur la rive droite, le Furens ou Furand, la Nièvre, la Maine formée du Loir, de la Sarthe et de la Mayenne, l'Erdre; sur la rive gauche, l'Allier, le Loiret, le Cher, l'Indre, la Vienne grossie de la Creuse, la Sèvre nantaise, la Boulogne qui se jette dans le lac de Grand-lieu, et dont l'Acheneau est, pour ainsi dire, la continuation. — **Contours du bassin** : A l'E., les monts du Gévaudan, du Vivarais, du Lyonnais, du Beaujolais et du Charolais; vers le nord, les monts du Morvan, les collines du Nivernais, le dos de Seine et Loire, le plateau d'Orléans, les collines du Perche, de Normandie et du Maine; vers le S., les monts de la Margeride, d'Auvergne, du Limousin et du Poitou, le plateau de Gatine et les collines Nantaises.

La Garonne prend sa source au val d'Aran, en Espagne, coule vers le N. E. jusqu'à Toulouse, puis vers le N. O., devient une sorte de bras de mer ou de forte baie, qui prend le nom de *Gironde* au Bec d'Ambez, et se jette dans le golfe de Gascogne, entre les pointes de la Coubre et de Grave, après un cours de 600 kilomètres. — **Affluents** : sur la rive droite, l'Ariége, le Tarn grossi de l'Aveyron, le Lot, la Dordogne grossie de la Vézère et de l'Isle; sur la rive gauche, le Gers, la Baïse. — **Contours du bassin** : au S. les Pyrénées centrales, à l'E. les Corbières occidentales, les Cévennes méridionales (montagnes Noires, monts de l'Espinous, de l'Orb, du Gévaudan); vers le N. les monts de la Margeride, d'Auvergne, du Limousin, les collines du Périgord et de la Saintonge; au S. O. les monts de Bigorre, les collines de l'Armagnac et du Bordelais.

Le Rhône prend sa source au mont Furca; coule à l'O., traverse le lac de Genève, est rejeté deux fois vers le S., par le Jura d'abord, ensuite par les monts du Lyonnais, et, après un parcours de 812 kilomètres, va se jeter dans la Méditerranée, en enfermant dans son delta l'île de la Camargue (Caii Marii Agger, camp de Marius), et par cinq embouchures (Grand-Rhône, Petit-Rhône, Vieux-Rhône, Rhône-Mort et Rhône-Vif). — **Affluents :** sur la rive droite, l'Ain, la Saône (430 kilomètres de cours) grossie du Doubs, l'Ardèche et le Gard; sur la rive gauche, l'Arve, l'Isère grossi de l'Arc et du Drac, la Drôme, la Sorgues, la Durance. — **Contours :** au S., les Alpes de Provence; à l'E., les Alpes Maritimes (en partie), Cottiennes, Grées, Pennines; au N., les Alpes Bernoises, le Jura; à l'E., encore le Jura, les collines de Belfort; au N., les Faucilles; à l'O. la ligne de faîte, des monts Faucilles au Laigonat.

Bassins secondaires. — Aux bassins principaux se rattachent des bassins secondaires, servant de lit à des fleuves moins importants, dits fleuves côtiers.

Ainsi, **au bassin de la Seine,** sur les côtes de la Manche, se rattachent :

Le bassin de la Somme (la Canche, l'Authie, la Somme, la Bresle, l'Arques); *ceinture:* collines de l'Artois, plateau de Saint-Quentin, collines de Picardie et du pays de Caux;

Le bassin de l'Orne (la Touques, la Dives, l'Orne, la Vire); *ceinture :* collines du Lieuvin, de Normandie, du Cotentin;

Le bassin de la Rance (la Sélune, le Couesnon, la Rance, la Trieux, etc.); *ceinture :* collines du Cotentin, de Normandie et du Maine (en partie), monts de Bretagne, Menez et d'Arrée.

Au bassin de la Loire, sur les côtes orientales et méridionales de la Bretagne :

Le bassin de l'Aulne; *ceinture :* monts d'Arrée et montagnes Noires;

Le bassin du Blavet et de la Vilaine (l'Odet, l'Ellé, le Blavet, la Vilaine grossie de l'Ille et de l'Oust, etc.); *ceinture :* les montagnes Noires, les monts de Bretagne, les collines du Maine.

Au bassin de la Garonne, sur les côtes de la mer de France et du golfe de Gascogne :

Les bassins de la Charente (la Lay grossie de l'Yon, la Sèvre niortaise grossie de la Vendée, la Charente grossie de la Boulonne, la Seudre); *ceinture :* collines Nantaises, plateau de

Gatine, monts du Poitou, collines de Saintonge et de l'Aunis;

De la Leyre; *ceinture:* collines Bordelaises et Landaises;

De l'Adour grossie de la Midouze, du Gave de Pau, etc.; *ceinture:* collines Landaises et d'Armagnac, monts de Bigorre, Pyrénées occidentales, montagnes de la Basse-Navarre ;

De la Bidassoa; *ceinture :* montagnes de la Basse-Navarre, Pyrénées de Biscaye.

Au bassin du Rhône, sur les côtes de la Méditerranée: Les bassins du Tech, de la Têt, de la Gly; *ceinture:* Pyrénées orientales et Corbières occidentales;

De l'Aude, de l'Orb, de l'Hérault, du Vidourle; *ceinture :* Corbières occidentales et orientales, Cévennes, du col de Naurouze au mont Laigonat ;

De l'Argens, entre les monts des Maures, les Alpes de Provence et de l'Esterel;

Du Var et de la Roja, entre les Alpes de Provence et les Alpes Maritimes.

EXERCICES.

Ajouter à la carte de France les fleuves ci-dessus avec leurs affluents et les contours de leurs bassins.

QUESTIONS.

Décrivez le cours de la Seine; dites sa source, sa direction, ses affluents (rive droite et rive gauche), son embouchure, les contours de son bassin? — Mêmes questions pour la Loire, la Garonne, le Rhône. — Décrivez les bassins secondaires de la Somme, de l'Orne, de la Rance? — A quel grand bassin appartiennent-ils? — Quels fleuves côtiers comprennent-ils? Quels reliefs forment la ceinture de ces bassins? Mêmes questions pour les bassins de l'Aulne, du Blavet, de la Vilaine; de la Charente, de la Leyre, de l'Adour, de la Bidassoa; du Tech, de la Têt, de la Gly; de l'Aude, de l'Orb, de l'Hérault, du Vidourle, de l'Argens, du Var et de la Roja.

RÉSUMÉ.

(A apprendre par cœur.)

La Seine. — La Seine prend sa source au mont Tasselot (Côte-d'Or) et se jette dans la Manche, après un parcours de 700 kilomètres. Ses principaux affluents sont : l'Aube, la Marne, l'Oise, sur sa rive droite ; l'Yonne, le Loing et l'Eure, sur sa rive gauche. Les reliefs formant les contours de son bassin sont, d'une part, les monts de la Côte-d'Or, l'Argonne et l'Ardenne occidentales, les collines de Picardie et du pays de Caux ; d'autre part, les monts du Morvan, les collines du Nivernais, le plateau d'Orléans, les collines du Perche et du Lieuvin.

La Loire. — La Loire prend sa source au Gerbier-des-Joncs (Ardèche) et va se jeter dans la mer de France, après un parcours de 1226 kilomètres. Elle a pour affluents : sur sa rive droite, la Nièvre et le Maine ; sur sa rive gauche, l'Allier, le Loiret, le Cher, la Vienne, la Sèvre nantaise. Les contours de son bassin sont : à l'E. et vers le N., les Cévennes septentrionales, les monts du Morvan, les collines de Normandie et du Maine ; vers le S., les monts d'Auvergne, du Limousin, du Poitou, le plateau de Gatine, les collines Nantaises.

La Garonne. — La Garonne prend sa source au val d'Aran, en Espagne, et va se jeter dans le golfe de Gascogne, après un cours de 600 kilomètres. Ses affluents de la rive droite sont : l'Ariège, le Tarn, le Lot, la Dordogne; de la rive gauche, le Gers et la Baïse. Les collines Bordelaises et d'Armagnac, les monts de Bigorre, les Pyrénées, les Corbières occidentales, les Cévennes méridionales, les monts d'Auvergne et du Limousin, les collines du Périgord, de l'Aunis et de la Saintonge forment les contours de son bassin.

Le Rhône prend sa source au mont Furca, en Suisse, traverse le lac de Genève, coule de l'E. à l'O. jusqu'à Lyon, où il prend la direction du S., et va se jeter par cinq embouchures dans la Méditerranée, après un cours de 812 kilomètres. Ses affluents de la rive droite sont : l'Ain, la Saône, descendue des Faucilles, l'Ardèche et le Gard ; ceux de la rive gauche, l'Isère, la Drôme et la Durance. Les Alpes, le Jura, les collines de Belfort, les Faucilles, la ligne de partage des eaux, des Faucilles au Laigonat, forment l'immense ceinture de son bassin.

Fleuves côtiers. — Parmi les petits fleuves côtiers du littoral de l'Océan, on distingue la Somme, l'Orne, le Blavet, la Vilaine, la Charente, l'Adour; sur le littoral de la Méditerranée, l'Aude, l'Hérault, le Var.

QUATRIÈME LEÇON.

(Lecture avec explications, compte rendu, exercices et questions.)

FRANCE. — GÉOGRAPHIE PHYSIQUE (Fin).

Tracé des frontières et description des côtes. — Nous avons déterminé plus haut les limites ou frontières de la France. Il nous reste à étudier en détail : 1° les côtes de l'Océan; 2° celles de la Méditerranée.

Côtes de l'Océan. — Si nous partons de Dunkerque, ou plutôt de Zuydcoote, sur la frontière de la Belgique, et que nous nous dirigions vers le sud en suivant les côtes, nous sortons de la mer du Nord pour entrer dans le Pas de Calais, puis dans la Manche, qui séparent la France de l'Angleterre.

Nous trouvons, à partir de la frontière belge, des dunes ou collines sablonneuses qu'on cherche à fixer par des semis de sapins, et qui donnent leur nom à Dunkerque (Église des dunes); Calais à 28 kilomètres de Douvres; les caps Blanc-Nez et Gris-Nez, la baie de la Somme ; une côte qui se relève en falaises ; le cap de la Hève; le Havre à l'embouchure de la Seine.

La côte devient alors rocheuse et granitique. Du cap de la Hève à la pointe de Barfleur, nous sommes dans la baie de la Seine, où se trouvent les rochers du Calvados. Entre cette baie et la Manche s'étend la presqu'île du Cotentin avec le port de Cherbourg et le cap de la Hague au N., le raz Blanchard, le passage de la Déroute, les îles Anglo-Normandes (Aurigny, Guernesey, Jersey) et les îles françaises de Chaussey, à l'O. Viennent ensuite le golfe de Saint-Malo projetant les baies du Mont-Saint-Michel et de Cancale ; la baie ou le golfe de Saint-Brieuc, les Sept-Iles, la pointe de Corsen et, en face, l'île d'Ouessant; enfin la pointe Saint-Mathieu, sur la côte occidentale de la Bretagne.

A la pointe Saint-Mathieu, nous entrons dans l'Atlantique

qui va bientôt prendre le nom de mer de France et de golfe de Gascogne. Nous rencontrons le Goulet qui introduit dans la rade de Brest, le passage de l'Iroise, la presqu'île de Crozon, la baie de Douarnenez, la pointe et le passage du Raz vis-à-vis de l'île de Sein, la baie d'Audierne, la pointe de Penmarch, les îles de Glenan et de Groix, la côte de Carnac, la presqu'île de Quiberon, le Morbihan ou petite mer, Belle-Isle.

Les rochers granitiques qui forment la ceinture de la Bretagne ont cessé : la côte est devenue basse et sablonneuse. Après les pointes du Croizic, de Chemoulin et de Saint-Gildas, qui resserrent l'estuaire de la Loire, elle est marécageuse. Alors se présentent la baie de Bourgneuf, les îles de Noirmoutier et d'Yeu, le pertuis Breton, l'île de Ré, le pertuis d'Antioche, les îles d'Oléron et d'Aix, le pertuis de Maumusson, les pointes de la Coubre et de Grave au N. et au S. de l'embouchure de a Gironde. Les dunes ont reparu ; elles forment la côte Landaise, interrompue par le bassin d'Arcachon, semée d'étangs, dont les principaux sont ceux de Carcans, de la Canau, de Sanguinet, de Biscarosse, etc. Nous sommes maintenant dans le golfe de Gascogne proprement dit; la côte redevient rocheuse, puis sablonneuse encore, et se termine pour nous à l'embouchure de la Bidassoa. Au delà, c'est la pointe du Figuier, en Espagne. Nous avons parcouru ainsi 1025 kilomètres de côtes.

Côtes de la Méditerranée. — Interrompues par les Pyrénées, nos côtes reprennent sur la Méditerranée, embrassant, du cap Cerbera à l'embouchure de la Roja, une étendue de 700 kilomètres. La côte, d'abord dentelée, devient bientôt basse et sablonneuse. On y trouve de nombreux étangs, notamment ceux de Leucate, de Sigean et de Bages, de Thau, de Maguelonne, de Mauguio, de Valcarès, de Berre, sur les contours du golfe du Lion; puis, en remontant vers le golfe de Gênes, se présentent des rades ou petits golfes, des presqu'îles, des îles, etc. : la baie de la Ciotat, la presqu'île de Cepet terminée par la pointe Sicié et le cap Cepet, la rade de Toulon, la presqu'île de Giens; la rade d'Hyères, les îles du même nom (Porquerolles, Portcros, île du Levant ou Titan), le cap Pinet qui termine les monts des Maures; le golfe de Grimaud, les îles de Lérins (Saint-Honorat et Sainte-Marguerite), le golfe de Napoule ou Jouan, l'embouchure du Var, et enfin Menton, notre dernière ville dans ces parages.

EXERCICES.

Faire un tracé des frontières de la France, et y inscrire les détails qui viennent d'être donnés sur les côtes. — Voyage géographique sur les côtes de l'Océan, et sur les côtes de la Méditerranée.

QUESTIONS.

Décrivez les côtes de l'Océan, de Zuydcoote au Havre, — du Havre à la pointe de Barfleur, — de la pointe de Barfleur à la pointe Saint-Mathieu, — de la pointe Saint-Mathieu à l'embouchure de la Loire,.... à la Gironde...., à l'embouchure de la Bidassoa. — D'où vient le nom de Dunkerque? — Quelle est la distance de Calais à Douvres? — Quels caps ou pointes trouve-t-on sur le Pas de Calais? Sur la Manche? Sur l'océan Atlantique? — Quelles îles trouvez-vous sur les côtes de France, dans la Manche? Sur les côtes de Bretagne? dans la mer de France?

Comment est la côte, de Zuydcoote à la baie de la Somme? de l'embouchure de la Somme à celle de la Seine? de l'embouchure de la Seine à la pointe de Barfleur? autour de la Bretagne? de l'embouchure de la Loire à la Gironde? de la Gironde à l'embouchure de la Bidassoa? — Où trouve-t-on des dunes, des falaises, des côtes granitiques, sablonneuses, marécageuses? — Par quoi se distingue la côte Landaise? — Montrez, sur la carte, la baie de la Somme; la baie de la Seine; le golfe de Saint-Malo et les deux baies qu'il projette; la baie de Saint-Brieuc; la rade de Brest, etc. etc. — Décrivez les côtes de la Méditerranée, du cap Cerbera à l'embouchure du Rhône; de là jusqu'à Menton. — Montrez les étangs de Leucate... la rade de Toulon; les îles d'Hyères; les îles de Lérins? etc., etc. — Quelle est l'étendue des côtes de la France, sur l'Atlantique? sur la Méditerranée?

RÉSUMÉ.

(A apprendre par cœur.)

La France compte 1025 kilomètres de côtes sur l'océan Atlantique, de Zuydcoote à l'embouchure de la Bidassoa, et 700 sur la Méditerranée, du cap Cerbera à Menton.

Côtes de l'Océan. — Sur les côtes de l'Océan, de Zuydcoote à la baie de la Somme, on trouve des collines de sable ou *dunes*, d'où le nom de Dunkerque. De la baie de la Somme au cap de la Hève, la côte se relève en falaises. Elle est rocheuse autour de la baie de la Seine, de la presqu'île du Cotentin, du golfe de Saint-Brieuc. La Bretagne et ses baies profondes, ses îles d'Ouessant, de Sein, de Glenan, de Groix, de Belle-Isle, etc., sont protégées par une ceinture de granit. A partir de l'embouchure de la Loire, la côte est basse et marécageuse ; on y trouve les pertuis Breton et d'Antioche, les îles de Noirmoutier, d'Yeu, de Ré, d'Oléron, d'Aix. Après les pointes de la Coubre et de Grave, qui étreignent la Gironde, les dunes reparaissent sur la côte Landaise, coupée par le bassin d'Arcachon et semée d'étangs.

Côtes de la Méditerranée. — D'abord dentelé dans le voisinage des caps Cerbera et Béarn, le rivage méditerranéen devient bientôt bas et marécageux, semé d'étangs, sur les côtes des départements de l'Aude, de l'Hérault, du Gard, des Bouches-du-Rhône. Il est ensuite découpé par des presqu'îles, des baies, des petits golfes, des îles (presqu'îles de Cepet, de Giens, baie de la Ciotat, rades de Toulon et d'Hyères, golfes de Grimaud et de Napoule, îles d'Hyères et de Lérins). Ce rivage jouit, du reste, d'une température exceptionnelle, surtout de Hyères à Menton, protégé qu'il est contre les vents du nord par les Alpes de Provence, par les monts des Maures et de l'Esterel.

JANVIER ET FÉVRIER (1).

GÉOGRAPHIE POLITIQUE. — ANCIENNES PROVINCES. — ÉPOQUES ET CIRCONSTANCES DE LEUR RÉUNION A LA COURONNE. — DÉPARTEMENTS, CHEFS-LIEUX ET SOUS-PRÉFECTURES. — ORIGINE ET BUT DE LA DIVISION EN DÉPARTEMENTS. — CONCORDANCE DE L'ANCIENNE ET DE LA NOUVELLE DIVISION.

PREMIÈRE LEÇON.

(Lecture avec explications, compte rendu, exercices et questions.)

FRANCE. — GÉOGRAPHIE POLITIQUE.

Anciennes provinces. — La France était autrefois divisée, au point de vue politique et administratif, en **gouvernements.**

Richelieu en trouva 19. Le nombre s'en augmenta sous les règnes suivants. En 1789, on comptait 35 *provinces géographiques*, 36 en comptant la Corse, 32 *grands gouvernements* ou *gouvernements de provinces*, 33 en comptant la Corse, et 7 *petits gouvernements de villes* enclavés dans les grands (ceux de Paris, de Boulogne, du Havre, de Sedan, de Toul, de Metz, de Verdun, de Saumur).

Aux 36 provinces géographiques sont venus s'ajouter l'État d'Avignon (comtat d'Avignon et comtat Venaissin) en 1791, la Savoie et le comté de Nice en 1860. Il faut en déduire aujourd'hui l'Alsace perdue en 1871, et dont nous n'avons conservé que le territoire de Belfort.

(1) Nous croyons devoir confondre en un seul chapitre les matières indiquées pour les mois de janvier et de février, faire marcher de front l'étude des provinces et des départements, et ne point séparer ce qui est uni par la nature même des choses. En outre, nous pensons que l'étude du tableau synoptique ci-après répond à toutes les exigences du programme. Il appartient à un maître intelligent et instruit d'en tempérer l'aridité par des détails à la fois sobres et intéressants, détails qu'il trouvera au besoin dans les ouvrages mis à sa disposition, notamment dans le *Manuel du brevet de capacité*, par MM. Berger, Brouard et Defodon (Hachette), dans les géographies développées de MM. Cortambert (*it.*), Pinet (Delagrave), etc.

Comme on le voit, le nombre des gouvernements ne correspondait pas exactement à celui des provinces géographiques; un même gouvernement comprenait quelquefois deux de ces dernières, par exemple la Guyenne et la Gascogne, l'Aunis et la Saintonge.

Réunion des provinces à la couronne. — L'Ile-de-France et l'Orléanais formaient tout le domaine royal sous les premiers Capétiens. Autour de ce noyau sont venues peu à peu se grouper les autres provinces, par mariages, héritages, confiscations, conquêtes ou traités.

Gouverneurs de provinces, intendants. — François Ier avait, pour la perception des impôts, divisé la France en *généralités*. Dans ces généralités résidaient des fonctionnaires civils dont Richelieu avait fait des *intendants* de *justice*, de *police* et de *finance*, qui représentaient le gouvernement, en faisaient exécuter tous les ordres, et balançaient ainsi l'autorité *militaire* des *gouverneurs*. Il y avait à peu près autant de généralités que de provinces.

Départements. — L'Assemblée constituante voulut diminuer la puissance des grands officiers ou des hauts fonctionnaires en la morcelant, et fortifier d'autant le pouvoir central, faire tomber pour jamais les barrières qui, jusque-là, séparaient les provinces, en un mot, elle voulut unifier la nation et centraliser tous les services. Pour cela, elle substitua aux provinces et aux généralités les **départements**, circonscriptions beaucoup moins vastes, mieux équilibrées, empruntant leurs noms à des accidents ou à des positions géographiques, et non plus aux souvenirs ni aux traditions.

Chefs-lieux et Sous-Préfectures. — Chaque département a son chef-lieu, c'est-à-dire la ville la plus importante ou la plus centrale de la circonscription, où réside le *préfet*, et où se centralisent les services. Il est divisé en *arrondissements*, circonscriptions moindres, ayant aussi chacune sa ville centrale où réside un *sous-préfet*, d'où le nom de **sous-préfecture**. L'arrondissement est divisé lui-même en **cantons**, les cantons en **communes**. La France, après avoir compté 89 et jusqu'à 130 départements, n'en contient plus que 86.

Concordance de l'ancienne et de la nouvelle division. — Dans la substitution des départements aux provinces, on ne s'est pas proposé de remplacer les premières par un ou plusieurs départements qui y correspondissent parfaitement; il arrive souvent qu'une circonscription départementale embrasse des portions de territoire ayant appartenu à des provinces différentes. Quand on dit que l'Ile-de-France a formé 5 départements : Aisne, Seine-et-Marne, etc., cela signifie seulement que les départements de l'Aisne, de Seine-et-Marne, etc., tiennent à peu près la place occupée jadis par cette province. Sous cette réserve, on établit la correspondance des anciennes provinces et des départements actuels comme suit (voir le tableau synoptique ci-après).

EXERCICES.

Tracer la carte de France par provinces (les contours seulement).

QUESTIONS.

Comment la France était-elle divisée au point de vue militaire et administratif avant 1789 ? — En combien de grands gouvernements ou gouvernements de provinces? — Combien comptait-on de gouvernements enclavés ou gouvernements de villes? — Combien comptait-on de provinces géographiques? — Pourquoi le nombre des provinces géographiques était-il plus grand que celui des grands gouvernements? — Combien compte-t-on de provinces géographiques depuis les annexions postérieures à 1789? — De quoi se composait le domaine royal sous les premiers Capétiens? — Comment les autres provinces sont-elles venues peu à peu s'ajouter à ce noyau?

Qu'appelait-on une généralité ? — Comment s'appelaient les fonctionnaires placés à la tête des généralités ? — Quelles étaient leurs attributions? — Pourquoi l'Assemblée constituante a-t-elle substitué les départements aux gouvernements et aux généralités? — Quelles différences établissez-vous entre les anciennes provinces et les départements? — Qu'entendez-vous par un chef-lieu de département? — Par un chef-lieu d'arrondissement ou une sous-préfecture? — Que faut-il entendre par concordance des provinces et des départements? Cette correspondance est-elle parfaitement exacte?

RÉSUMÉ.

(A apprendre par cœur.)

Avant 1789, la France, au point de vue militaire et administratif, était divisée en 32 grands gouvernements et à peu près en autant de généralités, à la tête desquels étaient, d'une part, des *gouverneurs* et, de l'autre, des *intendants*. Le nombre des provinces géographiques était de 35, de 36 en comptant la Corse. Ce nombre s'est élevé à 39, par l'annexion postérieure de l'État d'Avignon, de la Savoie et du comté de Nice.

Au temps des premiers Capétiens, le domaine royal, la France en quelque sorte, ne comprenait guère que l'Ile-de-France et l'Orléanais; des héritages, des mariages, des confiscations, des conquêtes, des traités, y ont ajouté successivement les autres provinces.

En 1790, l'Assemblée constituante a substitué aux anciennes provinces et généralités des circonscriptions moins étendues, moins inégales, d'une administration plus facile, que l'on a appelées *départements*.

Les départements empruntent leurs noms à des accidents géographiques ou à leur situation. Chacun d'eux a pour *chef-lieu* une ville centrale ou importante ; il se divise en arrondissements, qui ont aussi leur *chef-lieu* ou *sous-préfecture*.

Un ou plusieurs départements répondent à peu près à une ancienne province; c'est pour cela qu'on dit que telle province a formé tant de départements ; par exemple, que la Flandre française a formé un département, le département du Nord ; que l'Ile-de-France a formé 5 départements, les départements de l'Aisne, de l'Oise, de Seine-et-Oise, de Seine-et-Marne et de la Seine.

DEUXIÈME LEÇON.

(Lecture avec explications, compte rendu, exercices et questions.)

FRANCE. — GÉOGRAPHIE POLITIQUE (Suite).

Anciennes provinces. — Les 35 provinces géographiques, les 36 en comptant la Corse, les 39 en comptant les provinces annexées depuis 1789, sont :

La Flandre française, l'Artois, la Picardie, la Normandie, l'Ile-de-France, la Champagne, la Lorraine, l'Alsace (dont il ne nous reste plus que le territoire de Belfort);

La Bretagne, l'Anjou, le Maine, la Touraine, l'Orléanais, le Berri, le Nivernais, le Bourbonnais, la Bourgogne, la Franche-Comté;

Le Poitou, l'Aunis, la Saintonge, l'Angoumois, la Marche, le Limousin, l'Auvergne, le Lyonnais, le Dauphiné, la Savoie;

La Guyenne, la Gascogne, le Béarn, la Navarre, le Comté de Nice, la Corse.

N. B. Après avoir pris une vue d'ensemble de toutes ces provinces, et les avoir reconnues sur la carte, on commencera l'étude de chacune d'elles en procédant de la manière suivante.

La carte sous les yeux, on étudiera la première des quatre tranches horizontales que nous venons d'établir, sur le tableau synoptique ci-après, en ne dépassant pas la quatrième colonne. Le maître dirigera cette étude, donnera les explications qu'il jugera utiles, se fera rendre compte, fera exécuter comme *exercice* la carte détaillée des huit provinces qui sont l'objet de la leçon, puis adressera les questions suivantes :

Quelles sont les provinces que nous venons d'étudier? — Quelles sont celles de ces provinces qui sont situées sur les côtes? — Nommez au moins quelques-uns des pays secondaires de la Flandre et de l'Artois; — de la Picardie; — de la Normandie; — de l'Ile-de-France; — de la Champagne; — de la Lorraine et de l'Alsace. — Dans quelle province placez-vous le Hainaut français? le Vermandois? le Boulonnais? le Ponthieu? le Valois? le pays de Caux? le Cotentin? le Vexin? Brie? la principauté de Sedan? le Barrois? — Quelle était la capitale de la Flandre? de l'Artois? de la Picardie? etc. — A quelle époque et dans quelles circonstances la Flandre a-t-elle été réunie à la France? Même question pour l'Artois, les villes de la Somme, la Normandie, etc.

On donnera ensuite, comme résumé à apprendre par cœur et à savoir imperturbablement, les 1re 3me et 4me colonnes du tableau, et la deuxième leçon sera achevée.

On suivra la même marche pour la 3me leçon qui comprendra la deuxième et la troisième tranche, et pour la quatrième qui comprendra la dernière tranche. Ce sera assez pour le mois de janvier.

Les quatre leçons du mois de février seront employées à l'étude du tableau synoptique tout entier, c'est-à-dire dans ses 7 colonnes, à raison d'une tranche par leçon, avec le tracé de la carte par départements pour exercice, et toujours en procédant de la façon qui vient d'être indiquée : étude avec le maître, explications, questions, et, pour résumé, au moins les colonnes 1, 3, 5 et 6 du tableau. Une semblable étude de la France administrative, si sommaire qu'elle soit, sera suffisante, si, dans les leçons suivantes, et, en outre dans les leçons d'histoire, les élèves ont soin de se reporter sans cesse aux provinces, aux départements, aux villes ou localités dont les noms se présenteront.

Provinces et Départements.

PROVINCES.	PAYS SECONDAIRES	CAPITALES	DATE DE LA RÉUNION	DÉPARTEM. FORMÉS	CHEFS-LIEUX	SOUS-PRÉFECTURES
FLANDRE FRANÇAISE.	Flandre maritime, flammande ou flammingante. — Flandre wallone ou welche, Cambrésis, Hainaut français.	Lille.	Sous Louis XIV en 1668 (traité d'Aix-la-Chapelle).	Nord.	Lille.	Dunkerque, Hazebrouck, Douai, Valenciennes, Cambrai, Avesnes.
ARTOIS	Artois flammingant et Artois wallon.	Arras.	Sous Louis XIV en 1659 (traité des Pyrénées).	Pas-de-Calais.	Arras.	Boulogne, Montreuil, Saint-Pol, Béthune, Saint-Omer.
PICARDIE..........	Basse et haute Picardie. — Boulonnais, Vimeux, Ponthieux, Amiénois, Santerre, Vermandois, Thiérache. — Beauvaisis, Soissonnais, Valois, Laonnais et Noyonnais (gouvernement de l'Ile-de-France).	Amiens.	Sous Louis XI, à la mort de Charles le Téméraire (villes de la Somme).	Somme.	Amiens.	Abbeville, Montdidier, Péronne, Doullens.
NORMANDIE.	Haute et basse Normandie. — Pays de Caux et de Bray, Roumois, Vexin normand, Lieuvin, pays d'Auge, pays d'Evreux, Ouche, Marche, campagne de Caen, Houlme, Bocage, Avranchin, Bessin, Cotentin.	Rouen.	Sous Philippe-Auguste en 1204 ; reconquise par Charles VII en 1449.	Seine-Inférieure	Rouen.	Dieppe, le Havre, Yvetot, Neufchâtel.
				Eure.	Evreux.	Pont-Audemer, Bernay, Louviers, les Andelys.
				Calvados.	Caen.	Bayeux, Vire, Falaise, Lisieux, Pont-l'Évêque.
				Orne.	Alençon.	Domfront, Mortagne, Argentan.
				Manche.	Saint-Lô.	Cherbourg, Valognes, Coutances, Avranches, Mortain

	…is, du Soissonnais, du Valois, du Laonnais et du Noyonnais. — Vexin français, Mantais, Perche français ou Thimerais, Hurepoix, Gâtinais français, Brie française. — Ile-de-France propre (pays de France, de Parisis et de Goëlle).		royal à l'avènement des Capétiens. — Le Valois fut réuni plusieurs fois, notamment par Philippe-Auguste et par Philippe VI.	Oise.	Beauvais.	…Quentin, Vervins. Clermont, Compiègne, Senlis.
				Seine-et-Oise.	Versailles.	Pontoise, Mantes, Rambouillet, Etampes, Corbeil.
				Seine.	Paris.	Saint-Denis, Sceaux.
				Seine-et-Marne	Melun.	Meaux, Coulommiers, Provins, Fontainebleau.
CHAMPAGNE ET BRIE.	Principauté de Sedan, Rhételois, Rémois, Châlonnais, Perthois, Argonne champenoise, Vallage, Bassigny, haute Brie, Brie pouilleuse, Brie champenoise, basse Brie, Senonais, Gâtinais.	Troyes.	Sous Philippe le Bel par son mariage (1284) avec Jeanne, héritière de la Champagne et de la Navarre.	Ardennes.	Mézières.	Sedan, Rocroy, Rethel et Vouziers.
				Marne.	Châlons-sur-Marne.	Reims, Epernay, Vitry-le-François, Sainte-Menehould.
				Haute-Marne.	Chaumont.	Vassy et Langres.
				Aube.	Troyes.	Nogent-sur-Seine, Arcis-sur-Aube, Bar-sur-Seine, Bar-sur-Aube.
LORRAINE et BARROIS	Lorraine propre vers le centre et le sud, pays Messin, Verdunois, Toulois (les trois évêchés), Argonne lorraine et Clermontois ; Barrois royal ou mouvant (à l'O. de la Meuse), Barrois ducal ou non mouvant (à l'E.), pays des Vosges, Lorraine allemande.	Nancy.	Sous Louis XV en 1766, en vertu du traité de Vienne.	Meuse.	Bar-le-Duc.	Montmédy, Verdun, Commercy.
				Meurthe-et-Moselle.	Nancy.	Briey, Toul, Lunéville.
				Vosges.	Épinal.	Neufchâteau, Mirecourt, Remiremont, Saint-Dié.
						Briey, *Thionville*, *Sarreguemines*.
			Perdue en partie par le traité de Francfort.	*Moselle* (ancienne).	*Metz*.	
				Meurthe (ancienne).	*Nancy*.	Toul, Lunéville, *Sarrebourg*, *Château-Salins*.
ALSACE............	Basse Alsace, haute Alsace, Sundgau.	Strasbourg	En 1648, sous Louis XIV, par le traité de Westphalie ; perdue en 1871 par le traité de Francfort, excepté le territoire de Belfort.	*Bas-Rhin* (ancien).	*Strasbourg*. (1681).	*Wissembourg*, *Saverne*, *Schelestadt*.
				Haut-Rhin (ancien).	*Colmar*.	*Mulhouse* (1798), Belfort.
				Territoire de Belfort.	Belfort.	

PROVINCES	PAYS SECONDAIRES	CAPITALES	DATE DE LA RÉUNION	DÉPARTEM. FORMÉS	CHEFS-LIEUX.	SOUS-PRÉFECTURES
BRETAGNE.	Haute Bretagne à l'E., basse Bretagne à l'O., Cornouailles (Quimper et Saint-Pol-de-Léon), duché de Penthièvre (Saint-Brieuc), etc.	Rennes.	En fait par le mariage de Charles VIII avec Anne de Bretagne; en droit sous François Ier, en 1532.	Ile-et-Vilaine.	Rennes.	Saint-Malo, Fougères, Montfort, Vitré, Redon.
				Côtes-du-Nord	Saint-Brieuc.	Lannion, Guingamp, Loudéac, Dinan.
				Finistère.	Quimper.	Morlaix, Brest, Châteaulin, Quimperlé.
				Morbihan.	Vannes.	Lorient, Pontivy, Ploërmel.
				Loire-Inférieure.	Nantes.	Saint-Nazaire, Paimbœuf, Ancenis, Châteaubriant.
ANJOU.	Haut Anjou (N. O.), bas Anjou (S. E.), Saumurois.	Angers.	sous Louis XI, en 1480, à la mort du roi René.	Maine-et-Loire	Angers.	Segré, Beaugé, Saumur, Cholet.
MAINE ET PERCHE.	Haut Maine, haut Perche ou gr. Perche (N. O. et N. E.), bas Maine (centre et S.).	Le Mans.	Sous Louis XI en 1481, à la mort de Charles du Maine.	Mayenne.	Laval.	Mayenne, Château-Gontier.
				Sarthe.	Le Mans.	Mamers, Saint-Calais, la Flèche.
TOURAINE.	Touraine, Brenne vers le S.	Tours.	Sous Philippe-Auguste, en 1204; sous saint Louis, en 1254.	Indre-et-Loire.	Tours.	Loches, Chinon.
ORLÉANAIS.	Orléanais propre, Gâtinais orléanais, Beauce, pays Chartrain, Perche orléanais, Dunois, Vendômois, Blésois, Sologne orléanaise.	Orléans.	Faisait partie du domaine des premiers Capétiens. — Donné en apanage à plusieurs princes.	Loiret.	Orléans.	Gien, Pithiviers, Montargis.
				Loir-et-Cher.	Blois.	Vendôme, Romorantin.
				Eure-et-Loir.	Chartres.	Dreux, Nogent-le-Rotrou, Châteaudun.
BERRY.	Haut et bas Berry, Sologne berrichonne, Sancerrois.	Bourges.	Acquis par Philippe Ier, en 1095. — Donné en apanage à plusieurs princes.	Cher.	Bourges.	Sancerre, St-Amand.
				Indre.	Châteauroux	Issoudun, Le Blanc, la Châtre.
NIVERNAIS.	Nivernais propre et Mor-	[illegible]	[illegible]	[illegible]	[illegible]	[illegible]

BOURBONNAIS.	Haut et bas Bourbonnais.	Moulins.	Confisqué par François Ier vers 1523.			Palisse.
BOURGOGNE et BRESSE.	**Dijonnais, pays de la Montagne, Auxois, Morvan bourguignon, Autunois, Charolais,** Brionnais, Mâconnais, Chalonnais, Bresse (Bresse propre et Bresse chalonnaise), Dombes, Bugey, pays de Gex, Valromey.	Dijon.	**Sous Robert le Pieux, sous Jean le Bon, définitivement sous Louis XI en 1477.**	**Côte-d'Or.**	**Dijon.**	**Châtillon-sur-Seine, Semur, Beaune.**
				Yonne.	**Auxerre.**	**Sens, Joigny, Tonnerre, Avallon.**
				Saône-et-Loire	**Mâcon.**	**Chalon-sur-Saône, Autun, Charolles, Louhans.**
				Ain.	Bourg-en-Bresse.	Trévoux, Belley, Nantua, Gex.
FRANCHE-COMTÉ.	Baillages d'Amont, d'Aval, de Besançon et de Dôle. - Franche-Montagne (Pontarlier, etc.), Montagne (Besançon, etc.).	Besançon.	Sous Louis XIV en 1674 et 1679 (traité de Nimègue).	Doubs.	Besançon.	Montbéliard, Baume-les-Dames, Pontarlier.
				Haute-Saône.	Vesoul.	Gray, Lure.
				Jura.	Lons-le-Saulnier.	
POITOU.	Haut Poitou (Gatine), bas Poitou (borage, plaine, marais).	Poitiers.	Sous Philippe-Auguste, Louis VIII, Philippe le Hardi ; reconquis par Charles V.	Vienne.	Poitiers.	Loudun, Châtellerault, Montmorillon, Civray.
				Deux-Sèvres.	Niort.	Bressuire, Parthenay, Melle.
				Vendée.	La Roche-sur-Yon.	Sables d'Olonne, Fontenay-le-Comte.
AUNIS et SAINTONGE		La Rochelle Saintes.	Sous Philippe-Auguste en 1204 ; rendu par saint Louis en 1259 ; reconquis par Charles VII.	Charente-Inférieure.	La Rochelle.	Rochefort, Marennes, Jonzac, Saintes, St-Jean-d'Angely.
ANGOUMOIS.		Angoulême	Sous Philippe le Bel et François Ier.	Charente.	Angoulême.	Ruffec, Cognac, Barbezieux, Confolens.
MARCHE.	Haute et basse Marche.	Guéret	Confisqué par Philippe-Auguste sur la maison de Lusignan, et sous François Ier sur le connétable de Bourbon.	Creuse.	Guéret.	Boussac, Aubusson, Bourganeuf.

PROVINCES	PAYS SECONDAIRES	CAPITALES	DATE DE LA RÉUNION	DÉPARTEM. FORMÉS	CHEFS-LIEUX	SOUS-PRÉFECTURES
LIMOUSIN.	Haut et bas Limousin.	Limoges.	Confisqué par Philippe-Auguste en 1204, rendu en 1259, reconfisqué par Charles V.	Haute-Vienne.	Limoges.	Bellac, Rochechouart, Saint-Yrieix.
				Corrèze.	Tulle.	Ussel, Brives-la-Gaillarde.
AUVERGNE.	Haute et basse Auvergne, Limagne, pays de Combrailles et de Franc-Alleu, duchés de Monpensier et d'Auvergne, Dauphiné et comté d'Auvergne.	Clermont-Ferrand.	Confisqué par Philippe-Auguste et par François Ier.	Puy-de-Dôme.	Clermont-Ferrand.	Riom, Thiers, Issoire, Ambert.
				Cantal.	Aurillac.	Mauriac, Murat, Saint-Flour.
LYONNAIS.	Lyonnais propre, Beaujolais, Forez.	Lyon.	Sous Philippe le Bel en 1360, et sous François Ier en 1531.	Rhône.	Lyon.	Villefranche.
				Loire.	St-Etienne.	Roanne, Montbrison.
GUYENNE.	Bordelais, Médoc, Bazadais, pays de Born, Périgord, Quercy, Agenais, Rouergue (comté, basse Marche et haute Marche).	Bordeaux.	Sous Charles VII; sous Louis XI en 1472.	Gironde.	Bordeaux.	Blaye, Libourne, la Réole, Bazas, Lesparre.
				Dordogne.	Périgueux.	Nontron, Ribérac, Bergerac, Sarlat.
				Lot.	Cahors.	Gourdon, Figeac.
				Aveyron.	Rodez.	Espalion, Villefranche-d'Aveyron, Milhau, St-Affrique.
				Lot-et-Garonne	Agen.	Marmande, Nérac, Villeneuve d'Agen.
				Tarn-et-Garonne.	Montauban.	Moissac, Castel-Sarrazin.
GASCOGNE.	Armagnac (Fezensac, Estarac, Fezensaguet), au centre; Lomagne, Condomais, Gabardan, au N.; Conserans, Comminges, Quatre-Vallées, Nébouzan, Magnoac, Bigorre, au	Auch.	Armagnac sous Louis XI en 1470, et sous Charles VIII en 1497; Comminges sous Charles VII en 1453; sous Louis XII en 1498; pays d'Albret, etc., en 1589.	Landes.	Mont-de-Marsan.	Dax, Saint-Sever.
				Gers.	Auch.	Condom, Mirande, Lombez, Lectoure.
				Hautes-Pyrénées.	Tarbes.	Argélès, Bagnères-de-Bigorre.

	S. ; **Tursan, Chalosse, Marsan, Landes** (grandes et petites, et pays d'Albret) ; les **Marennes, Labourd**, à l'O., la **Soule** enclavée dans le **Béarn** au S. O.					
BÉARN et NAVARRE.	Béarn proprement dit à l'E. ; basse Navarre ou Navarre française à l'O.	Pau.	Par l'avénement de Henri IV.	Basses-Pyrénées.	Pau.	Bayonne, Orthez, Mauléon, Oloron.
COMTÉ DE FOIX.	Donnezan, Andorre.	Foix.	Sous Henri IV.	Ariége.	Foix.	Pamiers, St-Girons.
ROUSSILLON.	Cerdagne française, Valespir, Capsir.	Perpignan.	Sous Louis XIV en 1659.	Pyrénées-Orientales	Perpignan.	Prades, Céret.
LANGUEDOC.	Haut Languedoc (Toulousain, Albigeois, Lauraguais, pays de Mirepoix, de Bazès, de Carcassès) ; bas Languedoc (pays de Narbonne, de Béziers, de Montpellier, de Nîmes et d'Uzès ; Cévennes (pays d'Alais, Gévaudan, Vivarais, Vélay).	Toulouse.	Cédé à Alphonse de Poitiers par le traité de 1229 ; réuni sous Philippe le Hardi en 1270.	Haute-Garonne	Toulouse.	Villefranche-de-Lauraguais, Muret, Saint-Gaudens.
				Tarn.	Albi.	Gaillac, Lavaur, Castres.
				Aude.	Carcassonne	Castelnaudary, Limoux, Narbonne.
				Hérault.	Montpellier.	Lodève, Saint-Pons, Béziers.
				Gard.	Nîmes.	Le Vigan, Alais, Uzès.
				Lozère.	Mende.	Marvéjols, Florac.
				Ardèche.	Privas.	Largentière, Tournon.
				Haute-Loire.	Le Puy.	Brioude, Issingeaux.
DAUPHINÉ.	Haut Dauphiné (Grésivaudan, Briançonnais, Champsaur, Embrunais, Gapençais, les Baronies) ; bas Dauphiné (Viennois, Valentinois, Royanez, Diois, Tricastin), principauté d'Orange enclavée dans l'État d'Avignon.	Grenoble.	Sous Philippe de Valois, définitivement sous Jean le Bon en 1355. — Principauté d'Orange en 1714.	Isère.	Grenoble.	St-Marcellin, Vienne, la Tour-du-Pin.
				Hautes-Alpes.	Gap.	Briançon, Embrun.
				Drôme,	Valence.	Die, Montélimart, Nyons.

PROVINCES	PAYS SECONDAIRES	CAPITALES	DATE DE LA RÉUNION.	DÉPARTEM. FORMÉS	CHEFS-LIEUX	SOUS-PRÉFECTURES
SAVOIE.	Savoie propre, haute Savoie, Tarentaise, Maurienne, Genevois, Chablais, Faucigny.	Chambéry.	Sous Napoléon III, en 1860.	Savoie.	Chambéry.	Albertville, Moutiers, Saint-Jean-de-Maurienne.
				Haute-Savoie.	Annecy.	Thonon, Saint-Julien, Bonneville.
ÉTATS D'AVIGNON.	Comtat d'Avignon, comtat Venaissin.	Avignon.	En 1791.	Vaucluse.	Avignon.	Orange, Carpentras, Apt.
PROVENCE.	Haute Provence au N.; basse Provence au S.; sénéchaussées de Castellane, de Digne, etc., vallée de Barcelonnette.	Aix.	Sous Louis XI, en 1481.	Bouches-du-Rhône.	Marseille.	Arles, Aix.
				Basses-Alpes.	Digne.	Barcelonnette, Sisteron, Forcalquier, Castellane.
				Var.	Draguignan.	Brignolles, Toulon.
COMTÉ DE NICE.		Nice.	Sous Napoléon III, en 1860.	Alpes-Maritimes.	Nice.	Grasse, Puget-Téniers.
CORSE.		Bastia.	Sous Louis XV, en 1768.	Corse.	Ajaccio.	Bastia, Calvi, Sartène, Corté.
ALGÉRIE.	Ancienne Numidie et Mauritanie. Anciens pays barbaresques.	Alger.	Conquête commencée en 1830.	Province d'Alger.	Alger.	Blidah, Médéah, Milianah.
				Province de Constantine.	Constantine.	Bone, Philippeville, Sétif.
				Province d'Oran.	Oran.	Mostaganem, Mascara, Tlemcen.

MARS

GÉOGRAPHIE AGRICOLE.

DIVISION DE LA FRANCE EN GRANDES RÉGIONS PHYSIQUES. — RÉGIONS DES FORÊTS; RÉGIONS DES CÉRÉALES; RÉGIONS DES PRINCIPALES CULTURES INDUSTRIELLES. — RÉGIONS DE LA VIGNE, DU POMMIER A CIDRE, DU HOUBLON, DE L'OLIVIER, DU MURIER. — RÉGIONS FAVORABLES A L'ÉLEVAGE. — LES GRANDS MARCHÉS AGRICOLES.

GÉOGRAPHIE INDUSTRIELLE.

CARRIÈRES ET MINES PRINCIPALES. — RÉGIONS DES GRANDES USINES. — RÉGIONS DE L'INDUSTRIE DU CHANVRE, DU COTON, DE LA LAINE, DE LA SOIE. — INDUSTRIES DIVERSES. — PRINCIPALES VILLES MANUFACTURIÈRES.

PREMIÈRE LEÇON

(Lecture avec explications, compte rendu, exercices et questions.)

FRANCE. — GÉOGRAPHIE AGRICOLE.

La France ne connaît ni les froids rigoureux, ni les chaleurs extrêmes, et cependant son climat varie du N. au S., de l'E. à l'O. Il est pluvieux sur les bords de l'Océan, plus sec et plus froid dans le N., sur les montagnes, sur les plateaux ; plus chaud et quelquefois brûlant dans le midi, notamment dans le S. E. De plus, le sol arable est loin d'être partout le même. Ici, il est profond et frais ; là, il ne forme qu'une couche mince et bientôt desséchée. Ailleurs, il est sablonneux et facilement perméable ; ailleurs encore, glaiseux et compacte. Tantôt il est abrité par les montagnes et encaissé dans les vallées, et tantôt il se déploie en plaines exposées à tous les vents. Ces circonstances, en différenciant notre climat, partagent notre pays en *grandes régions physiques* ou de *productions.*

RÉGION DES FORÊTS.

Les essences de bois qui composent nos forêts sont, à divers degrés : le chêne, le charme, le hêtre, le frêne, le sapin et le pin, le mélèze, le châtaignier, le peuplier et l'orme que l'on trouve plutôt sur le bord de nos prairies ou de nos chemins que dans nos forêts mêmes.

Nous avons des forêts disséminées et comme isolées dans divers départements : les forêts d'Orléans et de Montargis (Loiret), de Fontainebleau (S.-et-M.) de Loches (Indre-et-Loire), de Saint-Germain et de Rambouillet (S.-et-O.), de Compiègne et de Chantilly (Oise), de Villers-Cotterets (Aisne), de Perseigne (Sarthe et Orne), d'Écouves (Orne), de Breteuil et de Pont de l'Arche (Eure), etc.

Mais les régions où les forêts dominent sont :

La région du Nord-Est, où s'étend tout un demi-cercle de pays boisés par les forêts de Prémery (Nièvre), de Vézelay (Yonne), du Morvan (Nièvre, Yonne, Côte-d'Or), d'Othe (Yonne), de Châtillon (Côte-d'Or), de Der (Marne et Haute-Marne), d'Argonne (Meuse), d'Ardenne (Ardennes), de Thiérache (Aisne); ce demi-cercle est doublé d'un autre : forêts du Jura, de Franche-Comté, des Vosges ;

La région du Sud-Est : forêts des pentes Alpines, de la Grande-Chartreuse (Isère), de Vercors (Isère et Drôme), de l'Esterel, de Bornes, de Saint-Tropez (Var);

La région du Sud et du Sud-Ouest : forêts des pentes Pyrénéennes, de Quillan (Aude et Pyrénées-Orientales), de la Soule (Basses-Pyrénées), des Landes (plantations de sapins, de chênes-lièges, etc., destinées à arrêter le flot montant des dunes);

La région du Centre : pentes boisées des Cévennes et du plateau Central, où domine le châtaignier ; plaines sablonneuses de la Sologne, où le sapin remplace peu à peu des landes naguère couvertes de genets, de bruyères et d'ajoncs;

La région de l'Ouest : landes de Bretagne.

Les bois et forêts couvrent encore 8 à 9 millions d'hectares de notre sol.

RÉGION DES CÉRÉALES.

On appelle **céréales** les plantes qui fournissent des grains et des farines pour l'alimentation de l'homme et même des animaux : tels sont le *blé* ou *froment*, le *seigle*, l'*orge*, l'*avoine*, le *sarrasin* ou *blé noir*, le *maïs* ou *blé de Turquie*, le *millet*, le *riz*, etc.

Les céréales sont cultivées dans toute la France, mais à des degrés fort divers.

Le froment l'est surtout dans les départements du Nord, de l'Aisne, de l'Oise, de Seine-et-Oise, de Seine-et-Marne (Brie), de l'Eure, de la Seine-Inférieure, de l'Eure-et-Loir (Beauce), du Loiret (Beauce et Gâtinais), de Maine-et-Loire, de la Loire-Inférieure, de la Vendée, de l'Isère (Grésivaudan), de l'Allier (Limagne).

Le seigle est la ressource des terres légères ou pauvres du plateau Central (Marche, Limousin, Cévennes, Auvergne), de l'Isère, de la Savoie, de l'Argonne et de la Champagne pouilleuse, de la Bretagne, de la Sologne, etc.

Le sarrasin ou *blé noir*, vient sur les mêmes terres, surtout dans la Sologne et la Bretagne.

L'orge est spécialement cultivée dans le nord pour la fabrication de la bière; l'*avoine* dans l'ouest et dans l'est (environs de Semur); le *millet* et le *maïs* dans le midi; le *riz* dans quelques terres arrosées du sud-est.

Légumes. — Aux céréales proprement dites, il convient de joindre la *pomme de terre* qui se cultive notamment dans le nord et dans le nord-est, dans l'Ardèche, dans le Maine-et-Loire; les haricots, (environs de Soissons), les haricots et les lentilles (Touraine, val de la Loire).

On estime à 14 millions d'hectares la surface du sol consacrée annuellement à la culture des céréales, soit 5 millions et demi pour le seigle, 1 million pour le méteil (mélange de froment et de seigle), 3 millions pour l'avoine, 200 000 pour l'orge, et 700 000 pour le maïs, le sarrasin, le millet, les légumes secs, etc.

RÉGION DES PRINCIPALES CULTURES INDUSTRIELLES.

La culture industrielle s'occupe des plantes qui fournissent à l'industrie des éléments où des matières premières. Ces plantes se divisent en **textiles, tinctoriales, oléagineuses, médicinales**, etc.

Plantes textiles. — On nomme ainsi, notamment, le *chanvre* et le *lin* dont les fibres, dûment préparées, se prêtent au tissage des étoffes.

On cultive le chanvre en Flandre, en Picardie, en Normandie, en Bretagne, dans le Maine et l'Anjou, etc. ; le lin surtout dans le département du Nord et dans quelques départements du Haut-Languedoc.

Le cotonnier et l'ortie blanche de la Chine sont au nombre

des plantes textiles ; on a fait des essais de culture du cotonnier dans le Gard et en Algérie, de l'ortie blanche dans l'Hérault.

Plantes tinctoriales. — Les plantes tinctoriales, c'est-à-dire qui donnent des teintures ou des couleurs, sont : la *garance*, le *safran*, la *gaude* et le *pastel*.

La garance, qui donne une teinture rouge, est cultivée dans le midi, surtout dans le département de Vaucluse où le Persan Jean Althen l'importa en 1756. — Le safran est cultivé dans le Gâtinais (environs de Pithiviers, Loiret), et dans le département de Vaucluse ; la gaude dans la Seine-Inférieure : ces deux plantes fournissent une couleur jaune. Le pastel, dont les feuilles produisent une couleur bleu tendre, se trouve dans les environs d'Agen et de Montauban (Lot-et-Garonne, Tarn-et-Garonne).

Plantes oléagineuses. — Les plantes oléagineuses sont celles dont les graines broyées fournissent de l'huile. Ce sont : le *lin*, dont nous avons déjà parlé, le *colza*, la *navette*, l'*œillette* ou *pavot*, l'*olivier* dont il sera parlé plus tard. Le colza, la navette, l'œillette, sont des produits des terres profondes du Nord, du Pas-de-Calais, de l'Aisne, de la Meurthe-Moselle; on a introduit avec succès la culture du colza dans la Beauce et dans les environs de Pont-Levoy (Loir-et-Cher).

Plantes médicinales. — Les plantes médicinales seraient celles qui fournissent des ressources à la médecine. On est convenu de ranger parmi ces plantes la *betterave sucrière* et le *tabac*.

La betterave sucrière (betterave blanche de Silésie ou de Prusse), se cultive dans le Nord, dans le Pas-de-Calais, dans la Somme, dans l'Oise, dans l'Aisne, etc. — La culture du tabac est autorisée dans 15 départements en dehors de la Corse et de l'Algérie (Ille-et-Vilaine, Nord, Pas-de-Calais, Meurthe-Moselle, Haute-Saône, Var, Alpes-Maritimes, Lot-et-Garonne, Dordogne, Gironde, etc.). Le tabac récolté est livré aux manufactures de l'État (Paris, Marseille, Nantes, Lille, Châteauroux, Bordeaux, Tonneins, etc.).

Les diverses plantes que nous venons d'énumérer sont cultivées sur environ 3 millions et demi d'hectares.

EXERCICES

Tracer la carte agricole de la France, et inscrire dans chaque département les cultures ou les productions qui lui sont propres.

QUESTIONS.

Quelles sont les circonstances qui déterminent les divisions de la France en grandes régions physiques ou de productions ? — Quelles sont les principales essences de bois que l'on trouve dans nos forêts ? — Nommez les principales forêts isolées que l'on rencontre en France ? — Nommez les régions forestières proprement dites, en indiquant les principales forêts qu'elles comprennent et les départements qu'elles embrassent ? — Quelles forêts comprend la région du nord-est ? La région du sud-est ? La région du sud et du sud-ouest ? La région du centre ? La région de l'ouest ? — Nommez les principales céréales ? — Nommez les départements ou régions où sont spécialement cultivés le blé, le seigle, l'avoine, l'orge, le blé noir, le maïs, le riz ? — Qu'appelle-t-on plantes industrielles ? Plantes textiles ? Plantes tinctoriales ? Plantes oléagineuses ? Plantes médicinales ? — Où ces diverses plantes sont-elles surtout cultivées ? — Dans combien de départements la culture du tabac est-elle autorisée ? — Nommez quelques-uns de ces départements ? — Nommez quelques-unes des villes où se trouvent des manufactures de tabac ?

RÉSUMÉ.

(A apprendre par cœur.)

La situation astronomique, le voisinage de la mer ou des montagnes, les reliefs, les dépressions, la nature du sol, sont autant de circonstances qui font varier le climat et les productions d'un pays de quelque étendue. C'est ainsi que la France peut et doit être divisée en diverses régions physiques ou de productions.

RÉGION DES FORÊTS.

On compte en France un certain nombre de forêts

isolées et disséminées sur la surface du sol; telles sont les forêts d'Orléans et de Montargis (Loiret), de Fontainebleau (Seine-et-Marne), de Compiègne (Oise), de Saint-Germain et de Rambouillet (Seine-et-Oise), etc. Mais les régions des forêts proprement dites sont celles du nord-est (Nivernais, Jura, Franche-Comté, Lorraine, Champagne septentrionale), du sud-est (forêts de la Grande-Chartreuse (Isère), de l'Esterel (Var), etc.); du sud et du sud-ouest (forêts des pentes des Pyrénées, plantations des Landes, etc.) ; du centre (Cévennes, plateau Central, plantations de la Sologne; de l'ouest (Landes de la Bretagne).

RÉGION DES CÉRÉALES.

Le *froment* se cultive surtout dans la Flandre, dans la Picardie, dans l'Ile-de-France (Brie), dans l'Orléanais (Beauce et Gâtinais), dans le Berri, etc. ; — le *seigle* dans les terres maigres de la Sologne, du plateau Central, de la Bretagne, etc. ; — le *sarrasin* ou *blé noir*, dans la Sologne, dans la Bretagne, etc. ; — l'*avoine* dans le nord-ouest et dans l'est; — le *millet*, le *maïs*, le *riz*, dans le midi ; — la *pomme de terre* dans le nord et dans l'est ; — les haricots dans les environs de Soissons, les haricots et les lentilles dans la Touraine, etc.

RÉGION DES PRINCIPALES CULTURES INDUSTRIELLES.

Les plantes *textiles* ou qui fournissent des éléments pour le tissage, sont le *chanvre*, le *lin*, le *coton*, etc. — Le chanvre se cultive spécialement dans la Flandre, dans la Picardie, dans la Bretagne, dans le Maine et l'Anjou ; le lin dans le Nord, le Haut-Languedoc et la Gascogne.

Les plantes *tinctoriales* sont : la *garance* (département de Vaucluse) ; le *safran* (même département et Gâtinais) ; la *gaude* (Seine-Inférieure) ; le *pastel* (Lot-et-Garonne et Tarn-et-Garonne).

Les plantes oléagineuses sont: l'*olivier* (vallée du Rhône, départements méditerranéens); le *noyer* (Gâtinais, Maine, etc.); le *colza*, la *navette*, l'*œillette* ou le *pavot* (Flandre, Artois, Picardie, Lorraine).

La *betterave sucrière* se cultive dans le Nord, le Pas-de-Calais, la Somme, l'Oise, l'Aisne, etc. — La culture du *tabac* est autorisée dans quinze départements : Ille-et-Vilaine, Nord, Pas-de-Calais, Meurthe-Moselle, Haute-Saône, Var, etc.

DEUXIÈME LEÇON.

(Lecture avec explications, compte rendu, exercices et questions.)

FRANCE. — GÉOGRAPHIE AGRICOLE (Suite).

RÉGION DE LA VIGNE.

La vigne ne dépasse pas, vers le N., une ligne qui partirait de l'embouchure de la Vilaine et aboutirait aux sources de l'Oise, laissant en dehors le Finistère, les Côtes-du-Nord, la Manche, le Calvados, l'Orne, la Seine-Inférieure, la Somme, le Pas-de-Calais et le Nord. Au-dessous de cette ligne, la vigne est cultivée avec un succès inégal dans tous les départements, à l'exception de la Creuse. On distingue : les vignobles de la *Champagne* (Marne et partie de l'Aube); principaux crus : Vertus, Aï, Sillery ; centres de fabrication et de commerce : Reims et Épernay. — Les vignobles de *Bourgogne* (Côte-d'Or, Saône-et-Loire, Yonne) ; principaux crus : Chambertin, Clos-Vougeot, Nuits, Pomard, Moulin-à-Vent, Chablis ; centres de commerce : Dijon, Baune, Mâcon, etc. — Les vignobles de la *Moselle*, du *Jura* ; — ceux du *Beaujolais*, de la *vallée du Rhône :* Côte-Rôtie (Rhône), Condrieu (Loire), Côte-Saint-André (Isère), Hermitage (Drôme), Châteauneuf-du-Pape (Vaucluse), Roquemaure (Gard), etc. ; — ceux du *Midi*, du Languedoc, du Roussillon, de la Provence et de la Corse, centres de fabrication et de commerce : Montpellier, Pézenas, Béziers, Cette, etc. ; — les vignobles du *Bordelais :* Château-Lafitte, Château-Margaux, Saint-Estèphe, Haut-Brion, Sauterne, Saint-Émilion ; grand centre de fabrication et de commerce : Bordeaux. — Les vignobles du *Béarn* (vin de Jurançon), de l'Armagnac, de la Dordogne, du Lot (vins de Cahors); — ceux des *Charentes;* centre de fabrication : Cognac;

de commerce : La Rochelle. — Les vignobles de la *Loire* et du Cher, de l'Allier ou d'Auvergne ; centres de production : Saumur (Maine-et-Loire), Bourgueil, Chinon, Vouvray (Indre-et-Loire), Cour-Cheverny, (Loir-et-Cher), Beaugency (Loiret), Pouilly (Nièvre), Sancerre (Cher), etc.; centres de commerce : les grandes villes des bords de la Loire.

Nos vignobles occupent 8 à 9 millions d'hectares.

RÉGION DU POMMIER.

La région du pommier comprend le Poitou, la Bretagne, le Maine, la Normandie, la Picardie, l'Artois ; elle s'avance jusque dans l'Ile-de-France. Dans cette région, le pommier et le poirier, cultivés aux lieu et place de la vigne, fournissent des fruits pour la consommation, et surtout pour la fabrication du cidre. Le cidre le plus renommé est le cidre de Normandie, et, dans la Normandie, le cidre de la vallée d'Auge (vallée de la Touques).

RÉGION DU HOUBLON.

Le houblon est cultivé surtout où la vigne et le pommier font défaut, dans le nord-ouest (Flandre), dans le nord-est (Vosges).

Il sert à la fabrication de la bière; centres de fabrication : Lille, Douai, Cambrai, Paris, Lyon, etc.

RÉGION DE L'OLIVIER.

L'olivier, dont les fruits paraissent sur nos tables, et, soumis au pressoir, fournissent la meilleure huile à manger, est un produit des départements méditerranéens, et notamment de la Provence. Sa culture ne dépasse pas les départements de Vaucluse, de la Drôme et des Basses-Alpes. Principaux centres de fabrication et de commerce de l'huile d'olive : Aix, Grasse, etc.

RÉGION DU MURIER.

Le mûrier (le mûrier blanc), dont les feuilles servent à la nourriture du ver à soie, et qui rentre ainsi indirectement dans les plantes *textiles*, est cultivé dans la vallée du Rhône, sur le versant oriental des Cévennes.

RÉGIONS FAVORABLES A L'ÉLEVAGE.

L'élevage du gros bétail (chevaux, ânes, mulets, bœufs et vaches) exige des prairies, des pâturages à proprement parler; celui du petit bétail (moutons, chèvres, porcs) au moins de l'espace, des pâtis, des parcours (1); celui des oiseaux domestiques, des graines; celui des abeilles, des fleurs, des bruyères, des abris.

Les contrées où ces circonstances se rencontrent, soit seules, soit réunies, sont donc celles qui sont le plus favorables à l'élevage. — La Bretagne, dans ses landes et ses pâturages, nourrit des moutons, des chevaux, des petites vaches laitières estimées; la Normandie, des vaches dans le Cotentin et dans le pays de Caux, des chevaux dans le Perche; le Boulonnais, des chevaux; la Flandre, des chevaux, des vaches dites flamandes, des porcs; la Champagne, des chevaux dans les Ardennes, des moutons dans les maigres parcours de la Champagne pouilleuse; la Lorraine, des vaches, des porcs; la Franche-Comté, le Charolais, le Morvan, le Nivernais, le Bourbonnais, des bœufs et des vaches; les Cévennes, des moutons, des chèvres, des abeilles; la Camargue, des chevaux; les vallées des Pyrénées, des chevaux dits *Navarrins*: les Landes, des chevaux dits *Landais*: la vallée de la Garonne, des ânes; le Poitou et le Limousin, des chevaux, des ânes, des mulets, des volailles; l'Anjou, des bœufs, des porcs; le Maine, des volailles; le Berri, la Sologne, la Beauce, des moutons; la Bresse, des porcs, des ânes, des mulets, des moutons, des volailles; le plateau Central (Cantal, Marche, Limousin, Gatine), des bœufs, des vaches, des chèvres, des porcs, etc.

LES GRANDS MARCHÉS AGRICOLES.

Chaque région a ses centres et ses marchés, ordinairement ses grandes villes, vers lesquels convergent ses produits pour donner lieu à des transactions commerciales.

Ces centres ou ces marchés sont :

Pour les grains : Lille, Reims, Rouen, Évreux, Paris, Melun, Chartres, Corbeil, Étampes, Dijon, Lyon, Clermont, Bour-

(1) Les prés, les pâturages et les pâtis comprennent 6 millions d'hectares.

ges, Limoges, La Haye-Descartes (Indre-et-Loire), etc.; **pour les grains importés ou exportés** : Marseille, Cette, le Havre ;

Pour les graines oléagineuses : Lille, Cambrai, Douai, Arras; **pour les huiles de colza, de lin, d'œillette** : Paris, Lille, etc. ; **pour l'huile d'olive** : Aix, Grasse, Nice, Marseille, etc.; **pour les matières textiles telles que le lin et le chanvre** : Lille, le Mans, Angers, etc.; **pour les plantes tinctoriales** : Avignon (garance et safran); Pithiviers, Montargis (safran) ;

Pour les vins : Paris (Bercy), Reims, Épernay (Champagne) ; Dijon, Mâcon, Beaune (Bourgogne); Cette, Montpellier (vins de l'Hérault) ; Narbonne, Collioure, Port-Vendres (vins de l'Aude); Bordeaux (vins du Bordelais, port d'exportation); Toulouse (vins du bassin moyen de la Garonne) ; Condom (eaux-de-vie de l'Armagnac); Bergerac (vins de la Dordogne); Cahors (vins du Quercy); Cognac (eaux-de-vie de Champagne); La Rochelle (exportation des vins et eaux-de-vie des Charentes); Nantes (vins du bassin inférieur de la Loire, vins de Saumur., etc.); Orléans (vinaigres, vins du bassin moyen de la Loire et du bassin du Cher) ;

Pour le houblon : Hazebrouck et les villes du nord et du nord-est ;

Pour le cidre : Caen, Rouen, le Havre, etc.);

Pous les bestiaux : Chartres, Caen, Falaise (chevaux et vaches); Melle, Poitiers (mulets); Lille, Rouen, Poissy, Paris [marché de la Villette] (bœufs et animaux de boucherie); Le Blanc, Chartres, Châteaudun, etc. (moutons);

Pour les soies : Lyon, Privas, Nîmes (soies grèges et ouvrées du midi);

Pour le miel : Narbonne, Pithiviers.

EXERCICES.

Porter sur la carte agricole de la France les données ci-dessus.

QUESTIONS.

Quelle est la limite de la culture de la vigne ? — Quels sont les principaux vignobles dans le nord-est ? Dans l'est ? Dans le sud ? Dans le sud-est ? Dans le sud-ouest ? Dans l'ouest ? Dans le centre de la France ? — Quels sont les principaux crus de la Bourgogne ? De la vallée du Rhône ? Du Bordelais ? De la Gascogne ? Des bords de la Loire ? — Quels sont les principaux centres de fabrication ou de commerce pour les vins provenant de ces mêmes contrées ? — Déterminez la région du pommier ? Du houblon ? De l'olivier ? Du mûrier ? — Quelles sont les régions favorables à l'élevage ? Quels animaux élève-t-on spécialement en Bretagne ? En Normandie ? Dans le Boulonnais ? En Flandre ? Dans la Champagne ? Dans la Lorraine ? Dans la Franche-Comté ? Dans le Charolais ? Dans le Morvan ? Dans la Nièvre ? Dans le Bourbonnais ? Sur les pentes des Alpes ? Dans les Cévennes ? Dans la Camargue ? Dans les vallées des Pyrénées et dans les Landes ? Dans la vallée de la Garonne ? Dans le Poitou et le Limousin ? Dans l'Anjou ? Dans la Beauce, le Berri et la Sologne ? Dans le Maine ? Sur le plateau Central ? — Où élève-t-on des chevaux ? Des bœufs ? Des vaches ? Des moutons ? Des ânes ? Des mulets ? Des porcs ? Des volailles ? — Quels sont les grands marchés pour les grains ? Les plantes tinctoriales ? Les plantes oléagineuses ? L'huile d'olive ? — Pour les matières textiles ? Les vins ? Le houblon ? Pour les bestiaux ? — Pour la soie ? — Pour le miel ?

RÉSUMÉ.

(A apprendre par cœur.)

RÉGION DE LA VIGNE.

La vigne ne dépasse pas une ligne qui serait menée de l'embouchure de la Vilaine aux sources de l'Oise. Au-dessous de cette ligne, elle est cultivée avec plus ou moins de succès dans tous les départements, excepté dans la Creuse. Les vignobles les plus renommés de France sont ceux de la Champagne (Marne et Aube), de la Bourgogne (Côte-d'Or, Saône-et-Loire, Yonne), de la vallée du Rhône (Rhône, Isère, Drôme, Gard), de l'Hérault et de l'Aude ; du Bordelais (Gironde et départements environnants); des deux Charentes ; des bords de la Loire, du Cher (Touraine, Orléanais, Sancerrois), de l'Allier (Auvergne).

BIBLIOTHÈQUE NATIONALE R.F. IMPRIMÉS

RÉGIONS DU POMMIER, DU HOUBLON, DE L'OLIVIER, DU MURIER.

La région du pommier et du poirier comprend la Bretagne, la Normandie, la Picardie, l'Artois; elle s'étend d'un côté jusqu'au Poitou, de l'autre jusqu'à l'Ile-de-France.

Le houblon est cultivé dans le nord et dans le nord-est, notamment en Flandre et au pied des Vosges.

L'olivier est un produit spécial aux départements méditerranéens, notamment à la Provence; il ne dépasse pas les départements de Vaucluse, de la Drôme et des Basses-Alpes.

Le mûrier est cultivé dans la vallée du Rhône, sur le versant oriental des Cévennes.

RÉGIONS FAVORABLES A L'ÉLEVAGE.

L'élevage du grand bétail exige des prairies ou des pâturages; celui du petit bétail des pâtis ou de libres parcours. Ce sont les pays où ces conditions se présentent qui peuvent spécialement se livrer à l'élevage.

La Bretagne élève des vaches, des chevaux, des moutons; la Normandie, des chevaux, des vaches, des bœufs; la Flandre, des chevaux, des vaches, des porcs; la Champagne, des moutons; la Lorraine, des vaches, des porcs; le Charolais, le Morvan, le Nivernais, des vaches et des bœufs; les pentes alpestres, les Cévennes, des moutons et des chèvres; les vallées des Pyrénées, les Landes, des chevaux; la vallée de la Garonne, des ânes; le Poitou, des chevaux, des ânes, des mulets, des chèvres; l'Anjou, des bœufs et des porcs; le Maine, de la volaille; la Beauce, la Sologne, le Berri, des moutons. Les abeilles réussissent sur les pentes des Corbières et des Cévennes, dans le Gâtinais, etc.

LES GRANDS MARCHÉS AGRICOLES.

Les grands marchés sont : *pour les grains*, Paris, Melun, Chartres, Evreux, Corbeil, Étampes, Lille, Dijon, Lyon, Clermont, Bourges, etc. ; *pour les plantes tinctoriales*, Avignon, Pithiviers, Montargis ; *pour les plantes oléagineuses*, Paris, Lille, etc. ; *pour l'huile d'olive*, Aix, Grasse, Nice, Avignon, etc. ; *pour les matières textiles*, Le Mans, Angers ; *pour les vins*, Paris (Bercy), Reims, Épernay, Dijon, Màcon, Cette, Narbonne, Bordeaux, Cognac, La Rochelle, Nantes, Orléans, etc. ; *pour les bestiaux*, Paris (La Villette), Caen, Poitiers, Melle, Le Blanc, Chartres, etc. ; *pour les soies*, Lyon, Nimes ; *pour le miel*, Narbonne, Pithiviers.

TROISIÈME LEÇON

(Lecture avec explications, compte rendu, exercices et questions.)

GÉOGRAPHIE INDUSTRIELLE

CARRIÈRES ET MINES PRINCIPALES.

On appelle **carrières** des excavations soit à ciel découvert, soit souterraines, d'où l'on extrait la pierre, le marbre, les grès, l'ardoise, etc., et **mines** des excavations, le plus souvent souterraines, d'où l'on extrait la houille, les métaux, le sel, etc.

CARRIÈRES.

Carrières de pierre. — Les carrières de pierre sont nombreuses dans les environs de Paris : Nanterre, Colombes, Vanves, Châtillon, Arcueil, etc. (pierre à bâtir) ; Montmartre, Epinay, Pierrefitte, Villetaneuse, Pantin, Noisy-le-Sec, Suresnes, Argenteuil, etc. (pierre à plâtre ou gypse). Dans le reste de la France, il faut noter les carrières de Château-Landon (S.et-M.), de Bourrée et de Chémery (Loir-et-Cher), de Loches (Indre-et-Loire), de Sancerre (Cher), de Pouilly (Nièvre), de Volvic (Puy-de-Dôme, basalte noir), etc., pour les pierres à bâtir ; de la Ferté-sous-Jouarre (S.-et-M.), de Lonjumeau (S.-et-O.); de Saint-Fargeau (Yonne), de Lésigny (Vienne), etc., pour les pierres meulières; de Bougival (S.-et-O.), de Vassy (Yonne), de Pouilly (Côte-d'Or), etc., pour le ciment romain; de Dijon (Côte-d'Or), de Châteauroux (Indre), du Vigan (Gard), de Saint-Péray (Ardèche), etc., pour les pierres lithographiques; de Fontainebleau (S.-et-M.), etc., pour les grès; de la Champagne, de Meudon (S.-et-O.), pour la craie.

Carrières de marbre. — Le marbre abonde en France. On en trouve dans le Nord (marbres gris de Boulogne et de Maubeuge); dans les Vosges (marbres blancs de Laveline); dans le Jura (marbre jaune, dit pierre du Jura); dans le Loiret (marbre blanc teinté de rose de Châtillon-sur-Loire); dans la Côte-d'Or (it, de Doix); dans les Alpes (marbres noirs de Grenoble); dans la Corse (marbres de Corte, porphyres de Galéria); dans les Pyrénées (marbres verts de Campan, marbres jaunes teintés de rouge du Languedoc); dans la Sarthe (marbres noirs et marbres teintés de blanc de Sablé); dans la Manche, etc.

Carrières de granit. — On trouve le granit notamment en Normandie (Vire, îles Chaussey); en Vendée, en Bretagne, dans le Limousin, en Auvergne, dans les Alpes, etc.

Carrières d'ardoises. — On connaît les carrières d'ardoises de Trélazé, près d'Angers, de Fumay, dans les Ardennes, et de Châteaulin (Finistère).

Carrière de kaolin. — On trouve du kaolin (terre qui entre dans la composition de la porcelaine) dans la Loire-Inférieure, l'Allier, la Haute-Vienne (notamment à Saint-Yrieix), les Landes, etc.

MINES.

Mines de houille. — La France compte cinq bassins houillers : 1° **le bassin de Valenciennes**, dont les centres d'extraction sont : Anzin, Denain, Condé, etc.; 2° **le bassin du centre**, comprenant les mines d'Épinac, de Blanzy, du Creuzot (Saône-et-Loire), de Decize (Nièvre), de Commentry (Allier); 3° **le bassin de la Loire**, ayant pour centres principaux Saint-Etienne, Saint-Chamond, Rive-de-Gier, Givors, Andrezieux,

Firminy ; 4° **le bassin des Cévennes** : mines d'Aubenas (Ardèche), de Bességes, d'Alais, de la Grand'Combe (Gard), de Graissessac (Hérault), d'Aubin (Aveyron), de Carmaux (Tarn) ; 5° **le bassin de la Basse-Loire et du Maine**, le moins riche, et dont les centres sont Chantonnay (Vendée), Chalonne (Maine-et-Loire), Niort (Loire-Inférieure), Laval (Mayenne), le Mans (Sarthe), Littry (Calvados) ; 6° **le bassin de la Moselle**, dont il ne nous reste qu'une bien faible partie depuis 1871. Nous possédons en outre quelques gisements de houille dans la Haute-Saône et dans les Alpes, les **tourbes** du bassin de la Somme, des **lignites** en Provence (Manosque), etc.

Mines de fer, de cuivre, de plomb, d'étain, de manganèse, de sel.—On trouve des mines de fer dans le Nord, dans les Vosges, dans la Franche-Comté, au Creuzot (Saône-et-Loire), dans l'Isère, l'Ardèche, l'Aveyron, dans les Pyrénées ; des **minerais** de fer répandus sur la surface du sol dans les Ardennes, la Champagne, le Berri, le Poitou, le Périgord, les Landes, etc. ; des **mines de plomb argentifère** dans le Puy-de-Dôme (Pontgibaud), dans la Lozère, dans les Hautes-Alpes (Largentière), dans le Finistère (Poullaouen et Hulgoat), etc. ; des **mines de cuivre** à Chessy et à Saint-Bel, près Lyon ; dans les Basses-Pyrénées, etc. ; des **mines d'étain** dans le Morbihan ; des **mines de sel gemme**, des **salines** dans le Jura (Salins), dans la Lorraine, où les plus riches de toutes, celles de Dieuze et de Vic, près Château-Salins, nous ont été enlevées par la Prusse ; les **mines de manganèse** de Romanèche (Saône-et-Loire).

RÉGIONS DES GRANDES USINES.

Les grandes usines s'établissent de préférence dans les contrées où elles trouvent les matières premières qu'elles se proposent de travailler ou de transformer, le combustible dont elles ont besoin, et aussi, sous peine d'être obligées de les créer, de grandes agglomérations qui mettent à leur disposition une main-d'œuvre suffisante. On trouvera, par exemple, les grandes usines métallurgiques généralement où abondent le fer, la houille ou le bois, la population ouvrière, et surtout là où ces circonstances se rencontrent à la fois. Nous nous expliquerons facilement ainsi l'existence des mines de diverse nature du Nord (Lille, Anzin, Denain, Maubeuge, Fourmies, Valenciennes, Fives, Roubaix, Dunkerque, etc.) ; les usines du *groupe parisien* (Paris, Saint-Denis, Saint-Ouen, Pantin, etc.) ; de la

Moselle, de la ***Haute-Marne*** (Val-d'Osne, Sommevoire, Vassy, Joinville, Saint-Dizier), de la ***Franche-Comté***, de la ***Côte-d'Or*** (Cussey, Châtillon-sur-Seine) ; de *Saône-et-Loire* (le Creuzot); de la *Nièvre* (Fourchambault, Cosne, Decize, la Chaussade), de l'*Allier* (Commentry), de la *Loire* (Rive-de-Gier, Saint-Étienne), du *Cher* (Vierzon, Bourges), de l'*Isère* (Allevard, Voiron, Bourg d'Oisans), du *Var* (Toulon, la Seyne), des *Bouches-du-Rhône* (la Ciotat), du *Gard* (Bességes, Alais), de l'*Ariége*, de la *Haute-Garonne*, de l'*Aveyron* (Decazeville), de la *Dordogne* (Nontron et Excideuil), de l'*Indre-et-Loire* (Pocé), de la *Loire-Inférieure* (Indret), de la Bretagne (Lorient, Brest, Saint-Malo), de la Normandie (Rouen, le Havre, Louviers, Elbeuf, etc.).

EXERCICES

Tracer la carte industrielle de la France et y indiquer le lieu des principales carrières, mines et grandes usines.

QUESTIONS.

Qu'est-ce qu'une carrière ? — Qu'est-ce qu'une mine ? — Où trouve-t-on des carrières de pierre à bâtir ? de gypse ? de pierres meulières ? de pierres lithographiques ? de marbre ? de granit ? d'ardoise ? de kaolin ? — A quoi sert le kaolin ? — Combien la France compte-t-elle de bassins houillers ? Où les placez-vous ? — Quels sont les principaux centres de chacun d'eux ? — Où trouve-t-on des mines de fer ? du minerai de fer à la surface du sol ? — Où trouve-t-on des mines de cuivre ? de plomb ? d'étain ? de manganèse ? des mines de sel ou des salines ? — Quelles mines de houille et de sel avons-nous perdues par le traité de Francfort ? — Où s'établissent de préférence les grandes usines ? — Quels sont les départements où l'on trouve surtout les grandes usines, et notamment de grandes usines métallurgiques ? — Nommez les lieux des grandes usines du Nord ? du groupe parisien ? de la Haute-Marne ? de Saône-et-Loire ? de la Nièvre ? de l'Allier ? de l'Isère ? du Var ? du Gard ? de l'Aveyron ? de la Dordogne ? de la Loire-Inférieure ? de la Bretagne ? de la Normandie ?

RÉSUMÉ.

(A apprendre par cœur.)

On appelle *carrières* les excavations d'où s'extraient les pierres, les marbres, l'ardoise, le kaolin, etc., et *mines* celles d'où s'extraient les métaux, la houille, le sel, etc.

CARRIÈRES.

Notre sol abonde en carrières de pierre et de marbre. On trouve la pierre à bâtir notamment dans les environs de Paris, à Château-Landon (Seine-et-Marne), à Bourrée (Loir-et-Cher), à Volvic (Puy-de-Dôme), etc.; la pierre meulière à la Ferté-sous-Jouarre (Seine-et-Marne), à Longjumeau (Seine-et-Oise), etc.; les pierres lithographiques à Dijon, à Châteauroux, etc.; les grès à Fontainebleau; des marbres dans le Nord, dans les Vosges, dans les Pyrénées; du granit en Normandie, en Bretagne, sur le plateau Central. — L'ardoise nous vient des carrières d'Angers et de celles de Fumay (Ardennes). — La Loire-Inférieure, l'Allier, la Haute-Vienne ont des carrières de kaolin.

MINES.

Mines de houille. — Nous comptons six bassins houillers. Ce sont : les bassins de *Valenciennes* (Anzin, Denain, Condé, etc.); du *Centre* (le Creuzot, Blanzy, Commentry); de la *Loire* (Saint-Étienne, Rive-de-Gier); des *Cévennes* (Alais, la Grand' Combe, Aubin, Carmaux); de la *Basse-Loire ;* de la *Moselle*.

Mines de fer, de cuivre, etc. — On trouve des *mines de fer* dans le Nord, dans les Vosges, en Franche-Comté, au Creuzot, dans l'Isère, dans l'Aveyron, dans les Pyrénées, etc.; *du minerai de fer* à la surface du sol dans un grand nombre de départements; des *mines de plomb* à Pontgibaud (Puy-de-Dôme), à Poullaouen et Hulgoat (Finistère); de l'*étain* dans le Morbihan; du *cuivre* dans les environs de Lyon (Chessy et Saint-Bel), dans les Pyrénées; du *sel gemme* ou des salines dans le Jura, dans la Lorraine, où nous avons perdu celles de Dieuze et de Vic, près Château-Salins ; du *manganèse* à Romanèche (Saône-et-Loire).

RÉGION DES GRANDES USINES.

Les grandes usines s'établissent de préférence où elles trouvent les matières premières, le combustible, la main-d'œuvre. Nos pays à grandes usines, notamment à grandes usines métallurgiques, sont le *Nord* (Lille, Valenciennes, Roubaix) ; *Paris et sa banlieue* (Paris, Saint-Denis, Saint-Ouen) ; la *Haute-Marne* (Val-d'Osne, Vassy, Saint-Dizier); *Saône-et-Loire* (le Creuzot); la *Nièvre* (Fourchambault, Cosne, la Chaussade) ; l'*Allier* (Commentry) ; la *Loire* (Saint-Étienne, Rive-de-Gier) ; le *Cher* (Vierzon, Bourges); l'*Isère* (Allevard, Bourg d'Oisans) ; le *Gard* (Alais) ; l'*Aveyron* (Decazeville) ; la *Loire-Inférieure* (Indret) ; la *vallée de la basse Seine* (Rouen, le Havre, Louviers, Elbeuf), etc.

QUATRIÈME LEÇON.

(Lecture avec explications, compte rendu, exercices et questions.)

RÉGION DE L'INDUSTRIE DU CHANVRE, DU COTON, DE LA LAINE, DE LA SOIE.

Industrie du chanvre. — Le chanvre, avons-nous dit, se cultive en Bretagne, dans l'Anjou, dans le Maine, dans la Normandie, dans la Flandre. C'est par conséquent dans ces provinces que s'exercent les industries auxquelles il fournit la matière première : à Carhaix (Finistère); à Vannes et à Ploermel (Morbihan) ; à Cholet et à Angers (Maine-et-Loire); à Mayenne et à Laval (Mayenne); à Mamers, Fresnay, la Ferté-Bernard (Sarthe); à Alençon et Vimoutiers (Orne); à Lisieux et à Vire (Calvados); à Bernay (Eure); à Lille, Armentières, Dunkerque, Valenciennes, Cambrai (Nord) ; à Abbeville et à

Amiens (Somme); à Saint-Quentin (Aisne). On trouve en outre ces industries dans les Vosges, dans l'Isère (Voiron), à Paris.

Industrie du coton. — Les grands centres pour l'industrie du coton sont: Saint-Quentin, Lille, Amiens, Évreux, Falaise, Flers (Orne); Rouen, Tarare (Rhône); Roanne, Vichy (Allier); Troyes, Paris et sa banlieue (Saint-Denis, Pantin, Puteaux, etc.).

Industrie de la laine. — Pour l'industrie de la laine (lainages et draps), il faut noter, *dans le Nord*, Roubaix, Tourcoing, le Cateau, Fourmies; *dans l'Aisne*, Saint-Quentin, Guise; *dans la Somme*, Amiens, Abbeville; *dans les Ardennes*, Sedan; *dans la Marne*, Reims; *dans la Meurthe-et-Moselle*, Nancy; *dans l'Isère*, Vienne; *dans l'Hérault*, Lodève, Bédarieux; *dans l'Aude*, Carcassonne; *dans le Tarn*, Mazamet; *dans la Haute-Vienne*, Limoges; *dans l'Indre*, Châteauroux; *dans le Loir-et-Cher*, Romorantin; *dans le Loiret*, Orléans (couvertures); *dans la Seine-Inférieure*, Elbeuf; *dans l'Eure*, Louviers; *dans le Calvados*, Lisieux et Vire.

Industrie de la soie. — Les grands centres pour l'industrie de la soie sont: Lyon, Saint-Étienne, Nîmes, Crest (Drôme); Lavaur (Tarn); Tours, Paris.

INDUSTRIES DIVERSES.

Les industries si nombreuses qui se partagent notre population ouvrière ou commerçante mettent en œuvre les *métaux* (coutellerie, chaudronnerie, passementerie, quincaillerie, serrurerie, horlogerie, bijouterie, fabrication d'objets de bronze, etc.); *les matières textiles* (étoffes, tapisseries, châles, dentelles et tulles, bonneterie, lingerie, chapellerie, etc.); *le bois* (charpenterie, menuiserie, ébénisterie, tournerie, etc.); les *peaux d'animaux* (fourrure, cordonnerie, ganterie, etc.); des *substances fort diverses* (carrosserie, papeterie, parfumerie, jouets d'enfants, etc.)

Le groupe parisien résume en quelque sorte toutes ces industries. Le travail du bronze, la joaillerie, la bijouterie, la taille du diamant, l'industrie du papier peint, la peinture sur étoffe, l'ébénisterie ordinaire ou de luxe (faubourg Saint-Antoine); la fabrication d'une foule d'objets connus sous le nom d'*articles de Paris*, etc., lui appartiennent, pour ainsi dire, en propre.

La coutellerie a pour centres principaux Châtellerault

(Vienne), Thiers et Ambert (Puy-de-Dôme), Langres et Nogent-le-Roi (Haute-Marne), Moulins, St-Etienne, etc. — **La chaudronnerie** et la **quincaillerie**, Villedieu (Manche); Laigle (Orne); Saint-Etienne, Nantes, Toulouse, le Creuzot, etc. — **La chaudronnerie**, Villedieu (Manche); Aurillac et St-Flour (Cantal); Villefranche (Aveyron). — **L'horlogerie**, Besançon, Montbéliard (Doubs); Morey (Jura); Cluses (Haute-Savoie). — **La tapisserie**, Paris (les Gobelins); Neuilly (Seine); Beauvais (Oise); Aubusson et Felletin (Creuse). — La fabrication des **châles**, Paris, Lyon, Nîmes; — de la **dentelle**, Alençon et Caen, Chantilly (Oise); Bailleul et Valenciennes (Nord); Mirecourt (Vosges), le Puy (Haute-Loire); Privas (Ardèche); — du **tulle**, Calais, Lyon, la Haute-Savoie. — La **bonneterie**, Hesdin (Pas-de-Calais); Amiens, Chaumont, Troyes, etc. — **La chapellerie**, Paris, Nîmes, Bordeaux, la Réole. — **La porcelaine fine**, Sèvres (Seine-et-Oise). — **Les porcelaines opaques**, les **faïences**, la **poterie**, Creil, (Oise); Montereau (Seine-et-Marne); Gien (Loiret); Nancy et Lunéville (Meurthe-et Moselle); Rochechouart, Saint-Yrieix, Limoges (Haute-Vienne). — **Les glaces**, Saint-Gobain et Chauny (Aisne); Cirey (Meurthe-et-Moselle). — **La verrerie** et la **cristallerie**, Baccarat (Meurthe-et-Moselle); Pantin, Puteaux, Clichy, le Bourget (Seine); Aniche (Nord); etc. — **La cordonnerie**, le Quesnoy (Nord); Bordeaux, Nozeroy (Jura), etc. — **La ganterie**, Paris, Grenoble, etc. — **La parfumerie**, Paris, Neuilly (Seine); Grasse et Nice (Alpes-Maritimes). **La broderie**, Paris, Nancy, etc. — **La papeterie**, Annonay (Ardèche); Tarbes; Corbeil, le Marais, Sainte-Marie (Seine et-Marne), plusieurs localités de la Touraine, etc. — **La serrurerie**, Escarbotin, Bethencourt, Beaucourt (Somme) — **La tournerie**, Saint-Claude (Jura). — **La saboterie**, Belleyme (Orne).

PRINCIPALES VILLES MANUFACTURIÈRES.

La plus grande ville manufacturière de France est *Paris*, avec ses 1 800 000 habitants, sa population ouvrière active et intelligente, ses industries de toutes sortes ; avec les débouchés et les moyens d'approvisionnement que lui fournissent son fleuve, ses canaux et les cinq grandes voies ferrées qui ont dans ses murs leur point de départ et d'arrivée. A quelques lieues de là se trouve Saint-Denis, succursale de Paris, et qui tend à devenir le Manchester de la France.

Nos grandes villes manufacturières sont ensuite : Lyon (323 000 habitants), et Saint-Etienne (110 814 habitants), célèbres, l'une par ses soieries, l'autre par ses soieries, sa houille et ses produits métallurgiques. — Lille (154 000 habitants), autour de laquelle se groupent Roubaix, Tourcoing, Valenciennes, etc., avec leurs filatures de toiles et de coton, leurs fabriques sans nombre de bière, de sucre, de machines, leurs usines métallurgiques, leurs fonderies, etc., grâce auxquelles le département du Nord est l'un des centres les plus actifs de notre industrie depuis que nous avons perdu Mulhouse, Strasbourg et Metz ; Rouen (100 000 habitants) avec Elbeuf, Louviers, etc., centre important pour les tissus de coton ou de laine, heureusement placé entre le Havre et Paris ; — Marseille (312 864 habitants), notre grand port de commerce sur la Méditerranée, centre de nos relations commerciales avec l'Afrique et le Levant, fabricant notamment le savon avec les huiles de la Provence ; — Bordeaux (194 000 habitants), Nantes (111 000 habitants), Amiens, Reims, Sedan, Charleville, Nancy, Besançon, le Creuzot, Alais, Nîmes, Mazamet, Limoges, Tours, etc., prennent place, à des degrés différents, parmi nos principales villes manufacturières ou commerçantes.

EXERCICES.

Inscrire sur la carte industrielle les données précédentes.

QUESTIONS.

Dans quels départements et dans quelles localités s'exerce surtout l'industrie du chanvre ? — L'industrie cotonnière ? — L'industrie de la laine ? — L'industrie de la soie ? — Quelles sont les industries secondaires qui mettent en œuvre les métaux ? les matières textiles ? les matières minérales ? les peaux d'animaux ? des substances diverses ? — Quel est le groupe qui réunit à peu près toutes les industries ? — Énumérez quelques-unes des industries qui sont propres au groupe parisien ? — Quels sont les principaux centres de fabrication pour la coutellerie ? — Pour la chaudronnerie et la quincaillerie ? — Pour l'horlogerie ? — Pour les tapisseries ? les châles ? la dentelle ? le tulle ? la bonneterie ? la chapellerie ? les porcelaines fines ? la porcelaine opaque ? les poteries ? les faïences? les glaces? la verrerie et la cristallerie? la cordonnerie? la ganterie? la parfumerie? la papeterie? la serrurerie? — Quelles sont nos grandes villes manufacturières dans le nord? dans le centre? dans le midi? dans l'est? dans l'ouest? — A quelles circonstances Paris doit-il sa supériorité commerciale?

RÉSUMÉ.

(A apprendre par cœur.)

Région de l'industrie du chanvre, du coton, de la laine, de la soie. — L'industrie du chanvre s'exerce naturellement dans les contrées où le chanvre est spécialement cultivé, en Bretagne, en Normandie, dans le Maine, l'Anjou, surtout dans la Flandre, dont les toiles sont renommées.

Le véritable lieu de l'industrie cotonnière est la vallée de la Basse-Seine, aux environs de Rouen; c'est aussi le département du Nord, où les fabriques de cotonnades se mêlent à toutes les grandes industries. Nommons encore Tarare, dans le Rhône, Vichy, dans l'Allier, etc.

Les départements où l'industrie des lainages est surtout développée sont encore: le Nord, l'Aisne, la Somme, les Ardennes (Sedan), la Marne (Reims), l'Hérault (Lodève, Bédarieux), l'Aude (Carcassonne), le Tarn (Mazamet), la Seine-Inférieure (Elbeuf), l'Eure (Louviers), etc.

Pour l'industrie de la soie, les grands centres sont Lyon, Saint-Étienne, Nîmes, etc.

INDUSTRIES DIVERSES.

Le groupe parisien réunit à peu près toutes les industries: objets d'art, bijouterie, joaillerie, ébénisterie de luxe, modes, papier peint, fabrication de ces mille objets connus sous le nom d'*articles de Paris.*

La coutellerie a pour centres principaux: Châtellerault, Thiers, Langres, Saint-Étienne; la quincaillerie: Villedieu (Manche), Saint-Étienne, Nantes, Toulouse, le Creuzot; la chaudronnerie: Aurillac, Saint-Flour, Villefranche-d'Aveyron; l'horlogerie: Besançon, Montbéliard; la tapisserie : Neuilly-sur-Seine, Aubusson, Paris; la dentelle: Alençon, le Puy, Valenciennes; la céramique : Sèvres (Seine-et-Oise), Creil (Oise), Montereau (Seine-et-Marne), Gien (Loiret), Limoges (Haute-Vienne); les glaces: Saint-Gobain (Aisne), Cirey et Saint-Quirin (Meurthe-et-Moselle); la verrerie et la cristallerie: la banlieue de Paris, Baccarat (Meurthe-et-Moselle); la papeterie: Annonay (Ardèche), Angoulême; la serrurerie : plusieurs localités de la Somme.

PRINCIPALES VILLES MANUFACTURIÈRES.

Nos grandes villes manufacturières sont : Paris, Saint-Denis, Rouen, Lyon, Saint-Étienne, les villes du Nord (Lille, Roubaix, Valenciennes, etc.), Reims, Marseille, etc.

AVRIL

GÉOGRAPHIE COMMERCIALE.

VOIES DE COMMUNICATION : FLEUVES ET RIVIÈRES, CANAUX, CHEMINS DE FER; LEURS RELATIONS AVEC LES GRANDES VOIES DU CONTINENT EUROPÉEN. — VOIES DE COMMUNICATION MARITIME ENTRE LA FRANCE ET LES DIFFÉRENTES PARTIES DU MONDE. — PORTS DE COMMERCE : IMPORTATIONS ET EXPORTATIONS.

PREMIÈRE LEÇON.

(Lecture avec explications, compte rendu, exercices et questions.)

CONSIDÉRATIONS GÉNÉRALES.

Les voies de communication sont de première nécessité pour l'agriculture, l'industrie et le commerce. Par elles l'agriculture répand ses produits sur tous les points du pays; l'industrie reçoit les matières premières et les renvoie transformées au commerce qui les met à la portée des consommateurs les plus reculés. Aussi Sully et Henri IV se sont-ils préoccupés tout d'abord de doter la France de voies de communication : ils ont commencé à endiguer les fleuves et à les pourvoir de chemins de halage ; à tracer de larges routes ombragées, à creuser le réseau de canaux à l'aide duquel ils voulaient réunir la Seine à la Loire, la Loire à la Saône, la Saône à la Meuse, et relier ainsi la mer du Nord à la Manche et à la Méditerranée. Les siècles suivants ont réalisé leurs projets, et le nôtre y a ajouté les chemins de fer (1).

Nos fleuves, « ces chemins qui marchent tout seuls » d'une part, ont longtemps porté nos richesses de l'intérieur vers nos ports, et, d'autre part, ramené vers l'intérieur les produits exotiques apportés par l'Océan ou la Méditerranée. Des canaux ont régularisé la navigation sur ces fleuves (canaux latéraux), les ont suppléées en joignant nos versants opposés (canaux de grande communication), ou uni leurs bassins en surmontant les obstacles du sol au moyen des écluses (canaux de jonction). Les grandes routes ont longé leurs cours ; les chemins de fer ont suivi leurs vallées, supplantant en quelque sorte fleuves, routes et canaux, diminuant du moins singulièrement leur importance, et ne leur laissant guère que le transport des marchandises encombrantes (bois, houille, vins, fruits en grande quantité), ou fragiles (poteries, verreries, etc.).

FLEUVES ET RIVIÈRES.

La Seine. — La Seine prend sa source au mont Tasselot, sur le territoire de la commune de Saint-Germain-la-Feuille ; elle vient se jeter dans la Manche, entre le Havre et Honfleur, après 700 kilomètres de cours. Elle passe à Châtillon-sur-Seine (Côte-d'Or) ; à Bar-sur-Seine, à Troyes, Nogent-sur-Seine (Aube) ; à Fontainebleau, à Melun (Seine-et-Marne) ; à Corbeil (Seine-et-Oise) ; à Charenton, à Paris, à Saint-Denis (Seine) ; à Mantes (Seine-et-Oise) ; aux Andelys, à Louviers (Eure) ; à Elbeuf, à Rouen, au Havre (Seine-Inférieure). — Ses affluents sont : sur la rive droite, l'Aube, la Marne grossie de l'Ornain et de l'Ourcq, l'Oise grossie de l'Aisne, l'Epte ; sur la rive gauche, l'Yonne grossie de l'Armançon, le Loing,

(1) On a calculé que nos voies de communication, si on y joint les lacs, les étangs, les villes et les villages, ainsi que les parties incultes ou stériles du pays, dans les montagnes et ailleurs, occupent 12 à 13 millions d'hectares.

l'Essonne, la Bièvre, l'Eure grossie de l'Iton, la Rille. — Les contours de son bassin sont : à l'E., la Côte-d'Or et le plateau de Langres; vers le N., les monts de la Meuse, l'Argonne et l'Ardenne occidentales, les collines de Picardie et du pays de Caux; vers le S., les monts du Morvan, les collines du Nivernais, le dos de Seine, le plateau de la Beauce, les collines du Perche, de Normandie et du Lieuvin.

La Loire. — Source au mont Gerbier-des-Jones (Ardèche); embouchure dans la mer de France entre Saint-Nazaire et Paimbœuf, entre les pointes du Croisic et Saint-Gildas, après un cours de 1126 kilomètres. Elle traverse l'Ardèche et la Haute-Loire; passe à Roanne (Loire); à Nevers, à la Charité, à Cosne (Nièvre); à Sancerre (Cher); à Briare, à Gien, à Orléans (Loiret); à Blois (Loir-et-Cher); à Amboise, à Tours (Indre-et-Loire); à Saumur, à Chalonne, à Saint-Florent, aux Ponts-de-Cé (Maine-et-Loire); à Nantes, à Savenay, à Paimbœuf, à Saint-Nazaire (Loire-Inférieure). — Affluents : sur la rive droite, le Furens, la Nièvre, la Maine formée du Loir, de la Sarthe et de la Mayenne, l'Erdre; sur la rive gauche, l'Allier grossi de la Dore et de la Sioule, le Cher, l'Indre, la Vienne grossie de la Creuse, la Sèvre Nantaise. — Contours du bassin : à l'E., les Cévennes centrales et septentrionales; vers le N., les mêmes reliefs qui bornent au S. le bassin de la Seine jusqu'aux collines de Normandie, puis les collines du Maine; vers le S., les monts de la Margeride, les monts d'Auvergne et du Limousin, les collines du Poitou, le plateau de Gatine et les collines Nantaises.

La Garonne. — Source au val d'Aran, en Espagne; embouchure dans la mer de France, par la Gironde, entre les pointes de la Coubre et de Grave, après un cours de 580 kilomètres. Elle passe à Saint-Gaudens, à Muret, à Toulouse (Haute-Garonne); traverse le Tarn-et-Garonne; passe à Agen, à Marmande, à Tonneins (Lot-et-Garonne); à La Réole, à Langon, à Bordeaux (Gironde). — Affluents : sur la rive droite, la Salat, l'Ariége, le Tarn grossi de l'Agout et de l'Aveyron, le Lot, la Dordogne grossie de la Vézère et de l'Isle; sur la rive gauche, le Gers, la Baïse, etc. — Contours du bassin : à l'E., les Corbières occidentales, les Cévennes méridionales; vers le N., les monts de la Margeride, d'Auvergne, du Limousin, les collines du Périgord et de la Saintonge; vers le S., les Pyrénées, les monts de Bigorre, les collines d'Armagnac et du Bordelais.

Le Rhône. — Source en Suisse, au mont Furca; embouchure dans la Méditerranée par le Grand-Rhône à l'E. et le Petit-Rhône à l'O., renfermant le *Delta* du Rhône ou *l'île de la Camargue.* — Parcours : 790 kilomètres dont 520 en France. — Sort du lac de Genève, entre en France près du fort de l'Écluse, coule entre les départements de l'Ain, du Rhône, de la Loire, de l'Ardèche, du Gard, et ceux de l'Isère, de la Drôme, de Vaucluse et des Bouches-du-Rhône; passe par Lyon et Givors (Rhône), Tournon (Ardèche), Pont-Saint-Esprit et Beaucaire (Gard), Vienne (Isère), Valence (Drôme), Avignon (Vaucluse), Tarascon et Arles (Bouches-du-Rhône). — Affluents : sur la rive droite, l'Ain, la Saône grossie du Doubs, le Gier, l'Ardèche, le Gard; sur la rive gauche, l'Arve, l'Isère grossie de l'Arc et du Drac, la Drôme, l'Aigues, l'Ouvèze, la Sorgues, la Durance. — Contours du bassin y compris la Saône : à l'E., les Alpes Pennines, Grées, Cottiennes; vers le N., les Alpes Bernoises, le Jorat, l'extrémité S. du Jura; à l'E., le Jura et les collines de Belfort; au N., la pointe méridionale des Vosges, les Faucilles; à l'O., la ligne de partage des eaux, du plateau de Langres au mont Laigonat.

La Meuse, descendue du nœud formé par les monts de la Meuse et le plateau de Langres, coule entre les Argonnes et les Ardennes, entre en Belgique au-dessous de Givet, va confondre ses eaux avec celles du Rhin et de l'Escaut au milieu des îles de la Zélande, et se perdre dans la mer du Nord, après avoir reçu le Chiers et la Semoy sur sa rive droite, et la Sambre sur sa rive gauche. Elle arrose les départements de la Haute-Marne et quelque peu celui des Vosges; elle traverse dans toute sa longueur le département auquel elle donne son nom, et la partie septentrionale des Ardennes; elle passe à ou près de Neufchâteau, Domrémy (Vosges), Vaucouleurs, Commercy, Saint-Mihiel, Verdun, Stenay (Meuse), Sedan, Mézières, Charleville, Fumay et Givet (Ardennes).

La Moselle, qui prend sa source au ballon d'Alsace, à la jonction des Faucilles et des Vosges, passe à Épinal (Vosges), à Toul et à Pont-à-Mousson (Meurthe-et-Moselle), rencontre Metz maintenant hors du territoire français, et va rejoindre le Rhin, ayant reçu sur sa rive droite la Meurthe et la Sarre.

L'Escaut prend sa source au nœud de Saint-Quentin, et va se jeter par plusieurs bouches dans la mer du Nord. Son bassin est formé par le dernier prolongement des Ardennes dans l'O., par les collines de l'Artois et par celles de Belgique.

Il a pour affluents : la Scarpe et la Lys, françaises comme lui par la partie supérieure de leur cours. Il passe à Cambrai, à Valenciennes, à Tournai (Belgique), etc.

Fleuves côtiers. — Sur les côtes de l'Océan, nous trouvons :

La Somme, descendue du nœud de Saint-Quentin, et arrosant Saint-Quentin (Aisne), Ham, Péronne, Corbie, Amiens, Pecquigny, Abbeville, Saint-Valéry, le Crotoy (Somme); l'**Orne**, descendu des collines de Normandie, passant à Caen, etc.; le **Blavet**, venu des Côtes-du-Nord, traversant le Morbihan, arrosant Pontivy, Hennebont et Lorient; la **Vilaine**, grossie de l'Ille, sortie du nœud des monts de Bretagne et des collines du Maine, traversant le département d'Ille-et-Vilaine, y arrosant Rennes et Redon, et ayant son embouchure dans le Morbihan; la **Sèvre-Niortaise**, grossie de la Vendée; la **Charente**, sortie du nœud des monts du Limousin et du Périgord, passant à Civray (Vienne), à Angoulême et à Cognac (Charente), à Saintes et à Rochefort (Charente-Inférieure); l'**Adour**, grossie, sur sa rive droite, de la Midouze, sur sa rive gauche, de la Luy de France et du gave de Pau, passant à Campan, à Bagnères-de-Bigorre, à Tarbes (Hautes-Pyrénées), à Aire et à Dax (Landes), à Bayonne (Basses-Pyrénées); sur les côtes de la Méditerranée : l'**Aude**, venu des Pyrénées-Orientales, coulant entre les deux chaînes des Corbières, arrosant le département auquel il donne son nom, passant à Limoux, à Carcassonne et non loin de Narbonne; l'**Hérault**, sorti des Garrigues (Gard), donnant son nom à un département, terminant son cours dans les environs d'Agde; l'**Argens**, venu des Alpes de Provence et se jetant dans le golfe de Fréjus (Var); le **Var**, sorti du nœud des Alpes de Provence et des Alpes-Maritimes, échancrant le département des Basses-Alpes, passant à Puget-Théniers, arrosant le département des Alpes-Maritimes, et non plus celui auquel il donne son nom.

EXERCICES.

Tracer sur une carte de France nos grands fleuves et leurs affluents, en indiquant la source, l'embouchure, les départements traversés, etc.

QUESTIONS.

Où la Seine a-t-elle sa source, son embouchure? — Quelle est la longueur de son parcours? — Quels départements traverse-t-elle? — Quelles villes se trouvent sur son cours? — Quels sont ses affluents sur la rive droite? sur la rive gauche? — Quels reliefs forment le contour de son bassin à l'E.? — Vers le N.? — Vers le S.? — La Loire : mêmes questions. — La Garonne, le Rhône : mêmes questions. — La Meuse, la Moselle, l'Escaut : mêmes questions. — Quels fleuves côtiers se trouvent sur l'Océan? — Sur la Méditerranée? — Décrivez le cours et le bassin de chacun d'eux. — Dites les villes qu'ils arrosent.

RÉSUMÉ.

(A apprendre par cœur.)

Les grands fleuves de la France sont : la Seine, la Loire, la Garonne, le Rhône, auxquels il convient d'ajouter les cours d'eau de moindre étendue : la Meuse, la Moselle, l'Escaut.

La *Seine* prend sa source au mont Tasselot, dans la Côte-d'Or. Elle traverse les départements de la Côte-d'Or, de l'Aube, de Seine-et-Marne, de la Seine, de Seine-et-Oise, de l'Eure, de la Seine-Inférieure. Elle passe à Châtillon-sur-Seine, Bar-sur-Seine, Nogent-sur-Seine, Troyes, Fontainebleau, Melun, Paris, Mantes, Elbeuf, Rouen, et se jette dans la Manche, près du Havre, après un parcours de 700 kilomètres. Elle a pour affluents : l'Aube, la Marne, l'Oise, l'Epte (rive droite); l'Yonne, le Loing, l'Eure, la Rille (rive gauche). Les reliefs formant les contours de son bassin sont : la Côte-d'Or, le plateau de Langres, les Ardennes, les collines de Picardie et du pays de Caux; les monts du Morvan, les collines du Nivernais, le plateau de la Beauce, les collines du Perche, les monts de Normandie.

La *Loire* prend sa source au mont Gerbier-des Joncs (Ardèche); elle traverse ou arrose les départements de l'Ardèche, de la Haute-Loire, de la Loire, de Saône-et-Loire et de l'Allier, de la Nièvre, du Cher, du Loiret, du Loir-et-Cher, d'Indre-et-Loire, de Maine-et-Loire, de la Loire-Inférieure. Elle passe à Roanne, Nevers, Orléans,

Blois, Tours, Saumur, Nantes, et se jette dans la mer de France à Saint-Nazaire, après un cours de 1126 kilomètres. Ses affluents sont : la Nièvre, la Maine (rive droite), l'Allier, le Cher, l'Indre, la Vienne (rive gauche). Les contours de son bassin sont les reliefs qui limitent le bassin de la Seine, au S. ; à l'E., les Cévennes ; vers le S., les monts d'Auvergne et du Limousin, les collines du Poitou, le plateau de Gatine et les collines Nantaises.

La *Garonne* prend sa source au val d'Aran, en Espagne, Elle traverse les départements de la Haute-Garonne, de Tarn-et-Garonne, de Lot-et-Garonne, de la Gironde. Elle passe à Muret, Toulouse, Agen, La Réole, Bordeaux. Elle entre, au-dessous de cette ville, dans la Gironde, après un cours de 580 kilomètres. Elle a pour affluents : l'Ariége, le Tarn, le Lot, la Dordogne (rive droite) ; le Gers et la Baïse (rive gauche). Les contours de son bassin sont formés par les Cévennes et les Corbières, à l'E. ; les monts d'Auvergne, etc., vers le N. ; les Pyrénées, les monts de Bigorre, les collines de l'Armagnac et du Bordelais, vers le S.

Le *Rhône* prend sa source au mont Furca, en Suisse. Il traverse ou arrose les départements de l'Ain, du Rhône, de la Loire, de l'Ardèche, du Gard (rive droite), de l'Isère, de la Drôme, de Vaucluse (rive gauche), enfin, le département du Rhône, où il forme un *delta* (île de la Camargue), et se jette dans la Méditerranée, après un cours de 790 kilomètres, dont 520 en France. Il passe à Lyon, Givors, Vienne, Tarascon, Beaucaire, Arles. Ses affluents sont : l'Ain, la Saône, le Gier, l'Ardèche, le Gard (rive droite) ; l'Isère, la Drôme, la Durance (rive gauche). Les contours de son bassin, en y comprenant celui de la Saône, sont : à l'E., les Alpes, le Jura, les collines de Belfort ; au N., les Faucilles ; à l'O., la ligne de partage des eaux du plateau de Langres au mont Laigonat.

La *Meuse* prend sa source au plateau de Langres, coule entre les Argonnes et les Ardennes, et entre en Belgique au-dessous de Givet, après avoir traversé quelque peu la Haute-Marne et les Vosges, le département de la Meuse dans toute sa longueur, et celui des Ardennes vers le N.

Elle passe à Commercy, à Verdun, Sedan, Mézières, Charleville, etc. Son principal affluent est la Sambre.

La *Moselle* n'a, chez nous, que la partie supérieure de son cours. Elle vient du ballon d'Alsace, arrose les Vosges, la Meurthe-et-Moselle, et reçoit la Meurthe, sur sa rive droite

L'*Escaut* descend du nœud de Saint-Quentin (Aisne), traverse le département du Nord et entre en Belgique, où il reçoit la Scarpe et la Lys, venues des collines de l'Artois.

Les fleuves côtiers sont : sur l'Océan, la Somme, l'Orne, la Vilaine, la Sèvre niortaise, grossie de la Vendée, la Charente, l'Adour ; sur la Méditerranée, l'Aude et l'Hérault, l'Argens et le Var.

DEUXIÈME LEÇON.

(Lecture avec explications, compte rendu, exercices et questions.)

Les canaux qui mettent en communication les bassins de nos fleuves ou nos fleuves entre eux, sont :

Dans le Nord : les canaux *de Manicamp* (latéral à l'Oise), *de Picardie* ou *de Crozat ; de la Somme ; de Saint-Quentin* ou latéral à l'Escaut ; *de la Sensée ; de la Scarpe ; de la Haute-Deule* et *de Roubaix ; d'Aire à la Bassée ; de Neuf-Fossé ; de l'Aa*, projetant ceux *de la Colme* et *de Bourbourg* vers le N., et celui *de Calais* vers le S. O. ; *de l'Oise à la Sambre*, latéral à l'Aisne, projetant d'une part celui *des Ardennes*, de l'autre celui *de l'Aisne à la Marne, de la Marne au Rhin*, passant à Châlons, à Bar-le-Duc, à Nancy, et aboutissant à Strasbourg. Par l'Oise, ce réseau de canaux aboutit à la Seine et à Paris, amenant dans la capitale la houille du Nord, les ardoises de Fumay, les sels de l'Est, etc.

A Paris, le grand bassin de la Villette réunit au canal *de l'Ourcq* les canaux *de Saint-Denis* et *de Saint-Martin*, qui épargnent à la navigation les sinuosités de la Seine entre Saint-Denis et Bercy.

Vers le Centre et vers l'Est : le canal *du Loing*, allant de Moret à Montargis, où il projette les canaux *d'Orléans* et *de Briare*, entrepris par Henri IV et Sully ; le canal *du Nivernais*, allant de Decize, sur la Loire, à Auxerre, sur l'Yonne (ces canaux joignent les bassins de la Loire et de la Seine par-dessus le dos de Seine et les collines du Nivernais) ; le canal *latéral à la Loire*, de Roanne à Briare ; le canal *du Centre*, allant de Chalon, sur la Saône, à Digoin, sur la Loire, véritable trait d'union entre la Méditerranée et l'Atlantique, unissant Lyon avec Orléans et Nantes, desservant le Creuzot ; le canal *de Bourgogne*, de Saint-Jean-de-Losne, sur la Saône, à la Roche-sur-l'Yonne et passant par Dijon ; autre trait d'union entre la Méditerranée et l'Océan (Manche), entre Lyon, Paris, Rouen, le Havre, etc. ; le canal *du Rhône au Rhin* ou canal *de l'Est*, de Saint-Symphorien, sur la Saône, à Strasbourg, par le cours du Doubs et de l'Ill, troisième trait d'union entre la Méditerranée et l'Océan (mer du Nord), faisant communiquer Lyon, Besançon, Mulhouse, Strasbourg ; le canal *de Berri*, avec embranchement sur Montluçon et sur le canal latéral à la Loire qu'il rencontre à Marseille (Cher).

Dans l'Ouest : le canal *de Nantes à Brest*, passant à Redon, Pontivy, etc., projetant celui *d'Ille-et-Rance ;* les canaux *de Luçon* et *de La Rochelle*.

Dans le Sud : canal *du Midi, des Deux-Mers* ou *du Languedoc*, conçu et exécuté en grande partie par Riquet sous Louis XIV, faisant suite au canal *latéral à la Garonne*, de Toulouse à Agde, ou plutôt à Cette (Hérault), continué jusqu'au petit Rhône par le canal *des Étangs*, par le canal de la Radelle, après avoir projeté le canal *de Lunel* (Hérault), par le canal *du Bougidou*, après avoir projeté, à Aigues-Mortes, le canal *de Beaucaire* vers le N., et celui *de la Grande Roubine* vers le S. ; le canal *d'Arles à Bouc*, à travers la Crau, et *de Bouc aux Martigues ;* le canal *de Craponne* ou *d'Arles à la Durance* (canal d'irrigation) ; *de la Durance à Marseille ;* le canal *de la Sorgues*. — Le canal *du Midi* joint ainsi de nouveau l'Océan et la Méditerranée, Bordeaux, Toulouse, Cette, Arles, Lyon, Marseille.

EXERCICES.

Ajouter les canaux aux fleuves et rivières sur la carte de France.

QUESTIONS.

Dans quelles régions de la France trouve-t-on des canaux ? — Par quelle suite de canaux Paris peut-il communiquer avec

Calais? Avec la Sambre? Avec les Ardennes? Avec Strasbourg? Avec Dijon et la Saône? Avec la Loire? Quels sont les canaux qui unissent à la Méditerranée Lyon, Orléans, Nantes, Brest, Saint-Malo, Mulhouse, Strasbourg ; Bordeaux, Toulouse, Cette, Beaucaire, Arles, Bouc, les Martigues ?— Quels sont les points de départ et d'arrivée des canaux du Loing? D'Orléans? De Briare? Du Nivernais? De Bourgogne? Du Centre? De l'Est? Latéral à la Loire? Du canal du Midi? — Qu'appelle-t-on un canal de grande communication? De jonction? Latéral? D'irrigation? De quelles marchandises les canaux facilitent-ils encore le transport? etc., etc.

RÉSUMÉ.

(A apprendre par cœur.)

CANAUX.

Les canaux ont beaucoup perdu de leur importance depuis l'établissement des chemins de fer. Ils ne servent plus guère qu'au transport des marchandises encombrantes, telles que le bois, la houille, les grosses machines, les fruits en grande quantité, les vins, etc., ou en même temps fragiles, comme les poteries, les faïences, les verreries, etc.

Les régions les plus riches en canaux sont celles du Nord, du centre et de l'Est, du Midi. Le département du Nord en est sillonné; on en trouve quelques-uns dans l'Ouest.

Les principaux canaux sont : *dans le nord*, ceux de la Somme, de Saint-Quentin ou de l'Escaut, de la Sambre, des Ardennes qui nous mettent en communication avec la Belgique ; le canal de la Marne au Rhin, qui nous met en communication avec l'Allemagne; *dans le centre et dans l'Est*, les canaux du Loing, d'Orléans et de Briare, du Nivernais, de Bourgogne, du Rhône au Rhin ou de l'Est, latéral à la Loire, de Berry; *dans l'Ouest*, les canaux de Nantes à Brest et d'Ille-et-Rance ; *dans le Midi*, le canal latéral à la Garonne, le canal du Midi, du Languedoc ou des deux mers, conçu et exécuté par Riquet sous Louis XIV, les canaux des Étangs, de la Radelle, du Bourgidou, qui projettent les canaux de Lunel, de la Grande-Roubine et de Beaucaire; enfin, les canaux d'Arles à Bouc et aux Martigues, de Craponne, de la Durance à Marseille.

TROISIÈME LEÇON.

(Lecture avec explications, compte rendu, exercices et questions.)

CHEMINS DE FER.

Les chemins de fer français qui, à cette heure, atteignent près de 20,000 kilomètres de développement, se partagent en 6 réseaux principaux : les réseaux de l'Ouest, du Nord, de l'Est, de Paris-Lyon-Méditerranée, d'Orléans, qui ont leur point de départ à Paris, et le réseau du Midi dont la tête est à Bordeaux. Il y a en outre des lignes secondaires : chemins de fer des Charentes, de la Vendée, du Nord-Est, de ceinture autour de Paris, d'Algérie, etc.

Réseau de l'Ouest. — Se divise en lignes de Normandie et lignes de Bretagne.

Lignes de Normandie.— 1° De Paris au Havre, point de départ à la gare Saint-Lazare ou de l'Ouest (rive droite), embranchements sur Dieppe, Fécamp, etc.— 2° De Paris à Cherbourg, se détachant de la précédente à Mantes, passant par Évreux et Caen, avec embranchements sur Trouville, Honfleur, Laigle, Saint-Lô, etc.

Lignes de Bretagne. — 1° De Paris à Brest, point de départ à la gare de l'Ouest, rue de Rennes (rive gauche), passant par Versailles, Chartres, Le Mans, Laval, Saint-Brieuc, Morlaix; embranchements du Mans sur Alençon et sur Angers, de Rennes sur Saint-Malo et sur Redon, etc. — 2° de Paris à Granville, par Versailles, Argentan, Vire (1).

Réseau du Nord. — 1° Le chemin de fer du Nord, comme l'indique son nom, se dirige de Paris vers le N. et communique avec la Belgique. Presqu'à son point de départ (gare du Nord), il jette deux embranchements : l'un sur Soissons, l'autre sur Pontoise; à Creil, il se divise en trois lignes, celle de Beau-

(1) Cette ligne, en réalité, est une troisième ligne de Normandie.

vais, celle d'Amiens et celle de Saint-Quentin. La ligne de Beauvais n'est qu'un tronçon. La ligne d'Amiens se bifurque dans les environs de cette ville pour gagner, d'un côté, Étaples et Boulogne ; de l'autre, Arras, Douai, Lille, Dunkerque, Calais. La ligne de Saint-Quentin, après avoir jeté un rameau sur Laon, gagne Saint-Quentin, puis d'une part Maubeuge, et de l'autre Cambrai, Valenciennes, etc.

Réseau de l'Est. — Partant de la gare de Strasbourg, le réseau de l'Est se dirige, d'une part, vers l'Allemagne ; de l'autre, vers la Suisse, par les deux grandes lignes de Strasbourg et de Mulhouse, devenues pour nous les lignes d'Avricourt et de Belfort.

1° *Ligne d'Avricourt.* — Suit la vallée de la Marne. A Épernay et à Châlons, embranchements sur Reims, par suite sur Soissons, Laon, Mézières, etc. ; vers Nancy, embranchements sur Metz et, plus loin, sur Épinal, Saint-Dié, etc.

2° *Ligne de Belfort.* — Gagne la vallée de la Seine. A Troyes, embranchement sur Châtillon-sur-Seine ; à Chaumont, sur Vitry ; à Langres, sur Gray ; près Belfort, jonction avec la ligne de Paris-Lyon-et-Méditerranée.

Réseau de Paris-Lyon-Méditerranée. — Deux grandes divisions : partie nord, de Paris à Lyon ; partie sud, de Lyon à Marseille.

Partie du Nord. — 1° *Ligne de Bourgogne.* — Vallée de la Seine, Melun, Fontainebleau ; vallée de l'Yonne, Sens, Joigny (embranchement sur Auxerre) ; vallée de l'Armençon, Tonnerre (embranchement sur Châtillon-sur-Seine) ; vallée de la Saône, Dijon, embranchement vers le S., Chalon, Mâcon ; Lyon ; vers l'Est, Auxonne (embranchement sur Gray), continuation sur Dôle ; bifurcation, d'une part vers la vallée du Doubs, Besançon, Belfort ; d'autre part vers le Jura, Pontarlier ; ramification sur Bourg-en-Bresse, sur Lyon et sur Genève.

2° *Ligne du Bourbonnais.* — Se détache à Villeneuve-Saint-Georges, se dirige sur Montargis, prend la vallée de la Loire à Gien, la suit jusqu'à Nevers, entre dans celle de l'Allier, touche la ligne d'Orléans à Moulins, se bifurque à Saint-Germain-des-Fossés pour gagner d'une part Brioude, de l'autre Lyon, après avoir repris et quitté la vallée de la Loire et passé à Saint-Étienne.

Partie du Sud. — De Lyon à Marseille et à Nice. Sur la rive droite du Rhône, ramifications partant de Tarascon et se dirigeant sur Nîmes et Alais, et sur Montpellier et Cette, où jonction avec la ligne du Midi ; sur la rive gauche, chemins du Dauphiné se dirigeant sur Grenoble, Chambéry, Saint-Michel et le tunnel du mont Cenis.

Réseau d'Orléans. — Point de départ, la gare d'Orléans. Trois grandes lignes : ligne d'Orléans à Bordeaux, ligne du Centre, ligne de Bretagne.

Ligne d'Orléans à Bordeaux. — Se confond avec les deux autres jusqu'à Orléans, où elle se sépare de la ligne du Centre ; avec la ligne de Bretagne, dont elle se sépare à Tours. De Tours elle gagne Poitiers, Angoulême, Libourne et enfin Bordeaux.

Ligne du Centre. — Partie d'Orléans, la ligne du centre se bifurque à Vierzon. D'une part, elle joint Bourges, Nevers, Montluçon, Moulins, Guéret. D'autre part, elle se dirige sur Issoudun, Châteauroux, Limoges, Périgueux, Agen, en projetant des rameaux sur Brives, Figeac, Rodez, Montauban, Toulouse.

Ligne de Bretagne. — Elle va de Tours à Nantes, Saint-Nazaire, Redon, Quimper, Landerneau, en jetant un rameau sur Pontivy.

La ligne d'Orléans possède en outre le chemin de fer secondaire de Paris à Tours, partant de Brétigny, passant par Châteaudun et Vendôme ; celui de la Beauce, d'Orléans à Rouen, croisant le précédent ; celui de Pithiviers, traversant le Gâtinais, etc.

Réseau du Midi.—Deux directions principales : l'une vers l'E., de Bordeaux à Cette ; l'autre vers le S., de Bordeaux à Bayonne :

1° *De Bordeaux à Cette.* — Ligne à peu près parallèle à la Garonne d'abord, au canal du Midi ensuite, projetant divers rameaux : vers le N. d'Agde à Lodève, de Béziers à Graissessac, de Castelnaudary à Mazamet et à Castres ; vers le S. de Narbonne à Perpignan et à Port-Vendres ; de Toulouse à Foix, à Muret, à Saint-Gaudens, etc. ; d'Agen à Auch, de Langon à Bazas ; de Bordeaux au port de Verdon, à travers le Médoc.

2° *De Bordeaux à Bayonne.* — La ligne de Bordeaux à Bayonne et à Hendaye, sur la Bidassoa (entrant en Espagne par le tunnel d'Irun), projette à l'O. un rameau sur Arcachon ; vers le S. E. des rameaux qui joignent d'une part Mont-de-Marsan, Tarbes, Bagnères-de-Bigorre ; d'autre part, Pau, par Orthez.

EXERCICES.

Ajouter les chemins de fer à la carte de France.

QUESTIONS.

Combien la France possède-t-elle de grands réseaux de chemins de fer? Nommez-les? — Où est le point de départ de chacun d'eux? Quelles sont les principales lignes du réseau du Nord? De l'Ouest? De l'Est? D'Orléans? De Paris-Lyon-Méditerranée? Du Midi? — Faire faire de nombreux voyages d'une ville à d'autres villes en obligeant l'élève à nommer les lignes porcourues et les réseaux auxquels elles appartiennent.

RÉSUMÉ.

(A apprendre par cœur.)

La France possède six grands réseaux de chemins de fer : les réseaux du Nord, de l'Ouest, de l'Est, de Paris-Lyon-Méditerranée, d'Orléans et du Midi. Le cinq premiers ont leur point de départ à Paris, le sixième à Bordeaux.

Le réseau du Nord se dirige notamment sur Saint-Quentin, Valenciennes, Maubeuge ; sur Amiens, et de là sur Boulogne ; sur Arras, Douai, Lille.

Le réseau de l'Ouest compte : 1° les lignes de Normandie (lignes de Paris au Havre, à Cherbourg, à Granville) ; 2° la ligne de Bretagne par Chartres, le Mans, Rennes, etc.

Le réseau de l'Est se divise en ligne de Strasbourg ou d'Avricourt, par Châlons et Nancy, et ligne de Mulhouse ou de Belfort, par Troyes, Chaumont, Langres, etc.

Le réseau de Paris-Lyon-Méditerranée a, dans sa partie nord, les lignes de Bourgogne et du Bourbonnais, aboutissant à Lyon par embranchement et projetant des rameaux sur la Suisse. Sa partie sud, d'une part, dessert Marseille et Nice, et, d'autre part, va rejoindre le chemin de fer du Midi, à Cette.

Le réseau d'Orléans a ses lignes de Paris à Orléans, de

Paris à Tours, par Chartres; d'Orléans à Tours, Nantes, Saint-Nazaire, Brest, ou ligne de Bretagne; de Tours à Bordeaux; sa ligne du centre, d'Orléans à Vierzon, se bifurquant pour gagner, d'une part, Issoudun, Limoges, Agen, et, de l'autre, Bourges, Moulins, etc.

Le réseau du Midi a sa principale ligne de Bordeaux à Cette, et projette des embranchements sur Bayonne, les Pyrénées centrales, Perpignan.

QUATRIÈME LEÇON.

(Lecture avec explications, compte rendu, exercices et questions.)

RELATIONS DE NOS VOIES DE COMMUNICATION AVEC LES GRANDES VOIES DU CONTINENT EUROPÉEN.

Fleuves. — Nos grands fleuves, en aboutissant aux ports du Havre, de Saint-Nazaire, de Bordeaux, de Marseille, nous permettent d'établir des relations commerciales avec toutes les contrées maritimes de l'Europe, avec l'Angleterre, l'Espagne, l'Italie, la Grèce, la Russie, la Belgique, la Hollande, l'Allemagne, le Danemark, la Suède.

Canaux. — Les canaux de la Marne et du Rhône au Rhin peuvent porter nos produits à travers l'Europe centrale jusqu'à la mer Noire, par le Rhin, le Mayn, le canal Louis et le Danube. Le réseau des canaux du Nord est, en quelque sorte, continué par les canaux belges, hollandais et allemands.

Chemins de fer. — Le réseau du Nord met Paris en communication avec la Belgique; la ligne de Lille avec la Belgique occidentale par Mouscron (continuation sur Courtrai, Bruges, Ostende, Gand, Anvers); la ligne de Douai avec la Belgique centrale par Quiévrain (continuation sur Mons, Bruxelles, la Hollande); la ligne de Maubeuge avec la Belgique centrale encore par Erquelines (continuation sur Mons, Liége, Cologne, Magdebourg, Berlin, Dantzig, Kœnisberg, Wilna, Saint-Pétersbourg, Moscou, Nijni-Nowogorod.

Le réseau de l'Est, par la ligne des Ardennes, entre en Belgique au-dessous de Givet, et rejoint à Namur la grande ligne de Maubeuge-Liége-Cologne; il pénètre encore en Allemagne par Thionville, par Metz, par Avricourt; sur un autre point, en Allemagne et en Suisse par Belfort; de Strasbourg et de Kehl, il se relie aux lignes de l'Allemagne du Nord et du Sud, aux chemins autrichiens, par lesquels on gagne Vienne, Pesth, le Bas-Danube, Varna sur la mer Noire, Constantinople.

Le réseau de Paris-Lyon-Méditerranée gagne l'Allemagne par Belfort, la Suisse par Pontarlier et Neuchâtel; encore la Suisse, puis l'Italie, par les chemins de fer du Dauphiné; l'Italie par Nice et la route de la Corniche.

Le réseau d'Orléans-Bordeaux joint le réseau du Midi. Celui-ci communique avec l'Espagne, à l'O., par Bayonne, Hendaye, Irun; à l'E. par Perpignan.

PORTS DE COMMERCE.

La France communique avec les différentes parties du monde par ses ports. Elle a des ports *militaires : Cherbourg, Brest, Lorient, Rochefort, Toulon.* Elle a des ports de commerce sur la mer du Nord : *Dunkerque;* sur la Manche : *Calais, Boulogne, Dieppe, le Havre, Saint-Malo;* sur l'Océan : *Saint Nazaire* et *Nantes, La Rochelle, Bordeaux, Bayonne;* sur la Méditerranée : *Cette, Marseille.* — A ces grands ports il convient d'ajouter les ports de pêche ou de cabotage (navigation sur les côtes), tels que *Gravelines, Granville, Douarnenez, le Croizic,* etc.

VOIES DE COMMUNICATION MARITIME ENTRE LA FRANCE ET LES DIFFÉRENTES PARTIES DU MONDE.

Dunkerque, Calais, Boulogne, Dieppe, arment des navires pêcheurs pour la pêche de la morue, du hareng et de la baleine; ils ont aussi des départs de paquebots pour l'Angleterre. —Le Havre : paquebots pour l'Angleterre (Southampton, Londres, Hull, Liverpool, Glasgow); pour la Hollande (Rotterdam); pour l'Allemagne (Hambourg, etc.); pour le Portugal et l'Espagne (Lisbonne, Malaga); transatlantiques pour New-York, en touchant à Brest; grand centre d'exportation (tissus de la vallée de la Seine-Inférieure), d'importation (cires et cuivre du Chili, laines de la Plata, cafés de diverses provenances, etc.).

Saint-Malo. — Paquebots pour Jersey et Southampton.

Saint-Nazaire. — Paquebots pour l'Allemagne (Hambourg); pour l'Angleterre (Londres, Bristol, Liverpool, Glasgow, etc.); deuxième ligne de transatlantiques desservant l'Amérique Centrale, en passant par les Açores pour arriver à Fort-de-France (Martinique), d'où des lignes annexes pour Cayenne (Guyane), la Havane (Cuba), Vera-Cruz (Mexique), l'Amérique Centrale (station d'Aspinwal ou de Colon); par le chemin de fer de Panama, communications avec la Californie, le Pérou, le Chili, Taïti, etc.

La Rochelle. — Exportation des vins et eaux-de-vie des Charentes.

Bordeaux. — Paquebots pour l'Angleterre, la Hollande, l'Allemagne, etc.; troisième ligne de transatlantiques, touchant à Lisbonne et aux îles du Cap-Vert, desservant l'Amérique du Sud (Pernambouc, Bahia, Rio-de-Janeiro, Montevideo, Buenos-Ayres), communications avec le Sénégal, l'île de la Réunion, les Indes, Java, etc.; deuxième grand centre d'importation (cafés, etc.) et d'exportation (vins, eaux-de-vie, etc.).

Bayonne. — Paquebots pour Santander (Espagne).

Cette. — Paquebots pour Oran, Alger, Stora, exportation des vins du Midi.

Marseille. — Plusieurs lignes de paquebots : ligne d'Espagne (Cadix); lignes d'Algérie (Oran, Alger, Tunis); lignes d'Italie (Genève, Livourne, Civita-Vecchia, Naples, Messine et Malte, avec annexe sur Trieste); lignes du Levant (le Pirée, Smyrne, Constantinople, Varna, Odessa, Trébizonde); lignes desservant les échelles de Syrie (Alexandrette, Beyrouth, Jaffa, Alexandrie, Port-Saïd), continuées par le chemin de fer et par le canal de Suez, par des lignes gagnant Aden et la Réunion d'une part, de l'autre Singapour, Batavia, Saïgon, Shang-Haï (Chine) et Yokohama (Japon).

IMPORTATIONS ET EXPORTATIONS.

Une nation se suffit rarement à elle-même. La plupart du temps elle ne tire pas de son sol ou ne fabrique pas tous les objets nécessaires à sa consommation. Elle reçoit des pays *étrangers* soit des matières premières, soit des produits fabriqués, soit des produits spéciaux qui sont ainsi *importés* chez elle. A son tour, elle envoie, elle *exporte* chez les autres nations, à l'*étranger*, les matières premières, les objets fabriqués, les produits spéciaux qu'elle a en excès. — On appellera donc *importation* l'introduction dans un pays de marchandises ou de produits venant de l'étranger, et *exportation* la sortie de ce même pays des marchandises ou produits qui lui sont propres, qu'il renvoie en quelque sorte en échange. L'échange se faisant contre des valeurs représentatives dont le numéraire est la base ou la garantie, on conçoit facilement que les exportations font affluer le numéraire dans un pays, et que les importations, au contraire, l'y raréfient. Pour qu'un pays ne s'appauvrisse pas, il faut que le chiffre des exportations balance au moins celui des importations.

Exportations. — La France exporte au dehors ses *produits agricoles :* vins, eaux-de-vie, etc. (dans le monde entier); sucre en Angleterre et dans le Levant; céréales, quand les années sont abondantes (chez les nations voisines); fruits, beurre, fromage (en Angleterre notamment); ses *produits fabriqués* ou *manufacturés :* objets d'art ou de toilette, articles de Paris, peaux et cuirs travaillés (dans le monde entier); soieries, tapis, draps, cotonnades, lingerie, toiles, papiers peints, glaces, verreries, cristallerie (en Angleterre, en Allemagne, en Belgique, aux États-Unis, etc.). — Elle envoie de la houille en Suisse et en Italie, des mulets en Espagne, etc.

Importations. — Elle tire en échange de l'*Angleterre*, des tissus, du fer, du plomb, de l'étain, de la houille, des machines; — de la *Belgique*, des métaux, de la houille, du lin, des dentelles, du tabac; — de la *Hollande*, des toiles, des velours, etc.; — du *Danemark*, l'édredon, des chevaux (Jutland); — de la *Norwége*, des bois de construction, du goudron, du fer, etc.; — de la *Russie*, des bois de construction, des pelleteries, des fourrures, des suifs, du blé (blé d'Odessa); — de l'*Italie*, du riz, du soufre, des pâtes; — de l'*Espagne* et du *Portugal*, des vins, des oranges, des citrons, des raisins secs; — de la *Grèce*, des olives, des raisins (de Corinthe), des fruits secs ou confits; — des *États-Unis*, du coton, des pelleteries et des fourrures, du pétrole, des blés et des farines; — des *Antilles*, le sucre, le café, le rhum, le cacao; — de l'*Amérique Centrale*, des bois de teinture; — de l'*Amérique du Sud*, des bois d'ébénisterie (ébène, palissandre, acajou, etc.); — du *Pérou*, le quinquina; — du *Chili*, du cuivre, des engrais (guano); — de l'*Australie*, des laines, des métaux précieux; — de la *Malaisie*, les épices; — de l'*Inde*, des tissus, de l'opium, des châles, des épices, du coton; — de la *Chine* et du *Japon*, du thé, de la soie, des porcelaines; — de l'*Afrique*, des laines (du Cap), de l'ivoire, des huiles, du liége, du cuivre, des céréales, des dattes, des oranges, des citrons, etc.

EXERCICES.

Indiquer sur la carte, par une couleur particulière, les points où nos chemins de fer pénètrent en Belgique, en Allemagne, en Suisse, en Italie, en Espagne. Indiquer nos grands ports militaires et de commerce. — Nos ports secondaires. — Indiquer sur une mappemonde le trajet des transatlantiques partant du Havre, de Saint-Nazaire, de Bordeaux; le trajet des paquebots partant de Cette, de Marseille, etc.

QUESTIONS.

Quelles sont les diverses voies de communication qui nous mettent en rapport avec les nations du continent européen? — Peut-on conduire des marchandises à travers toute l'Europe et jusqu'à la mer Noire au moyen des canaux? — A quels réseaux de canaux étrangers aboutissent nos canaux du nord? — Quels réseaux de chemins de fer mettent Paris en communication avec la Belgique et la Hollande? — Par quels points nos lignes du nord pénètrent-elles en Belgique? — Quelle est la grande ligne de Paris à Saint-Pétersbourg? — Par où nos lignes de l'Est pénètrent-elles en Allemagne et en Suisse? — Avec quels pays étrangers nous mettent en communication les embranchements du Paris-Lyon-Méditerranée? — Les embranchements du chemin de fer du Midi? — Quels sont nos grands ports de commerce? — Nos ports secondaires? — Qu'appelle-t-on cabotage? — De quels ports s'embarque-t-on pour l'Angleterre? pour la Hollande? pour Hambourg? pour New-York? pour la Martinique? pour Rio-de-Janeiro, etc.? pour l'Afrique, le Levant, etc.? — Qu'entend-on par *importation* et *exportation?* — Quels objets la France exporte-elle? — Quels objets importe-t-elle de l'Angleterre, de la Belgique?... des diverses contrées du globe?

RÉSUMÉ

(A apprendre par cœur.)

Nos fleuves, en aboutissant aux rivages de l'Océan ou de la Méditerranée, nous mettent en communication avec les contrées maritimes du continent européen. D'un autre côté, nos canaux du Nord et de l'Est sont, en quelque sorte, continués par les canaux belges et allemands. Il en est de même de nos chemins de fer; ils s'embranchent, au N., avec les chemins belges; au N.-E., avec les chemins allemands. Par la grande ligne de Maubeuge-Liége-Cologne, ils joignent Cologne, Magdebourg, Dantzig, Kœnisberg, Wilna, Saint-Pétersbourg, Moscou, etc. Les lignes de l'E., du Paris-Lyon-Méditerranée, correspondent avec les chemins de fer de l'Allemagne centrale, de l'Autriche, de l'Italie. Les embranchements du chemin de fer du Midi nous conduisent en Espagne, par Bayonne et Perpignan.

Des ports de la Manche partent des paquebots pour l'Angleterre. Du Havre, de Saint-Nazaire, de Bordeaux, des *transatlantiques* gagnent New-York, les Antilles, les ports du Brésil. A Cette, à Marseille, des services de paquebots sont établis pour les côtes d'Espagne, d'Afrique, d'Italie, pour les échelles du Levant, et, par suite, pour l'océan Indien et l'océan Pacifique.

Nos grands ports de commerce sont : le Havre, Saint-Nazaire et Nantes, Bordeaux, sur l'Atlantique; Marseille et Cette, sur la Méditerranée. A ces ports, s'en ajoutent d'autres de moindre importance : Dunkerque, Calais, Boulogne, Granville, Saint-Malo, la Rochelle, Bayonne, Collioure, Port-Vendres, Fréjus, Nice, etc.

Les importations et exportations se font par ces ports, par les canaux, par les voies ferrées. Nous exportons des vins, des céréales, des fruits, du sucre, des objets d'art et de modes, des tissus (draps, cotonnades, soieries, etc.). Nous importons des métaux, de la houille, des machines, des épices, des céréales dans nos années de disette, des tissus, des laines, du coton, des pelleteries, des fourrures, etc. Notre commerce total dépasse aujourd'hui 8 milliards tant en importations qu'en exportations.

MAI (1)

COLONIES.

ALGÉRIE : LIMITES, MONTAGNES, COURS D'EAU, PROVINCES, VILLES PRINCIPALES. — PRODUCTIONS. — AUTRES COLONIES.

PREMIÈRE LEÇON.

(Lecture avec explications, compte rendu, exercices et questions.)

ALGÉRIE.

Historique. — L'Algérie (anc. Numidie et Mauritanie, anciens États barbaresques) a été occupée successivement par les Romains, par les Vandales, par les Sarrasins et les Maures chassés d'Espagne. Les pirates algériens furent longtemps la terreur des rivages de la Méditerranée. Charles-Quint, le duc de Beaufort, Duquesne, Tourville, les Espagnols, les châtièrent plusieurs fois. Enfin la France, vengeant l'insulte faite à son ambassadeur par le dey, dernier souverain du pays, planta, en 1830, son drapeau sur les murs d'Alger. Depuis cette époque, luttant contre des chefs hardis, notamment contre Abd-el-Kader, elle a conquis peu à peu le littoral et l'intérieur de la contrée, sur une étendue d'environ 900 kilomètres de longueur et de profondeur.

Étendue. — Le territoire de l'Algérie contient une superficie approximative de 400 000 kilomètres carrés ou de 40 000 000 d'hectares, c'est-à-dire à peu près égale aux trois quarts de la France.

Bornes. — Il est borné au N. par le rivage méridional de la Méditerranée, à l'E. par la Tunisie, à l'O. par le Maroc, au S. par le désert du Sahara.

Versants. — Il contient plusieurs versants : le versant de

(1) Ce mois étant relativement peu chargé, les maîtres et maîtresses en profiteront pour faire repasser aux élèves le tableau synoptique des provinces et des départements, la France physique, la géographie générale, etc., en vue de l'examen de certificat d'études.

la Méditerranée, les versants des lacs intérieurs, et le versant du Sahara.

Montagnes. — Il est traversé du S. O. au N. E. par des chaînes de montagnes se rattachant aux chaînes principales du petit, du moyen et du grand Atlas.

Régions. — Dans le même sens courent 3 régions : le Tell sur les côtes, la région des Plateaux entre les deux principales chaînes de l'Atlas, puis le Sahara sur le versant méridional du grand Atlas.

Caps, golfes, fleuves, lacs. — On trouve sur les côtes d'Algérie un grand nombre de *caps :* les caps Rosa, de Fer ou Boudjaroun, Carbon, Corbelin, Matifou, Tenez, Milouia, etc.; de *golfes, baies* ou *rades :* les golfes de Bône, de Stora, de Bougie, la rade d'Alger, la baie de Sidi-Ferruch, les golfes d'Arzew, d'Oran, etc.; de *fleuves :* le Mazafrag, la Seybouse (golfe de Bône), le Rummel qui passe à Constantine; la rivière de Bougie qui longe le Djurjura entre la petite et la grande Kabylie, le Mazafran qui arrose la plaine de Métidja et se jette dans la baie de Sidi-Ferruch ; le Chéliff qui, né dans la province d'Oran, près de Tiaret, y revient se jeter dans le golfe d'Arzew, après avoir arrosé la partie occidentale de la province d'Alger; la Macta, tributaire du même golfe; la Tafna, dont le ruisseau d'Isly est un des affluents. — On compte jusqu'à 5 bassins dans le plateau central où des lacs (le Chott-el-Chergui, le Grand Chott, etc.) servent de déversoirs aux cours d'eau descendus des deux Atlas. On en compte aussi dans le Sahara, où se rendent, quand ils ne se perdent pas dans les sables, les cours d'eau du versant méridional du grand Atlas.

Divisions. — L'Algérie se divise en 3 provinces qui forment autant de départements. Ce sont celles d'Alger, au centre, de Constantine à l'E. et d'Oran à l'O.

Province d'Alger. — La province d'Alger comprend notamment le Djebel-Djurjura et la grande Kabylie à l'E., la plaine de Métidja aux environs d'Alger, le petit Atlas au S. de cette plaine, une partie du cours du Chéliff dans l'O. — Ses villes principales sont, *sur la côte :* Dellys; Alger, au fond de la rade de ce nom, entre le cap Matifou et la pointe de Pescado, capitale de toute l'Algérie, chef-lieu de préfecture, siége du gouvernement, d'un archevêché, d'une cour d'appel, d'une académie (41 402 habitants); Sidi-Ferruch, Cherchel, Tenez, etc.; *dans l'intérieur :* Blidah, Médéah, Mouzaïa-les-Mines,

El-Aghouat, ou Laghouat au S. d'Alger; Boufarick, Orléansville, vers l'O.; Aumale, vers l'E.

Province de Constantine. — La province de Constantine a pour chef-lieu Constantine (anc. Cirtha, cap. de la Numidie), bâtie sur un plateau isolé, aux bords du Rummel, comptant aujourd'hui 35 885 habitants, chef-lieu d'une préfecture et siége d'un évêché. — Villes principales, *sur la côte :* La Calle; Bône (anc. Hippone, dont saint Augustin fut évêque); Stora; Philippeville; Djidjély; Bougie, etc.; *dans l'intérieur :* Guelma à l'E.; Sétif à l'O., Lambessa au S., etc.

Province d'Oran. — La province d'Oran a pour chef-lieu Oran, sur le golfe du même nom (22 097 habitants). Principales villes, *sur la côte :* Mostaganem, dans le voisinage de laquelle se trouve Mazagran, illustré par la belle défense du capitaine Lelièvre; Arzew, sur le golfe de ce nom, dans le voisinage des marais de la Macta; Nemours, une des villes les plus rapprochées du Maroc; *dans l'intérieur :* Tiaret, dans l'E., vers la source du Chéliff; Mascara, au S. d'Oran; Tlemcen, vers l'O., entourée d'oliviers séculaires.

EXERCICES.

Tracer la carte de l'Algérie : rivage, contours, montagnes, caps, fleuves, provinces, villes principales.

QUESTIONS.

Par quels peuples a été successivement habitée l'Algérie? — Quelle est l'étendue du pays? — Quelles en sont les bornes? — Combien y compte-t-on de versants? — Quelles sont les grandes chaînes de montagnes qui le traversent et quelle est leur direction? — Quels versants forment-elles? — Combien de régions à distinguer? — Quels sont les principaux caps, golfes ou baies, fleuves, lacs? — En combien de provinces ou de départements se divise l'Algérie? — Quelle est la place respective de ces provinces ou départements? — Quelles sont les principales villes de la province d'Alger, sur la côte, dans l'intérieur du pays? — Mêmes questions pour la province de Constantine et pour la province d'Oran.

RÉSUMÉ.

(A apprendre par cœur.)

Bornes. — L'Algérie (anciens États barbaresques), conquise par la France depuis 1830, s'étend, d'une part, entre le rivage méridional de la Méditerranée et le Sahara, d'autre part, entre la Tunisie, à l'E., et le Maroc à l'O.

Montagnes, versants, régions. — Elle est traversée du S.-O. au N.-E. par les chaînes du petit, du moyen et du grand Atlas. Ces chaînes y déterminent les versants de la Méditerranée, de l'intérieur et du Sahara; elles partagent le pays en 3 régions : le Tell, vers le N.; la région des Plateaux, au centre, et le Sahara, au S.

Caps, golfes et baies, fleuves et lacs. — Il faut remarquer les caps Rosa, de Fer, Boudjaroun, Matifou, etc.; les golfes de Bone, de Stora, de Bougie ; la rade d'Alger, la baie de Sidi-Ferruch; les golfes d'Arzew et d'Oran ; comme fleuves : le Mazafrag, la Seybouse, le Rummel, la rivière de Bougie, le Mazafran, le Chéliff, la Macta, la Tafna, qui a pour affluent l'Isly ; comme lacs : le Schott-el-Chergui, le Grand-Schott, etc.

Divisions et villes principales. — L'Afrique se divise en 3 provinces ou départements : la *province d'Alger*, villes principales, Alger, capitale de toute la colonie (archevêché, cour d'appel, académie, 41 402 habitants), Dellys, Cherchell, Blidah, Médéah, Mouzaïa, Laghouat, Orléansville, Aumale, etc. ; la *province de Constantine*, villes principales, Constantine, sur le Rummel (préfecture, évêché, 35 885 hab.), la Calle, Bône, Stora, Philippeville, Bougie, Sétif, Lambessa, etc. ; la *province d'Oran*, villes principales, Oran (préfecture, évêché, 22 097 hab.), Mostaganem et Mazagran, Arzew, Nemours, Mascara, Tlemcen, etc.

DEUXIÈME LEÇON.

(Lecture avec explications, compte rendu, exercices et questions.)

Administration de l'Algérie. — L'Algérie est placée sous l'autorité d'un gouverneur général, qui réunit entre ses mains le pouvoir militaire et le pouvoir civil.

Au point de vue militaire, elle forme la 19e région et le 19e corps d'armée. Elle est partagée en 3 divisions : celle d'Alger, avec les subdivisions de Dellys, d'Aumale, de Médéah, de Milianah et d'Orléansville; celle de Constantine, avec les subdivisions de Bône, de Sétif et de Batna; celle d'Oran, avec les subdivisions de Mascara, de Mostaganem, de Sidi-bel-Abbès et de Tlemcen.

Au point de vue de l'administration civile, elle forme 3 départements : le département d'Alger, avec 2 arrondissements : Alger et Milianah ; le département de Constantine, avec 4 arrondissements : Constantine, Guelma, Philippeville et Bône ; le département d'Oran, avec 2 arrondissements : Oran et Mostaganem.

Au point de vue judiciaire, elle comprend : 1 cour d'appel dont le siége est à Alger ; les tribunaux civils d'Alger, de Blidah, de Tizi-Ouzou ; de Constantine, de Bône, de Sétif, de Philippeville, d'Oran, de Mostaganem et de Tlemcen ; 10 justices de paix.

Au point de vue religieux, elle renferme 1 archevêché, Alger, et 2 évêchés, Constantine et Oran.

Les intérêts de l'enseignement sont confiés au recteur de l'académie d'Alger, assisté d'inspecteurs d'académie et d'inspecteurs primaires.

Population. — La population indigène de l'Algérie est fort variée. Elle se rattache à 3 souches principales : les Maures, les Arabes, les Berbers ou habitants des deux Kabylies. A ces peuples sont venus se mêler des juifs, des Turcs, des nègres, etc., et enfin des Européens (Français, Espagnols, Italiens, Maltais, etc.).

Parmi les indigènes, les uns, comme les Bédouins (Arabes ou Berbers), habitent sous des tentes et ne peuvent renoncer à la vie pastorale et nomade de leurs pères ; les autres forment des tribus sédentaires, se sont accoutumés au séjour des villes ou des villages et s'y livrent au commerce ou à la culture; d'autres enfin mènent une sorte d'existence mixte, habitant les montagnes pendant les six mois de sécheresse, et se répandant dans les plaines et dans les divers parcours pendant les six mois de verdure.

Ces populations qui occupent soit le *territoire civil*, soit le *territoire militaire*, n'obéissent pas à une administration et à une législation uniformes. Les Européens sont soumis à la loi française. Les indigènes, divisés en *douars*, *fercas*, *tribus*, *grands kaïdats*, etc., suivent leurs coutumes civiles ou religieuses, sous la surveillance des *bureaux arabes*, militaires et civils, qui représentent l'autorité française. Les Européens sont catholiques, protestants, israélites; les indigènes sont presque tous musulmans; un assez grand nombre appartiennent néanmoins au culte judaïque. — Le chiffre total de la population de l'Algérie est de 1 972 000 habitants, dont 347 000 Européens ou indigènes soumis au régime civil.

Productions. — On trouve dans le Tell : les céréales, les prairies naturelles ou artificielles, la vigne, l'oranger, le citronnier, l'olivier, etc.; dans la région des Plateaux, des pâturages; dans les oasis du Sahara, les grenadiers, pêchers, abricotiers, figuiers, amandiers, oliviers, dattiers, etc.; dans les montagnes, le cyprès, le chêne-liége, le chêne au gland doux, des mines de fer, de cuivre, de plomb, etc.; sur divers points, des eaux minérales, des carrières de marbre, de pierre, de gypse, etc.

AUTRES COLONIES D'AFRIQUE.

Outre l'Algérie, la France possède en Afrique le gouvernement du Sénégal, quelques comptoirs en Guinée, l'île de la Réunion, le gouvernement de Mayotte, etc.

Sénégal. — Le siége du gouvernement du Sénégal est *Saint-Louis du Sénégal*, dans une petite île du fleuve même de ce nom. Ce gouvernement comprend, dans le voisinage du Sénégal et sur 1 200 kilomètres de son parcours, un certain nombre de stations où l'on échange notamment de la gomme avec les nègres de la Sénégambie et du Sahara méridional. Bakel et Podor, sur le fleuve, Dakar, à la pointe du cap Vert, Gorée, dans une île du même nom, Sedhiou, sur la Casamance, font partie du gouvernement du Sénégal, dont Saint-Louis, Bakel et Gorée sont les chefs-lieux d'arrondissement.

Comptoirs de Guinée. — Ces comptoirs, à peu près abandonnés aujourd'hui, sont Grand-Bassam, Assinie, Dabou, sur la côte d'Ivoire ou des Dents ; Gabon, vers le S. de la Guinée supérieure. On y échange des huiles, de l'ivoire, des bois de teinture, etc.

Ile de la Réunion. — L'île de la Réunion, qui a porté les noms d'île Bourbon et d'île Napoléon, est située dans l'océan Indien, à l'E. de Madagascar, et fait partie du groupe des Mascareignes. Villes principales : Saint-Denis de la Réunion, au N. de l'île, siége du gouvernement, chef-lieu d'arrondissement et évêché (19 000 hab.) ; Saint-Paul, autre chef-lieu d'arrondissement ; Saint-Louis, Saint-Pierre, Sainte-Suzanne, etc. — Productions : café, sucre, etc. — Population : 180 000 hab.

Gouvernement de Mayotte. — Ce gouvernement comprend les îles de Sainte-Marie de Madagascar, au N.-E. de Madagascar, cap. Port-Louis ; de Mayotte et de Nossi-Bé, du groupe des Comores, au N.-O. de la même grande île. — A l'entrée de la mer Rouge, la France a acquis le port d'Obok, où se trouve un dépôt de charbon pour nos vaisseaux traversant la mer Rouge et l'isthme de Suez.

EXERCICES.

Tracer la carte d'Afrique et y noter spécialement l'Algérie, le Sénégal, l'île de la Réunion, etc. — Tracer une carte détaillée de l'Algérie.

QUESTIONS.

Quelle est l'organisation de l'Algérie au point de vue de l'administration militaire, civile, judiciaire, religieuse et universitaire? — De quels éléments se compose la population? — Quelles lois régissent la population indigène? La population européenne? — Quelles sont les productions de l'Algérie? Quels sont en Afrique nos colonies ou établissements autres que l'Algérie? — Où est situé le Sénégal? — Quelles sont les principales villes dépendant de ce gouvernement? — Où est située l'île de la Réunion? Quelles en sont les principales villes, la population et les productions? — Où sont situées les îles de Sainte-Marie, de Mayotte, de Nossi-Bé? — Où est situé le port d'Obok?

RÉSUMÉ.

(A apprendre par cœur.)

ALGÉRIE (Suite).

Administration de l'Algérie. — L'Algérie, placée sous l'autorité d'un gouverneur général, se divise, au point de vue militaire, en 3 divisions, celles d'Alger, de Constantine et d'Oran, et, au point de vue de l'administration civile, en 3 départements ayant les mêmes chefs-lieux. Ces départements se subdivisent en arrondissements au nombre de 2 dans le département d'Alger (Alger et Milianah), de 4 dans le département de Constantine (Constantine, Guelma, Philippeville et Bône), de 2 dans le département d'Oran (Oran et Mostaganem). Elle compte 1 cour d'appel siégeant à Alger, 10 tribunaux civils et autant de justices de paix; 1 archevêché et 2 évêchés (Alger, Constantine et Oran), et 1 académie (l'académie d'Alger).

Population. — La population est de 1 972 000 habitants, dont 220 600 Européens seulement. Les indigènes, en grande majorité musulmans, suivent leurs lois et leurs coutumes, sous l'autorité de leurs chefs et sous celle des *bureaux arabes* civils ou militaires, sauf 121 000 environ qui sont régis, comme les Européens, par la loi française.

Productions. — On trouve dans le Tell, qui continue en quelque sorte notre rivage méditerranéen, les céréales, la vigne, les plantes et les légumes d'Europe; dans la région des Plateaux, des pâturages; dans les oasis du Sahara, le grenadier, le pêcher, l'abricotier, l'olivier, le figuier, l'amandier, et surtout le dattier; dans les montagnes, le cyprès, le chêne-liége, des mines de fer, de cuivre, de plomb, des eaux minérales et des carrières.

AUTRES COLONIES D'AFRIQUE.

Nos autres colonies ou établissements d'Afrique sont :

Le Sénégal; capitale et siége du gouvernement : Saint-Louis du Sénégal ; villes ou établissements en dépendant : Bakel et Podor sur le Sénégal, Dakar à la pointe du Cap-Vert, Gorée dans une île du même nom : population totale 148 000 âmes environ ;

Les comptoirs du Grand-Bassam, de Dabou et de Gabon, sur la côte de Guinée, établissements que nous avons à peu près délaissés ;

L'île de la Réunion; capitale : Saint-Denis de la Réunion; villes principales : Saint-Paul, Saint-Pierre, Sainte-Suzanne, etc. ; productions : sucre, café, etc. ; population : 180 000 habitants ;

Les îles de Sainte-Marie, de Mayotte, de Nossi-Bé, dans le voisinage de Madagascar ; le port d'*Obok*, à l'entrée de la mer Rouge.

TROISIÈME LEÇON.

(Lecture avec explications, compte rendu, exercices et questions.)

ÉTABLISSEMENTS D'ASIE.

Comptoirs de l'Inde. — Nous avons eu autrefois dans l'Indoustan des établissements prospères, et, pendant la guerre de 1741, Dupleix, qui les administrait au nom de la Compagnie des Indes, faillit nous donner l'empire que les Anglais se sont créé depuis dans ces parages. Mais la mésintelligence qui se mit alors entre ce grand homme et Mahé de la Bourdonnais, autre gouverneur de la Compagnie pour l'île de France et Bourbon, compromit ses succès, et, au traité d'Aix-la-Chapelle (1748), nous dûmes rendre Madras, dont il s'était emparé. Lally, qui lui succéda, fut encore moins heureux pendant la guerre de Sept-Ans, et le traité de Paris ne nous laissa à peu près que les établissements que nous possédons aujourd'hui, savoir : Mahé, Calicut, sur la côte de Malabar ; Karikal, Pondichéry, Yanaon, sur la côte de Coromandel ; Chandernagor, au Bengale ; la factorerie de Surate, dans le Goudjerate (environs du golfe de Cambaye).— Population totale de ces villes : 262,000 habitants; siége du gouvernement : Pondichéry ; productions : canne à sucre, coton, tabac, opium, indigo, huiles, étoffes, etc.

Basse-Cochinchine, au S.-E. de l'Indo-Chine. — Vaste possession cédée à la France en 1862 par l'empereur d'Annam ; capitale : Saïgon, sur le Donnaï ou Dun-Naï; population : 1 225 000 habitants. — De là, la France étend son protectorat sur le royaume de Cambodge. — Productions : riz, bambous, etc.

ÉTABLISSEMENTS ET COLONIES D'AMÉRIQUE.

Amérique du Nord. — La France a possédé, dans l'Amérique du Nord, le Canada, l'Acadie, l'île du Cap-Breton, Terre-Neuve, la Louisiane. Le traité d'Utrecht (1713) lui enleva Terre-Neuve et l'Acadie ; le traité de Paris (1763), l'île du Cap-Breton, le Canada défendu en vain par Vaudreuil et Montcalm ; la Louisiane, cédée à l'Espagne en dédommagement de la Floride, qui passait à l'Angleterre. Il ne lui reste plus aujourd'hui dans ces contrées que les îlots de Saint-Pierre et de Miquelon, avec le droit de pêcher la morue sur la côte de Terre-Neuve.

Antilles. — Aux Antilles, la France a recouvré par les traités :

La Martinique. — 140 000 hab. ; 2 arrondissements (Fort-de-France et Saint-Pierre de la Martinique) ;

La Guadeloupe, au N. de la précédente, formant en quelque sorte deux îles distinctes, séparées par la Rivière-Salée : la Grande-Terre, à l'E., avec la Pointe-à-Pitre, et la Basse-Terre, à l'O., avec la ville du même nom, siége du gouvernement, d'une cour d'appel et d'un évêché ;

Marie-Galante, les Saintes, la Désirade, Saint-Martin, dépendant du gouvernement de la Guadeloupe. Les productions de ces îles sont, indépendamment des plantes tropicales, le café, le cacao, le coton, la canne à sucre, etc.

Amérique du Sud, Guyane. — La Guyane française est située dans l'Amérique du Sud, et s'étend sur le rivage de l'Atlantique, entre le Maroni et la Guyane hollandaise au N., et l'Araouari et la Guyane brésilienne au S. — Elle a pour villes principales : Cayenne, capitale, dans une île du même nom, et Sinnamari, vers le N. — Avec les îles du Connétable et du Salut, elle compte environ 20 000 habitants; elle est aujourd'hui un lieu de transportation pour les criminels condamnés aux travaux forcés.

ÉTABLISSEMENTS ET COLONIES EN OCÉANIE.

Mélanésie. — La France possède, dans la Mélanésie, la Nouvelle-Calédonie, grande île de forme allongée, ayant une superficie de 600 lieues carrées et une population indigène de 50 000 habitants. On y trouve la presqu'île Ducos, et, dans le voisinage, l'île des Pins, les îles Halgan, Chabrol, Britannia. La capitale et le siége du gouvernement est Nouméa. — Dans ces derniers temps, la Nouvelle-Calédonie est devenue un lieu de déportation pour les condamnés politiques. — Climat sain ; sol fertile, produisant le gingembre, la canne à sucre, le bananier, le sandal, le cocotier, le figuier, l'oranger.

Polynésie. — Dans la Polynésie, la France possède l'archipel des *îles Marquises*, de *Mendana* ou de *Nouka-Hiva*, dont les principaux établissements sont Nouka-Hiva et Taouata ; l'archipel de la *Société* ou de *Taïti*, ayant pour capitale Papéity, chef-lieu du gouvernement des possessions françaises dans ces parages. Les îles *Gambier*, l'archipel *Wallis* sont placés sous son protectorat.

EXERCICES.

Tracé des cartes de l'Indoustan et de l'Indo-Chine, des environs du golfe Saint-Laurent, des Antilles, de la Guyane, de l'Océanie, faisant ressortir les possessions françaises dans ces diverses contrées.

QUESTIONS.

Quelles sont les possessions françaises dans l'Indoustan et dans l'Indo-Chine? dans l'Amérique du Nord ? aux Antilles ? dans l'Amérique du Sud? dans la Mélanésie et la Polynésie? — Quelles circonstances et quels traités ont amené la décadence de nos possessions de l'Inde et de l'Amérique du Nord ? — Quels étaient les gouverneurs de l'Inde au temps de la guerre de 1741? de Sept-Ans ? — Quels ont été les défenseurs du Canada pendant la guerre de Sept-Ans? — Comment avons-nous perdu l'Acadie, le Canada, l'île du Cap-Breton, la Louisiane? — Qu'est-ce que Cayenne ? la Nouvelle-Calédonie? — Quels produits tirons-nous de Saint-Pierre et de Miquelon? des Antilles ? de nos établissements de l'Inde ?

RÉSUMÉ.

(**A apprendre par cœur.**)

La France possède :

Dans l'Indoustan : les établissements, comptoirs ou factoreries de Mahé, Calicut, Surate, sur la côte de Malabar; de Karikal, Pondichéry, Yanaon, sur la côte de Coromandel; Chandernagor, au-dessus de Calcutta;

Dans l'Indo-Chine : la Basse-Cochinchine, colonie datant de 1862, et dont la capitale est Saïgon;

Dans l'Amérique du Nord : les îlots de Saint-Pierre et de Miquelon, débris de vastes possessions dans ces parages (Canada, Acadie, Cap-Breton, Terre-Neuve, Louisiane);

Aux Antilles : la Martinique (villes principales : Fort-de-France, Saint-Pierre de la Martinique); la Guadeloupe (villes principales : la Basse-Terre et la Pointe-à-Pitre, etc.) ;

Dans l'Amérique du Sud : La Guyane française (villes principales : Cayenne et Sinnamari);

Dans l'Océanie : La Nouvelle-Calédonie (capitale Nouméa); l'archipel des îles Marquises ou de Nouka-Hiva; les archipels de la Société ou de Taïti (cap. Papéïty), les îles Gambier, Wallis, etc., placées sous le proctectorat français.

Les produits ou productions de l'Inde sont : la canne à sucre, le coton, le tabac, l'opium, l'indigo, des huiles, des étoffes, etc.; de la Basse-Cochinchine : du riz, des bambous, etc.; des Antilles : sucre, café, cacao, rhum, etc.; de la Nouvelle-Calédonie : banane, bois de sandal, gingembre, etc.

JUIN (1)

GÉOGRAPHIE ADMINISTRATIVE.

DIVISIONS ADMINISTRATIVES : DÉPARTEMENTS, ARRONDISSEMENTS, CANTONS, COMMUNES. — DIVISIONS MILITAIRES, MARITIMES, ECCLÉSIASTIQUES, UNIVERSITAIRES, JUDICIAIRES, FINANCIÈRES. — ADMINISTRATION CENTRALE ET GOUVERNEMENT. — POPULATION.

PREMIÈRE LEÇON.

(Lecture avec explications, compte rendu, exercices et questions.)

DIVISIONS ADMINISTRATIVES : DÉPARTEMENTS, ARRONDISSEMENTS, CANTONS, COMMUNES.

Divisions administratives. — Avant 1789, la France était divisée en *provinces*.

La province était une circonscription territoriale ayant pour capitale une ville centrale ou importante ; ainsi la Flandre, qui avait pour capitale Lille ; l'Artois, qui avait pour capitale Arras, etc. Au point de vue militaire, la province formait un *gouvernement* et était commandée par un *gouverneur* ; on disait : le *gouvernement de Guyenne*, le *gouverneur du Languedoc*.

Au point de vue financier et administratif, elle formait une *généralité* et était placée sous l'autorité d'un *intendant* ; la *généralité d'Orléans*, l'*intendant de Limoges*.

A ces provinces et à ces généralités, l'Assemblée constituante a substitué, en 1790, des *départements* tirant le plus souvent leur nom de leur position géographique.

Départements. — Un département est une circonscription territoriale dont l'administration est confiée à un *préfet* et qui forme ainsi une *préfecture*. On dit le *préfet du Loiret*, la *préfecture de la Seine*. Le préfet réside dans la ville la plus importante ou la plus centrale du département, laquelle est, dès lors, le *chef-lieu* du département, un *chef-lieu de préfecture* : Lille, Arras, Amiens, etc., sont des chefs-lieux de préfecture, les chefs-lieux des départements du Nord, du Pas-de-Calais, de la Somme.

(1) Même note que pour le mois précédent.

Arrondissements. — Quoique d'une étendue plus restreinte que l'ancienne province, le département a été divisé en agglomérations secondaires, groupées autour de villes chefs-lieux. Ces agglomérations, appelées d'abord *districts*, portent aujourd'hui le nom d'*arrondissements*. L'arrondissement est administré par un *sous-préfet*, d'où le nom de *sous-préfecture* donné tantôt à l'arrondissement tout entier, tantôt à la ville où réside le sous-préfet, tantôt à la fonction même de sous-préfet : les communes de Pantin et d'Aubervilliers sont dans l'*arrondissement* ou dans la *sous-préfecture* de Saint-Denis; la ville de Saint-Denis est un *chef-lieu d'arrondissement* ou de *sous-préfecture*, ou tout simplement une *sous-préfecture* : M. X... ambitionne une *sous-préfecture*.

Cantons. — A son tour, l'arrondissement se subdivise en cantons, c'est-à-dire en agglomérations de communes ayant pour chef-lieu l'une d'entre elles qui est le *chef-lieu de canton*, ou simplement le *canton* : le *canton de Neuilly* est l'agglomération des communes de Levallois-Perret, de Boulogne, de Neuilly; Neuilly est le *chef-lieu du canton*, ou tout simplement le *canton*.

Communes. — Une *commune* est une agglomération d'habitants ayant son territoire déterminé, ses intérêts *communs*, ses ressources et ses charges propres, son *budget* de recettes et de dépenses.

Les communes sont *rurales*, si les habitants sont disséminés et se livrent aux travaux des champs. Elles forment alors un *village* ayant son *bourg*, sa partie la plus agglomérée où se trouvent ordinairement l'église, la mairie, les écoles, les gens de métier; ses *hameaux*, agglomérations moindres ; ses *écarts* composés seulement de quelques habitations ; ses *fermes*, où un *fermier* cultive une assez grande étendue de terrain, élève du bétail, etc.— La commune prend le nom de *ville*, d'agglomération *urbaine*, lorsque les habitations sont plus nombreuses, plus serrées, contiguës, alignées sur des voies pavées appelées *rues;* que ses habitants se livrent plutôt au commerce et à l'industrie qu'à la culture. Une ville a ses rues, ses places, ses quartiers, et quelquefois ses arrondissements ou municipalités secondaires, comme Paris et Lyon. Les *paysans*, les *villageois* habitent la *campagne*, les *villages*, les *hameaux*, etc. Les dénominations de *bourgeois*, de *citadins* désignent spécialement les habitants des villes ou cités.

La commune est le point de départ de notre hiérarchie administrative. Ensuite viennent le canton, l'arrondissement et enfin le département.

A la tête de la commune ou de la municipalité se trouve le *maire*. Ce magistrat est assisté d'un ou de plusieurs *adjoints* et d'un *conseil municipal* élu. Il tient les *actes de l'état civil*, prend des arrêtés dans l'intérêt du bon ordre, représente la communauté et la maintient continuellement en rapports avec le pouvoir supérieur.

Au canton, un juge de paix, magistrat de l'ordre judiciaire dont il sera parlé plus tard (organisation judiciaire).

A la tête de l'arrondissement, un sous-préfet, fonctionnaire nommé par le pouvoir central et le représentant sous les ordres du préfet. Un conseil dit d'*arrondissement*, élu à raison d'un membre par canton, l'assiste et s'occupe avec lui de certaines questions d'intérêt local, émet des vœux, etc.

A la tête du département un préfet, fonctionnaire d'ordre supérieur, auquel viennent aboutir les principaux rouages de l'administration et notamment de l'administration des communes. Délégué immédiat du Gouvernement auprès des populations, relevant de tous les ministères, mais surtout de celui de l'intérieur, assisté d'un *secrétaire général*, d'un *conseil de préfecture* qui juge les affaires contentieuses, ayant pour auxiliaires les sous-préfets du ressort, le préfet donne à ces rouages l'impulsion, l'unité, la force. Un *conseil général*, élu aussi à raison d'un membre par canton, l'éclaire ou le contrôle. Les conseils généraux ont d'ailleurs des attributions très-étendues et exercent une action considérable sur certains services (création ou entretien des voies de communication, impositions spéciales, instruction primaire, bâtiments civils, institutions départementales de diverses catégories, etc.)

La France proprement dite compte aujourd'hui 86 départements, 362 arrondissements, 2 865 cantons, 35 989 communes.

EXERCICES.

Nouveau tracé ou nouvelle étude de la carte par provinces et par départements.

QUESTIONS.

Comment se divisait la France avant 1789? — Comment s'appelaient les provinces en tant que soumises à des gouverneurs?

en tant que placées sous l'autorité des intendants? — De quoi étaient spécialement chargés les gouverneurs? les intendants? — Quelles divisions administratives la Constituante a-t-elle substituées aux provinces et aux généralités? En quelle année ce changement a-t-il été opéré? — Qu'est-ce qu'un département? — Comment se divise le département? l'arrondissement? le canton? — Qu'est-ce qu'une commune? un canton? un arrondissement? — Quel magistrat est à la tête de la commune? Quelles sont ses principales attributions? Par qui est-il assisté dans l'administration communale? — De quel ordre est le magistrat qui se trouve au chef-lieu de chaque canton? — Quel est le fonctionnaire placé à la tête d'un arrondissement? Comment s'appelle le conseil qui se réunit au chef-lieu d'arrondissement? — Qu'est-ce qu'un préfet? — Quelles sont ses principales attributions? — Par qui est-il assisté? — De quoi s'occupe le conseil de préfecture? — Quelles sont les attributions du conseil général? — Que peut-on entendre par les mots canton, chef-lieu de canton, sous-préfecture, chef-lieu de sous-préfecture, préfecture, chef-lieu de préfecture? — Combien la France compte-t-elle de départements? d'arrondissements? de cantons? de communes?

RÉSUMÉ.

(A apprendre par cœur.)

La France, divisée autrefois en provinces, gouvernements et généralités, l'est aujourd'hui en *départements*.

Département. — Un *département* est une circonscription territoriale dont l'administration est confiée à un *préfet;* la ville où réside le préfet est le chef-lieu du département.

Arrondissement. — Un *arrondissement* est une partie de département dont l'administration est confiée à un *sous-préfet;* la ville où réside le sous-préfet est un *chef-lieu* d'arrondissement ou de sous-préfecture.

Canton. — Un *canton* est une agglomération de communes groupées autour d'une autre commune qui prend le nom de *chef-lieu de canton*. Il y a au chef-lieu de canton un magistrat d'ordre judiciaire appelé juge de paix.

Commune. — Une *commune* est une agglomération

d'habitants ayant son territoire déterminé, ses intérêts *communs*, son *budget*, ses chemins, son église, ses écoles, etc. — Une commune est administrée par un *maire*, assisté d'un ou de plusieurs *adjoints* et d'un *conseil municipal* élu. Il dresse les actes de l'état civil, prend des arrêtés dans l'intérêt du bon ordre, représente la communauté et la tient en rapport avec le pouvoir supérieur.

Il y a en France 86 départements, 362 arrondissements, 2865 cantons, 35989 communes.

DEUXIÈME LEÇON.

(Lecture avec explications, compte rendu, exercices et questions.)

DIVISIONS MILITAIRES, MARITIMES ET ECCLÉSIASTIQUES.

Divisions militaires. — Les forces militaires de la France comprennent l'armée de terre et l'armée de mer ou la flotte.

L'armée de terre est composée de trois éléments : la gendarmerie, l'armée proprement dite, et l'armée territoriale.

Gendarmerie. — La gendarmerie, destinée surtout au maintien de l'ordre à l'intérieur, est organisée en 26 légions et répartie à raison d'un escadron par département, d'une lieutenance par arrondissement, et d'une ou plusieurs brigades par canton.

Armée proprement dite. — L'armée proprement dite (infanterie, cavalerie, artillerie, génie), forme 18 corps d'armée. Elle est répartie entre autant de régions territoriales (non compris l'Algérie), dont les chefs-lieux sont : Lille, Amiens, Rouen, le Mans, Orléans, Châlons-sur-Marne, Besançon, Bourges, Tours, Rennes, Nantes, Limoges, Clermont-Ferrand, Grenoble, Marseille, Montpellier, Toulouse, Bordeaux. Elle est commandée par des généraux de division et des généraux de brigade.

Tableau des 18 régions territoriales ou divisions militaires

N°s D'ORDRE	VILLES CHEFS-LIEUX	DÉPARTEMENTS COMPRIS	NOMBRE de SUBDIVISIONS
1re	Lille.	Nord, Pas-de-Calais.	8
2e	Amiens.	Aisne, Oise, Somme, Seine-et-Oise (arr. de Pontoise), Seine (cantons de Saint-Denis et de Pantin, 10e, 19e et 20e arrond. de Paris).	8
3e	Rouen.	Calvados, Eure, Seine-Inférieure, Seine-et-Oise (arrond. de Mantes et Versailles, cantons de Courbevoie et de Neuilly. 1er, 7e, 8e, 9e, 15e, 16e, 17e, 18e arrond. de Paris).	8
4e	Le Mans.	Eure-et-Loir, Mayenne, Orne, Sarthe, Seine-et-Oise (arr. de Rambouillet), Seine (cantons de Villejuif et de Sceaux, 4e, 5e, 6e, 13e, 14e arrond. de Paris).	8
5e	Orléans.	Loiret, Loir-et-Cher, Seine-et-Marne, Yonne, Seine-et-Oise (arrond. d'Etampes et de Corbeil), Seine (cantons de Charenton et de Vincennes, 2e, 3e, 11e, 12e arrond. de Paris).	8
6e	Châlons-sur-Marne.	Ardennes, Aube, Marne, Meurthe-et-Moselle, Meuse, Vosges.	8
7e	Besançon.	Ain, Doubs, Jura, Haute-Marne, territoire de Belfort, Haute-Saône, Rhône (canton de Neuville, 4e, 5e arrond. de Lyon).	8
8e	Bourges.	Cher, Côte-d'Or, Nièvre, Saône-et-Loire, Rhône (arrond. de Villefranche).	8
9e	Tours.	Maine et-Loire, Indre-et-Loire, Indre, Deux-Sèvres, Vienne.	8
10e	Rennes.	Côtes-du-Nord, Manche, Ille-et-Vilaine.	8
11e	Nantes.	Finistère, Loire-Inférieure, Morbihan, Vendée.	8
12e	Limoges.	Charente, Corrèze, Creuse, Dordogne, Haute-Vienne.	8
13e	Clermont-Ferrand.	Allier, Loire, Puy-de-Dôme, Haute-Loire, Cantal, Rhône (cantons de l'Arbresle, de Condrieu, de Limonest, de Mornant, de Saint-Symphorien, de Saint-Laurent-de-Vaugueray).	8
14e	Grenoble.	Hautes-Alpes, Drôme, Isère, Savoie, Haute-Savoie, Rhône (cantons de Givors, de Saint-Genis-Laval, de Villeurbanne, 1er, 2e, 3e, 6e arrond. de Lyon).	8
15e	Marseille.	Basses-Alpes, Alpes-Maritimes, Ardèche, Bouches-du-Rhône, Corse, Gard, Var, Vaucluse.	8
16e	Montpellier.	Aude, Aveyron, Hérault, Lozère, Tarn, Pyrénées-Orientales.	8
17e	Toulouse.	Ariége, Haute-Garonne, Gers, Lot, Lot-et-Garonne, Tarn-et-Garonne.	8
18e	Bordeaux.	Charente-Inférieure, Gironde, Landes, Basses-Pyrénées, Hautes-Pyrénées.	8
			144

Armée territoriale.—L'armée territoriale, récemment créée, attend son organisation définitive.

Armée de mer ou marine. — La flotte ou force armée de mer compte environ 400 navires avec 45 000 hommes de troupes.

Divisions maritimes. — Nos côtes sont partagées entre 5 arrondissements maritimes ayant leurs chefs-lieux à Cherbourg, Brest, Lorient, Rochefort et Toulon, et à leur tête un *préfet maritime*.

Le service militaire est dû par tout Français âgé de 20 ans, qui ne justifie point de cas de dispense ou d'exemption ; il dure 20 années : 5 dans l'armée active, 4 dans la réserve, 5 dans l'armée territoriale, et 6 dans la réserve de cette même armée.

Divisions ecclésiastiques. — *Culte catholique*. Un *évêché ou diocèse* est une circonscription territoriale placée, au point de vue religieux catholique, sous l'autorité spirituelle et administrative d'un *évêque*. Plusieurs évêchés forment une *province ecclésiastique*, un *archevêché*. Le titulaire d'un archevêché prend le nom d'*archevêque* ou d'évêque *métropolitain*, et les autres évêques de la province sont ses *suffragants;* du reste, son autorité ne s'étend qu'à son propre diocèse.

Les évêchés répondent à peu près aux départements. Toutefois, le siége n'en est pas toujours au chef-lieu ; ainsi à Cambrai (Nord), à Soissons (Aisne), à Sens (Yonne), à Autun (Saône-et-Loire), à Coutances (Manche), à Bayeux (Calvados), à Saint-Dié (Vosges), à Saint-Claude (Jura), à Belley (Ain), à Pamiers (Ariége), à Bayonne (Basses-Pyrénées), à Séez (Orne), à Luçon (Vendée), à Aire (Landes), à Fréjus (Var), à Viviers (Ardèche).

D'un autre côté, il y a quelquefois plusieurs siéges épiscopaux dans un même département : Aix, Marseille, dans les Bouches-du-Rhône ; Reims et Châlons dans la Marne ; Chambéry, Moutiers, Saint-Jean de Maurienne, dans la Savoie.

Enfin, il arrive que plusieurs départements appartiennent au même diocèse, comme la Marne et les Ardennes, la Haute-Saône et le Doubs, le Cher et l'Indre.

L'archevêque ou évêque administre son diocèse, assisté d'un chapitre de chanoines et de vicaires généraux. Les paroisses dont se compose un diocèse sont confiées à des *curés* (cures), ou à des desservants (dessertes ou succursales).

Il y a 17 archevêchés en France et 1 en Algérie : Cambrai,

Reims, Rouen, Paris, Rennes, Tours, Bourges, Sens, Besançon, Lyon, Chambéry, Bordeaux, Auch, Toulouse, Alby, Avignon, Aix, Alger; 68 évêchés en France, y compris la Corse; 2 en Algérie (Constantine et Oran); 3 dans les colonies (Saint-Denis de la Réunion, Saint-Pierre et Fort-de-France, la Basse-Terre), ce qui forme un total de 85 en France et en Corse, 3 en Algérie et 3 dans les colonies.

Cultes dissidents. — Outre le culte catholique, l'État reconnaît et salarie le culte protestant (culte luthérien ou de la confession d'Augsbourg, culte calviniste ou Église réformée), qui compte 597 500 adhérents, et le culte israélite, qui en compte 46 000. Les églises protestantes sont administrées par des *consistoires* et des *pasteurs*, et le culte israélite par des *consistoires* et des *rabbins*.

EXERCICES.

Marquer d'un signe particulier, sur la carte de France, 1° les chefs-lieux des 18 régions territoriales entre lesquelles se répartit l'armée de terre; 2° les chefs-lieux des 5 arrondissements maritimes; 3° les villes qui sont le siége d'un archevêché ou d'un évêché.

QUESTIONS.

De quoi se composent les forces militaires de la France? — Comment se divise l'armée de terre? — Comment est organisée la gendarmerie? — Combien de corps forme l'armée active ou l'armée proprement dite? En combien de régions territoriales se répartit-elle? Quels sont les chefs-lieux de ces régions? — Par qui l'armée active est-elle commandée? — Quel est l'effectif de la flotte (hommes et vaisseaux)? — En combien d'arrondissements maritimes se partagent nos côtes? Quels sont les chefs-lieux de ces arrondissements? — Comment se nomment les fonctionnaires qui les commandent?

Qu'appelle-t-on un évêché ou un diocèse? un archevêché ou province ecclésiastique? — A quoi correspondent à peu près les évêchés ou diocèses? — Quels sont les évêchés qui n'ont point leur siége au chef-lieu même du département? — Quels sont les départements qui font partie du même diocèse? — Quels sont les départements qui contiennent plusieurs siéges épiscopaux? — Par qui un évêque est-il assisté dans l'administration de son diocèse? — Combien comptez-vous d'archevêchés tant en France qu'en Algérie? — Combien d'évêchés en France? en Algérie? dans les colonies? — Combien de diocèses en tout? — Comment se subdivisent les évêchés? — Quels noms prennent les paroisses selon qu'elles sont confiées à un curé ou à un desservant?

RÉSUMÉ.

(A apprendre par cœur.)

Divisions militaires. — Les forces militaires de la France comprennent l'armée de terre et l'armée de mer ou la flotte. L'armée de terre se compose : 1° de l'armée active ou armée proprement dite; 2° de la gendarmerie; 3° de l'armée territoriale. L'armée proprement dite forme 18 corps d'armée répartis entre autant de régions territoriales, dont les chefs-lieux sont : Lille, Amiens, Rouen, le Mans, etc.; elle est commandée par des généraux de division et par des généraux de brigade. — La flotte compte environ 400 navires et 45 000 hommes de troupes. Nos côtes sont divisées en 5 arrondissements maritimes dont les chefs-lieux sont : Cherbourg, Brest, Lorient, Rochefort et Toulon; ces arrondissements ont à leur tête un préfet maritime.

Divisions ecclésiastiques. — *Culte catholique.* — Au point de vue religieux catholique, notre territoire se divise en archevêchés ou provinces ecclésiastiques, comprenant un certain nombre d'évêchés ou de diocèses. Il y a à la tête de chaque diocèse un archevêque ou un évêque. Nous comptons 18 archevêchés dont 1 en Algérie, et 63 évêchés dont 2 en Algérie et 3 dans les colonies, en tout 91 diocèses, dont 85 en France et en Corse, 3 en Algérie et 3 dans les colonies.

Cultes dissidents. — Outre le culte catholique qui est celui de l'immense majorité des Français, l'État reconnaît et salarie les cultes protestant et israélite. Le premier compte 597 500 adhérents, et le second 46 000 seulement. Les églises protestantes et israélites sont administrées par des consistoires; les ministres du culte protestant se nomment pasteurs, les ministres du culte israélite, rabbins.

TROISIÈME LEÇON.

(Lecture avec explications, compte rendu, exercices et questions.)

DIVISIONS UNIVERSITAIRES, JUDICIAIRES, FINANCIÈRES.

Divisions universitaires. — L'enseignement est de divers ordres, selon les matières qui en sont l'objet. Il y a l'enseignement *supérieur*, l'enseignement *secondaire*, l'enseignement *primaire*. L'enseignement est dit *public*, quand il est dirigé par l'État, *libre*, quand il est seulement surveillé par lui dans la mesure déterminée par les lois. A la tête de cet immense service se trouve le Ministre de l'instruction publique, assisté d'un Conseil supérieur et d'Inspecteurs généraux. Sous son autorité, des *Recteurs* administrent ou surveillent l'enseignement dans des circonscriptions appelées *Académies*. Une académie est donc une circonscription territoriale dont les établissements d'enseignement sont placés sous la direction ou sous la surveillance d'un recteur (1).

Avant 1789, la France comptait 24 *Universités* (Universités de Paris, d'Orléans, de Caen, d'Angers, de Toulouse, etc). Elle compte aujourd'hui 18 Académies, dont 1 en Algérie, portant le nom de leur chef-lieu. Ce sont celles de Paris, de Douai, de Caen, de Nancy, de Rennes, de Poitiers, de Toulouse, etc.

L'enseignement supérieur est donné par les Facultés : Facultés des lettres, des sciences, de droit, de médecine et de théologie; l'enseignement secondaire dans les lycées et colléges; l'enseignement primaire dans les écoles primaires et dans les salles d'asile. Ce dernier enseignement est placé sous l'autorité des préfets, sous la direction des Recteurs et sous la surveillance

(1) Il ne faut pas confondre les académies, circonscriptions administratives, avec des réunions de savants auxquelles on a donné ce même nom d'académies. Il y a par exemple : l'Académie française, l'Académie des inscriptions et belles-lettres, l'Académie des sciences, celle des beaux-arts et celle des sciences morales et politiques. Ces 5 académies forment l'*Institut de France*.

d'Inspecteurs d'académie, d'Inspecteurs primaires, des Délégués cantonaux et des autorités locales. Les préfets sont assistés d'un *Conseil départemental de l'instruction publique*, et les Recteurs d'un *Conseil académique*.

Divisions judiciaires. — L'administration de la justice était autrefois confiée à 14 Parlements, à des Présidiaux, Bailliages ou Sénéchaussées, au nombre de plus de 300. Il y avait les Parlements d'Aix, de Besançon, de Bordeaux, de Dijon, de Douai, de Grenoble, de Metz, de Nancy, de Paris, de Pau, de Rennes, de Rouen, de Toulouse, de Trévoux. Aujourd'hui la hiérarchie judiciaire s'établit ainsi :

Au chef-lieu de canton, un *Juge de paix*. — Au chef-lieu d'arrondissement ou dans une localité importante de l'arrondissement, un *Tribunal de première instance*. — Au chef-lieu de département, même tribunal, et, de plus, s'il y a lieu, un *Conseil de prud'hommes* et un *Tribunal de commerce*. —Enfin, dans 26 grands centres judiciaires, dans 30 en comprenant les colonies, une *Cour d'appel* (Douai, Amiens, Rouen, Caen, Paris, Nancy, Rennes, Angers, Orléans, Bourges, Dijon, Besançon, Poitiers, Bordeaux, Limoges, Riom, Lyon, Grenoble, Chambéry, Pau, Agen, Toulouse, Montpellier, Nîmes, Aix, Bastia; dans les colonies: Alger, Saint-Louis du Sénégal, Saint-Denis de la Réunion, Fort-de-France, Pondichéry).

Le juge de paix concilie les différends, préside les conseils de famille, prononce dans les petits procès, sans appel ou en premier ressort, selon que la valeur de l'objet en litige ne dépasse pas 100 francs ou 1500 francs.

Le tribunal de première instance, à son tour, juge sans appel les procès où l'intérêt engagé est estimé de 100 francs à 1500 francs, et en première instance au delà de cette somme. Le rôle des Cours d'appel est indiqué par leur dénomination même. — Les contraventions sont du ressort des tribunaux de simple police (justice de paix); les délits (1) sont du domaine des tribunaux correctionnels (tribunaux de première instance jugeant correctionnellement); les crimes (2) sont du domaine des *Cours d'assises*, tribunaux composés d'un conseiller de Cour d'appel, de deux juges et d'un *Jury* de citoyens, siégeant tem-

(1) Violences contre les personnes et les propriétés n'entraînant pas une peine supérieure à cinq ans de prison.

(2) Violences contre les personnes et les propriétés entraînant une peine supérieure à cinq ans de prison.

porairement au chef-lieu de chaque département. — Au-dessus de tous ces tribunaux plane la *Cour de cassation*, qui revise ou casse les jugements quand il y a eu vice de forme, fixe la jurisprudence, et maintient l'unité dans l'interprétation des lois.

Divisions financières. — Il existait, avant 1789, 32 *Généralités* ou juridictions des intendants généraux des finances pour l'assiette et la perception de l'impôt; 30 *Fermes générales* (sels ou gabelles, tabacs, etc.), 30 Cours des comptes, 12 Cours des Aides, le tout ressortissant à un surintendant des finances. — Aujourd'hui, des *Percepteurs* reçoivent les impôts directs (1) de circonscriptions de communes plus ou moins étendues. Au-dessus des percepteurs viennent les *Receveurs particuliers* (un par arrondissement), puis les *Trésoriers payeurs généraux* (un par département). Les diverses comptabilités sont surveillées par des *Inspecteurs généraux des finances*, et vérifiées par la *Cour des comptes*. Le *Ministère des finances* centralise le produit des impôts *directs* en même temps que celui des impôts *indirects* (2), acquitte, avec les ressources qui forment le fonds du budget (3), les intérêts de la dette publique (4) consolidée, inscrite, flottante, et rétribue les divers services. La Caisse des dépôts et consignations reçoit les dépôts, les cautionnements, etc.

(1) L'impôt *direct* est proportionnel : il porte sur la propriété foncière, le mobilier, les portes et fenêtres et les patentes.

(2) L'impôt indirect s'exerce sur les objets de consommation (boissons, sels, tabacs, etc.), sur les poudres, les marchandises importées, les cartes à jouer, le papier timbré, les allumettes chimiques, etc. Il est perçu par des administrations particulières : *droits réunis*, *enregistrement*, *domaines*, *douane*, etc.

(3) On appelle *budget* l'état des recettes et des dépenses voté chaque année par le pouvoir législatif.

(4) La dette publique, qui s'est élevée depuis 1869, de 12 à 20 milliards de francs, se divise en dette *consolidée*, dette *inscrite* et dette *flottante*. La dette consolidée sert aux porteurs de *titres* l'intérêt des emprunts contractés à différentes époques. La dette inscrite consiste dans les rentes viagères pour la vieillesse, les pensions de retraite, l'intérêt des cautionnements, des caisses d'épargne, etc. La dette flottante consiste dans des créances exigibles dans un délai plus ou moins long, par exemple les bons du Trésor.

EXERCICES.

Noter par des signes particuliers les villes qui sont des chefs-lieux d'académie et le siége des cours d'appel. — Tracer une carte aussi complète que possible de la France administrative.

QUESTIONS.

Comment se divise l'enseignement? — Où se donnent l'enseignement primaire, l'enseignement secondaire, l'enseignement supérieur? — Quelle action exerce l'Etat sur l'enseignement public? sur l'enseignement libre? — Par qui s'exercent la direction et la surveillance de l'enseignement? — Qu'est-ce qu'une Académie? — Quel est le haut fonctionnaire placé à la tête de l'Académie? Par qui est-il assisté ou secondé? — Sous quelle autorité est placé l'enseignement primaire? — Comment s'appellent les conseils d'enseignement placés 1° auprès des recteurs; 2° auprès des préfets? — Combien y a-t-il d'académies? — Nommez quelques chefs-lieux d'académie? — A qui était confiée autrefois l'administration de la justice? — Nommez quelques villes où il existait un parlement? — Quelle est aujourd'hui la hiérarchie judiciaire? — Quelles sont les attributions des juges de paix? Des tribunaux de première instance? Des cours d'appel? De la cour de cassation? — Qui juge les contraventions? Les délits? Les crimes? — Qu'appelez-vous une cour d'assises? — Combien comptez-vous de cours d'appel? — Dans quelles villes existe-t-il une cour d'appel 1° en France, 2° dans les colonies? — Combien comptait-on, avant 1789, de généralités ou juridictions des intendants généraux des finances? De cours des comptes? De fermes générales? — Quelle est aujourd'hui la hiérarchie des fonctionnaires chargés du recouvrement de l'impôt? — Combien de sortes d'impôts distinguez-vous? — Sur quoi porte l'impôt direct? L'impôt indirect? — Q'appelez-vous budget, dette publique consolidée, inscrite, flottante? — A combien se monte aujourd'hui la dette publique de la France?

RÉSUMÉ.

(A apprendre par cœur.)

Divisions universitaires. — L'enseignement est, suivant son objet, primaire, secondaire ou supérieur. Il est donné, à ces trois degrés, soit dans des établissements *libres* surveillés seulement par l'État, soit dans des établissements *publics* sur lesquels l'État exerce une action directe. Le corps de maîtres et de professeurs chargé de donner l'enseignement public s'appelait autrefois l'*Université*, d'où les expressions d'enseignement *universitaire*, de divisions *universitaires*, encore employées aujourd'hui. On appelle *Académie* une circonscription de départements placés, au point de vue de l'enseignement, sous la direction ou sous la surveillance d'un *Recteur*. — On compte 18 académies dont les chefs-lieux sont : Paris, Caen, Douai, Nancy, etc.

Divisions judiciaires. — L'Assemblée constituante a substitué aux anciens parlements, présidiaux, etc., la hiérarchie suivante : au chef-lieu de chaque canton une *Justice de paix;* au chef-lieu de chaque arrondissement et de chaque département un *Tribunal de première instance;* dans 26 villes, dans 30 en y comprenant les colonies, un grand centre judiciaire appelé *Cour d'appel*. Au sommet de cette hiérarchie, la *Cour de cassation* et le Ministre de la justice.

Divisions financières. — L'administration des finances a aussi sa hiérarchie : *Percepteurs, Receveurs particuliers, Trésoriers-payeurs généraux, Cour des comptes*, Ministère des finances. Les impôts *directs* et *indirects* forment le fonds du budget, sur lequel le ministère des finances acquitte les dépenses publiques : intérêts de la dette publique et services de tous ordres.

QUATRIÈME LEÇON.

(Lecture avec explications, compte rendu, exercices et questions.)

ADMINISTRATION CENTRALE ET GOUVERNEMENT. — POPULATION.

Administration centrale et gouvernement. — De Clovis à 1789, l'état de la France a été monarchique. Bientôt subordonnée aux maires du palais sous la première race, à la féodalité sous la seconde, la monarchie s'est peu à peu, sous la troisième, transformée en un pouvoir absolu, tempéré d'abord par de fréquentes réunions des États généraux, ensuite par l'intervention des parlements, du moins du parlement de Paris. La constitution de 1791 en fit une royauté *constitutionnelle* qui fut renversée le 10 août 1792, et remplacée, le 22 septembre suivant, par la forme républicaine. Après avoir passé par la Convention, le Directoire et le Consulat, le gouvernement redevint monarchique sous l'Empire, sous la Restauration, sous la royauté de Juillet. A la suite de la République éphémère de 1848, l'Empire fut rétabli. Depuis le 4 septembre 1870, le gouvernement républicain, défini par les lois dites constitutionnelles de 1875, a reparu. Actuellement, le pouvoir exécutif est confié, jusqu'au 20 novembre 1880, au maréchal Mac-Mahon.

Pendant longtemps, la division des affaires entre les *secrétaires d'État* fut toute géographique. A partir de Richelieu, elle eut lieu par services : des ministres responsables furent commis à la guerre, à la marine, aux finances, etc. — Les affaires ressortissent aujourd' hui, selon leur nature, à 9 grands centres d'administration appelés *Ministères* : Justice et cultes, affaires étrangères, intérieur, finances, guerre, marine et colonies, instruction publique et beaux-arts, agriculture et commerce, travaux publics. Un *Conseil d'État* prépare les projets de lois ou de décrets, donne des avis sur les matières contentieuses, et décide en dernier ressort sur les difficultés administratives. — Un *Sénat* élu par une sorte de suffrage à deux degrés, une *Chambre des députés* nommée par le suffrage direct et universel, concourent à la confection des lois; la Chambre des députés vote le budget. Ces assemblées et le chef du pouvoir exécutif résident à Versailles, qui est devenue ainsi la capitale politique de la France; mais les ministères et toutes nos grandes institutions administratives ou judiciaires ont été maintenus à Paris.

Population. — Depuis la perte de l'Alsace-Lorraine, la population de la France n'est plus que de 36 102 921 habitants, se partageant à peu près par moitié entre la culture d'une part, le commerce et l'industrie de l'autre ; 10 millions environ sont fixés dans les villes et 26 millions dans les communes rurales. Les colonies comptent, en outre, environ 4 500 000 âmes, ce qui porte à 40 602 920 âmes le chiffre de la population totale de la France et de ses dépendances.

EXERCICES.

Étude de plus en plus approfondie de la carte physique et administrative de la France.

QUESTIONS.

Quel a été le gouvernement de la France jusqu'en 1789 ? — Quelles ont été les formes du gouvernement depuis cette époque jusqu'à nos jours ? — Quel est aujourd'hui le chef du pouvoir exécutif ? — A quelles assemblées est confié le pouvoir législatif? — Quelles sont les principales attributions du Conseil d'État ? — Combien y a-t-il de ministères ? — Où est le siége du gouvernement et de nos grandes assemblées ?— Où sont installés les ministères et nos grandes institutions administratives et judiciaires ? — Quelle est aujourd'hui la population de la France ? — Comment se partage-t-elle entre les campagnes et les villes, entre la culture, le commerce et l'industrie ?

RÉSUMÉ.

(A apprendre par cœur.)

Le gouvernement de la France, autrefois monarchie absolue, a passé par des formes très-diverses depuis 1789. Il forme aujourd'hui une république dont le maréchal Mac-Mahon est le président. Aux termes des lois constitutionnelles élaborées en 1875, il gouverne avec le concours de deux chambres (le Sénat et la Chambre des députés), et de ministres responsables.

On compte neuf ministères ou grands centres d'administration : les ministères de la justice et des cultes, des affaires étrangères, de l'intérieur, des finances, de la guerre, de la marine et des colonies, de l'instruction publique et des beaux-arts, de l'agriculture et du commerce, des travaux publics.

Le siége du gouvernement et des assemblées délibérantes est à Versailles, mais les ministères et nos grandes institutions administratives et judiciaires ont été maintenus à Paris, qui n'a pas cessé d'être la capitale réelle de la France.

La population de la France, malgré la perte de l'Alsace et d'une partie de la Lorraine, est encore de 36 millions d'habitants, dont 26 millions répandus dans les communes rurales ; 18 millions environ se livrent à la culture, pendant que le reste s'occupe de commerce et d'industrie.

JUILLET ET AOUT

RÉVISION GÉNÉRALE.

N. B. — Les mois de juillet et d'août, les derniers de l'année scolaire, seront utilement consacrés, comme l'indique le programme, à la révision de tout ce qui a été vu pendant l'année. Nous conseillons aux maîtres et maîtresses de faire reprendre, un à un, au moins les résumés de chaque leçon, en insistant particulièrement sur la géographie de la France. Il importera à un haut point de posséder à fond notamment le tableau synoptique ci-dessus (provinces et départements correspondants), le cours des fleuves, les chemins de fer, les canaux, les côtes, les ports, etc. Il ne faudra point sans doute négliger la géographie générale ; mais il conviendra aussi de ne point perdre de vue que le programme fondamental de l'année est *la géographie politique, agricole, industrielle et commerciale de la France.*

FIN.

PARIS. — IMPRIMERIE E. MARTINET, RUE MIGNON, 2.

NOTICE

DE

LIVRES ÉLÉMENTAIRES

A L'USAGE

1° DE L'ENSEIGNEMENT DANS LES SALLES D'ASILE

2° DE L'ENSEIGNEMENT PRIMAIRE

3° DE L'ENSEIGNEMENT SPÉCIAL

PARIS

LIBRAIRIE HACHETTE ET Cie

79, BOULEVARD SAINT-GERMAIN, 79

Octobre 1876

TABLE DES MATIÈRES

On adressera franco aux personnes qui en feront la demande :

Le catalogue des livres d'éducation et d'enseignement ;
Le catalogue des livres de littérature générale et de connaissances utiles ;
Le catalogue des livres reliés pour les distributions de prix ;
Le catalogue des livres reçus en dépôt ;
Le catalogue de livres à l'usage des bibliothèques populaires ;
Le catalogue des livres d'étrennes ;
Le catalogue des fournitures de classes ;
Le catalogue du matériel nécessaire pour l'enseignement pratique des sciences.

ENSEIGNEMENT DANS LES SALLES D'ASILE

Livres, Tableaux, Images, Registres.

Alphabet mural en caractères romains. 26 lettres de 16 centimètres de hauteur sur 12 centimètres de largeur. 1 fr.

Les 26 lettres collées isolément sur carton pour être suspendues. 4 fr.

Alphabet des salles d'asile, 20 tableaux de 50 centimètres de hauteur sur 32 centimètres de largeur. 2 fr.

Les 20 tableaux collés sur dix cartons. Prix. 4 fr. 50 c.

Cerise (Dr). *Le médecin des salles d'asile*, ou manuel d'hygiène et d'éducation physique de l'enfance, destiné aux médecins et aux directeurs de ces établissements, et pouvant servir aux mères de famille; 2e édition. 1 vol. in-8, broché. 3 fr. 50 c.

Chansons à l'usage des salles d'asile, sur des airs connus. Brochure in-8. 75 c.

Chevreau-Lemercier (Mme). *Chants pour les enfants des salles d'asile*, avec les airs notés par MM. Defresne et de la Gastine; 4e édition. 1 vol. in-8. 2 fr.

— *Petites histoires pour les enfants des salles d'asile*, avec un questionnaire à l'usage des maîtres. Gr. in-18. 1 fr. 50 c.

Chiffres arabes destinés à être collés sur mur. 10 chiffres de 16 centimètres sur 12 centimètres. 50 c.

Les dix chiffres collés isolément sur carton pour être suspendus. 1 fr. 50 c.

Chiffres romains, destinés à être collés sur mur. 7 chiffres de 16 centimètres de hauteur sur 12 centim. de largeur. 50 c.

Les sept chiffres collés isolément sur carton pour être suspendus. 1 fr.

Enseignement par les yeux, nouvelles images tirées en couleur par la chromolithographie, accompagnées d'histoires et leçons explicatives:

Les images ont 35 centimètres de hauteur sur 50 centimètres de largeur.

Chaque image séparément, 60 c.

Le collage sur carton de chaque image et le vernissage se payent en sus, 50 c.

On peut se procurer ces collections d'images reliées en albums.

Chaque série est accompagnée d'un texte explicatif qui se paye en sus.

ANIMAUX. 1re *série*, 10 sujets : singe; ours; blaireau; loutre; lion; tigre; chat; hyène; loup et renard; chien. 5 fr.

Texte explicatif, par Mme Pape-Carpantier; gr. in 18, illustré. 1 fr. 25 c.

2e *série*, 10 sujets : castor, lièvre, vache et bœuf, mouton; chèvre; chamois; cerf; renne; chameau; girafe. 5 fr.

Texte explicatif, par Mme Pape-Carpantier; gr. in-18, illustré. 1 fr. 25 c.

3e *série*, 10 sujets : porc; sanglier; hippopotame; cheval; âne; rhinocéros; éléphant; sarigue; phoque; baleine. 5 fr.

Texte explicatif, par Mme Pape-Carpantier; gr. in-18, illustré. 1 fr. 25 c.

Les 30 images des 3 premières séries se vendent aussi divisées en *Animaux domestiques*, 10 sujets, 5 fr., et *Animaux sauvages*, 20 sujets, 10 fr.

4e *série*, 10 sujets : aigle; hibou; perroquet; hirondelle et moineau; coq et poule; dinde et dindon; autruche; héron et cygne; canard et oie; pélican et manchot. 5 fr.

Texte explicatif, par Mme Pape-Carpantier; gr. in-18, illustré. 1 fr. 50 c.

5e *série*, 10 sujets : chauve-souris; paresseux et écureuil; oiseau-mouche; paon; grenouille, vipère, tortue et lézard; carpe, cyprin doré et anguille; araignée et scorpion, ver à soie, abeille, libellule et écrevisse; sangsue et lombric; huître, moule et coraux. 5 fr.

Texte explicatif, par Mme Pape-Carpantier; gr. in-18, illustré. 2 fr.

CULTURE ET EMPLOI DU BLÉ, 6 sujets : le labour; les semailles; la moisson; le battage; le moulin; la boulangerie. 3 fr. 50 c.

Texte explicatif, par Mme Pape-Carpantier; gr. in-18, cart. 1 fr.

HISTOIRE SAINTE, 1re partie, 25 sujets. 15 fr.

HISTOIRE SAINTE, 2e partie, 25 sujets. 15 fr.

HISTOIRE DE N. S. JÉSUS-CHRIST, 25 sujets. 15 fr.

Texte explicatif pour les deux parties de l'histoire sainte et pour l'histoire de N. S. Jésus-Christ, par Mme Monternault, née Chevreau-Lemercier; gr. in-18, avec 75 vignettes, cartonné. 1 fr. 50 c.

HISTOIRE DE LA SAINTE-VIERGE MARIE, 20 sujets. 12 fr.

Texte explicatif, par la Sœur Elisabeth, gr. in-18, illustré, cart. 1 fr.

Recommandé et approuvé par plusieurs prélats.

Gaudon (Mlle), directrice de salle d'asile à Paris. *Premiers exercices de calcul* et petits problèmes raisonnés, accompagnés de questionnaires. Grand in-18, br. 1 fr.

Images pour les salles d'asile, de 35 centimètres de hauteur sur 50 centimètres de largeur environ :

Le collage sur carton de chaque image et le vernissage se payent en sus, 50 c.

Arbres, Arbustes, Plantes, 6 sujets.
En noir. 2 fr. 50 c.
Coloriés. 3 fr.

Arts et métiers, 10 sujets : le maçon, le menuisier, le serrurier, le charron, le cordonnier, le tisserand, le vannier, le potier, l'imprimeur typographe, l'imprimeur lithographe. En noir. 5 fr.
Coloriés. 10 fr.

Notions industrielles, 10 sujets: forges, verrerie, mines, machine à vapeur, chemins de fer, fabrique de papier, fabrique d'épingles, filature mécanique, atelier de monnayage, fabrique de savon.
En noir. 5 fr.
Coloriés. 10 fr.

Texte explicatif, par M. Boucard, grand in-18, br. 1 fr.

Sept (les) couleurs principales du spectre solaire qui forment la lumière blanche du soleil. 1 feuille. 1 fr.

Cadre en bois pour recevoir les images des salles d'asile. 4 fr.

Portefeuille pour renfermer lesdites images. 4 fr.

Mallet (Mme Jules). *Chants pour les salles d'asile*, comprenant des cantiques et des chansons, avec les airs notés. 9e édition. 1 vol. grand in-8, broché. 1 fr. 50 c.

Monternault (Mme), née Chevreau-Lemercier, inspectrice des salles d'asile de l'Académie de Douai : *Nouveau Manuel des comités de patronage et des directrices des salles d'asile*, contenant les lois, décrets, règlements et circulaires concernant ces établissements, et des moyens pratiques pour leur organisation pédagogique et matérielle. 1 vol. in-8, br. 3 fr.

Pape-Carpantier (Mme), inspectrice générale des salles d'asile. *Conseils sur la direction des salles d'asile*; 4e édit. in-18, broché. 1 fr. 50 c.

Ouvrage couronné par l'Académie française et autorisé par le Conseil de l'Instruction pub.

— *Enseignement pratique dans les salles d'asile*, ou premières leçons à donner aux petits enfants, suivies de chansons et de jeux pour les récréations de l'enfance; 5e édition. In-8, avec planches, br. 6 fr.

Ouvrage approuvé par le Saint-Siége et couronné par l'Académie française.

— *Histoires et leçons de choses*, pour les enfants; 8e édition. 1 vol. in-12, avec vignettes, broché. 2 fr. 25 c.

Ouvrage couronné par l'Académie française.

— *Lectures et travail* pour les enfants et les mères, 1 vol. in-12, avec vignettes, 1 f. 25.

— *Histoire du blé*. 1 vol. grand in-18 avec vignettes, cart. 1 fr.

— *Jeux gymnastiques* avec chants pour les enfants des salles d'asile; 2e édition. 1 vol. in-8, avec musique et gravures, br. 2 fr.

— *Enseignement de la lecture*, à l'aide du procédé phonomimique de M. Grosselin. 1 vol. gr. in-18, cartonné, 50 c.

— *Tableaux* reproduisant la méthode. 30 tableaux de 50 centimètres de hauteur sur 32 cent. de largeur, 3 fr.

Le collage des 30 tableaux sur 15 cartons se paye en sus, 3 fr. 75

— *Nouveau syllabaire des salles d'asile*, 32 tableaux de 50 centimètres de hauteur sur 32 centim. de largeur, avec un Manuel grand in-18. 3 fr. 50 c.

Le collage des 32 tableaux sur 16 cartons se paye en sus, 4 fr.

On vend séparément :
Chacun des 32 tableaux, 15 c.
Le Manuel, contenant la matière des 32 tableaux reproduits dans le format grand in-18, broché. 25 c.

Régimbeau, ancien instituteur. *Syllabaire-atlas*, méthode de lecture *pour l'enseignement collectif*, à l'usage des salles d'asile et des écoles. (Voir *Enseignement primaire*, page 7.)

Registres prescrits par le règlement des salles d'asile :

1° *Registre des admissions provisoires :*
25 feuilles in-folio, cart. 5 fr.
40 feuilles, *idem*. 7 fr. 50 c.

2° *Registre des admissions définitives :*
25 feuilles in-folio, cartonné. 5 fr
40 feuilles, *idem*. 7 fr. 50 c.

3° *Registre du médecin :*
25 feuilles in-folio, cart. 5 fr.
40 feuilles, *idem*. 7 fr. 50 c.

4° *Registre des visites d'inspection :*
25 feuilles in-folio, cart. 5 fr.
40 feuilles, *idem*. 7 fr. 50 c.

5° *Liste mensuelle de présence des enfants:* chaque feuille. 10 c.

Forney (Mme). *Récits enfantins*, 1 vol. grand in-18, avec 31 vignettes, broché. 1 fr.

Voir, pour les objets qui composent le matériel des salles d'asile, le Catalogue spécial.

ENSEIGNEMENT PRIMAIRE

1° Méthodes d'enseignement, Pédagogie, Législation.

Barrau. *Direction morale pour les instituteurs;* 9e édit. Grand in-18, 1 fr. 25 c.
Ouvrage couronné par l'Académie française.

Bréal (Michel), professeur au Collége de France. *Quelques mots sur l'École.* 1 vol. in-12, br. 1 fr. 25 c.

Brouard et **Defodon.** *Inspection des écoles primaires;* ouvrage destiné aux aspirants aux fonctions d'inspecteur primaire, aux inspecteurs primaires, aux délégués cantonaux et généralement aux personnes chargées de la direction et de la surveillance des écoles; 2e édit. 1 vol. in-12, broché. 3 fr.

Conférences pédagogiques faites à la Sorbonne aux instituteurs primaires venus à Paris pour l'Exposition universelle de 1867. 3 vol. in-12, br. 3 fr.

Delon (M. et Mme). *Méthode intuitive,* selon les méthodes et les procédés de Pestalozzi et de Frœbel. 1 vol. in-8 avec 24 planches, br. 7 fr.

Laveleye (E. de). *L'instruction du peuple.* 1 vol. in-8, br. 7 fr. 50 c.

Manuel général de l'instruction primaire, journal hebdomadaire des instituteurs et des institutrices; rédacteur en chef, M. Defodon. Prix de l'abonnement pour une année. 6 fr.
Voir, pour plus de détails, page 24.

Mariotti, directeur de l'école normale de Versailles. *Conférences de pédagogie;* 3e édition. 1 vol. in-12, br. 3 fr.

Pichard. *Nouveau code de l'instruction primaire;* 5e édition, donnant l'état de la législation au 1er juillet 1878. 1 volume in-18, broché. 2 fr.

Regnard (Mme). *Manuel des travaux à l'aiguille;* 2e édition. 1 vol. in-12, avec 90 vignettes dans le texte, br. 2 fr.

Simon (Jules). *L'école;* 8e édition mise au courant des dernières statistiques et de l'état actuel de la législation. 1 vol. in-12, broché. 3 fr. 50 c.

2° Cours d'éducation et d'instruction pour les enfants des deux sexes de 5 à 14 ans

A L'USAGE DES ÉCOLES ET DES FAMILLES

Par Mme PAPE-CARPANTIER, inspectrice générale des salles d'asile, avec la collaboration de professeurs de lettres et de sciences.

Ce cours est divisé en trois périodes : 1° Elémentaire. — 2° Moyenne. — 3° Complémentaire, précédées de deux années préparatoires.

Les volumes sont imprimés dans le format grand in-18, contiennent des vignettes intercalées dans le texte et se vendent cartonnés.

Deux éditions de tous les volumes ont été publiées simultanément, l'une à l'usage des garçons, l'autre à l'usage des filles; avoir soin de désigner, dans les demandes, l'édition spéciale que l'on désire recevoir.

Première année préparatoire.

Manuel des maîtres, comprenant : l'exposé des principes de la pédagogie et le guide de la première année. 2 fr. 50

Enseignement de la lecture, à l'aide du procédé phonomimique de M. Grosselin, 50 c.

Tableaux (30) reproduisant la méthode. 3 fr.

Petites lectures morales ; premières notions de grammaire. 50 c.

Premières notions d'arithmétique, de géométrie et du système métrique. 50 c.

Premières notions de géographie et d'histoire naturelle. 75 c.

Deuxième année préparatoire.

Manuel de l'instituteur, comprenant : le développement des principes pédagogiques et le guide de la deuxième année. 2 fr. 50 c.

Lectures morales et instructives ; grammaire. 1 fr.

Arithmétique ; géométrie ; système métrique. 1 fr.

Géographie ; premières notions sur quelques phénomènes naturels. 75 c.

Histoire naturelle, leçons préparatoires à l'étude de l'hygiène. 1 fr.

Période élémentaire.

Manuel des maîtres, guide pratique de la période élémentaire. 2 fr. 50

Grammaire avec exercices, lectures et dictées. 1 fr. 50 c.

Arithmétique; géométrie appliquée; système métrique. 1 fr. 50 c.

Premiers éléments de cosmographie ; géographie. 1 fr. 50

Histoire naturelle. 1 fr. 50

Premières notions d'hygiène, de physique et de chimie. 1 fr.

Période moyenne.

Grammaire, accompagnée de dictées-exercices. 1 fr. 50

Géographie, sous presse.

Physique et chimie, sous presse.

(Les autres ouvrages de la *période moyenne* sont en préparation.)

3° Manuels

A l'usage des aspirants et aspirantes aux brevets de capacité d'enseignement primaire et des candidats au volontariat d'un an.

Manuel d'examen pour les brevets de capacité d'enseignement primaire, rédigé conformément à la loi du 14 mai 1850 et de l'arrêté ministériel du 3 juillet 1868, par MM. Berger et Brouard, inspecteurs primaires à Paris; Defodon, professeur à l'École normale primaire de la Seine; Demkès, directeur d'une école municipale à Paris, et Devic, ancien élève de l'École centrale des arts et manufactures :

Pa[illegible] obligatoire. 1 vol. petit in-16, cartonné. 5 fr.

Partie facultative. 1 vol. petit in-16, sous presse.

Manuel d'examen pour le volontariat d'un an, rédigé d'après les dernières instructions ministérielles :

I. *Instruction primaire,* par MM. Berger, Brouard, Defodon et Demkès. 1 vol. petit in-16, cartonné en percaline. 4 fr.

II. *Instruction professionnelle* (Commerce. — Industrie. — Agriculture), par MM. Brouard; Coupin, directeur de l'École commerciale de Bordeaux; Poiré, auteur de *la France industrielle,* et Ch. Poirson. 1 vol. petit in-16. 4 fr.

4° Instruction morale et religieuse, Livres d'offices.

Abrégé de l'histoire sainte, avec les preuves de la religion, par demandes et par réponses. Édition revue et annotée par M. l'abbé Doubet. In-18, cart. 50 c.

Épitres et Évangiles des dimanches et fêtes de l'année. Édition accompagnée de prières pendant la messe, et revue par M. l'abbé Legravereng. In-18, cartonné. 50 c.

Édition approuvée par Mgr l'év. de Coutances.

Épitres et Évangiles des dimanches et des principales fêtes de l'année, *extraits des traductions de Bossuet,* recueillis, complétés et accompagnés de notes prises en partie du même auteur; par M. H. Wallon, membre de l'Institut. In-18, cartonné. 75 c.

Ouvrage approuvé ou recommandé par un grand nombre de prélats et adopté pour les écoles communales de la ville de Paris.

Fleury. *Petit catéchisme historique,* avec les demandes et les réponses. In-18, cartonné. 30 c.

Édition approuvée par Mgr l'arch. de Cambrai.

— *Mœurs des israélites et des chrétiens.* Édition revue et annotée par M. l'abbé Legravereng. In-12, cart 1 fr. 20 c.

Édit. recommandée par Mgr l'év. de Coutances

Histoire abrégée de l'Ancien Testament, avec celle de N. S. Jésus-Christ, où sont contenues ses principales actions. Édition revue et annotée par M. l'abbé Legravereng. In-12, cart. 90 c.

Édit. recommandée par Mgr l'év. de Coutances.

Lhomond. *Doctrine chrétienne* en forme de lectures de piété. Édition revue par M. l'abbé Delacouture. In-12. 1 fr. 10 c.

— *Histoire abrégée de la religion* avant la venue de Jésus-Christ. Édition revue par M. l'abbé Doubet. In-12, cart. 1 fr. 10 c.

— *Histoire abrégée de l'Église.* Édition revue et continuée jusqu'à nos jours par M. l'abbé Doubet. In-12, cart. 1 fr. 10 c.

Monternault (Mme), inspectrice des salles d'asile et des écoles de filles de l'Académie de Douai. *Simples récits sur l'ancien et le nouveau Testament.* 1 vol. grand in-18 avec 75 vignettes, cartonné. 1 fr. 50 c.

Ouvrage approuvé par NN. SS. les archevêques de Cambrai, de Besançon et de Toulouse, et par NN. SS. les évêques d'Amiens, d'Arras, de Soissons, de Beauvais et de la Guadeloupe.

Paroissien romain à l'usage des pensionnats et des communautés, contenant les offices des dimanches et fêtes de l'année, *avec les plains-chants en notation moderne* et dans un diapason moyen, par M. F. Clément. 1 vol. in-18, br. 2 f. 50

La reliure, en basane gaufrée, tranche marbrée, se paye en sus 1 fr.; avec tranche dorée, 1 f. 75; la reliure, en chagrin, tranche dorée, 4 fr. 50.

Approuvé par NN. SS. les archevêques de Paris et d'Avignon, et l'évêque de Nevers.

Ségur (comtesse de). *Évangile d'une grand'mère.* 1 vol. in-12, cart. 1 fr. 50 c.

Ouvrage approuvé par S. Em. le cardinal archevêque de Bordeaux, par NN. SS. les archevêques de Sens et de Bourges et les évêques de Seez, de Poitiers, de Nîmes et d'Annecy.

Wallon, membre de l'Institut. *Vie de N. S. Jésus-Christ* selon les quatre Évangélistes. Livre de lecture courante à l'usage des écoles primaires; 3e édition. 1 volume in-12, cartonné. 1 fr.

Ouvrage approuvé ou recommandé par un grand nombre de prélats.

5° Méthodes de Lecture.

Alphabet et premier livre de lecture, à l'usage des écoles primaires. Grand in-18, avec figures, broché. 30 c.
Cartonné. 35 c.

L'Alphabet seul, br. 10 c.; cart. 15 c.

Le premier livre de lecture seul. Grand in-18, broché, 20 c. : cartonné. 25 c.

Régimbeau, ancien instituteur, chevalier de la Légion d'honneur. Nouvelle méthode simplifiant l'enseignement de la lecture par la décomposition du langage en sons purs et en sons articulés.

Cette méthode a été couronnée par la Société pour l'Instruction élémentaire, mentionnée à l'Exposition universelle de 1867, et est adoptée pour les écoles communales de la ville de Paris.

— *Syllabaire*, avec 33 vignettes intercalées dans le texte. In-12, cartonné. 60 c.

Ce syllabaire, pouvant se diviser en trois livrets qui se vendent séparément chacun 20 cent., est ainsi à la portée des plus petites écoles.

— *Syllabaire-atlas pour l'enseignement collectif*, à l'usage des écoles et des salles d'asile, 72 tableaux imprimés en caractères de grande dimension, pour être lus à longue distance par tous les élèves d'une même classe. Lesdits tableaux réunis et cart. en 1 vol. in-folio. 10 fr.

Le même, en feuilles, permettant d'appliquer lesdits tableaux de lecture à l'*enseignement par groupes* dans les écoles et les salles d'asile. 6 fr.

Le collage sur 36 cartons se paye en sus, 9 fr.

— *Petit syllabaire*, reproduisant textuellement, ligne par ligne, la matière des 72 tableaux du *Syllabaire-atlas*. 1 vol. in-18, cart. 30 c.

Le *petit syllabaire* est l'instrument de l'élève comme le *syllabaire-atlas* est l'instrument du maître. Le *petit syllabaire* a été disposé pour que l'élève suive des yeux et indique du doigt, sur son propre livre, les différentes parties de la leçon, au fur et à mesure que le maître lui-même les montre sur le *Syllabaire-atlas*.

— *Tableaux de lecture spécialement destinés à l'enseignement par groupes*, 38 tableaux contenant des exercices plus nombreux et plus variés que ceux des tableaux précédents, mais imprimés en caractères moins gros. 3 fr.

Le collage sur 19 cartons se paye en sus, 4 f. 75.

— *Grand tableau mural méthodique*, composé pour faciliter l'enseignement de la lecture dans les classes nombreuses et représentant en très-gros caractères les divers éléments de la lecture, groupés dans un ordre gradué. Dimension : 1 m. 60 c. de hauteur sur 2 m. 40 c. de largeur. 5 fr.

— *Morceaux choisis*, à l'usage des enfants, publiés par M. Ad. Reguier. 1 vol. in-18, cartonné. 80 c.

Figuier. *Les grandes inventions modernes* dans les sciences, l'industrie et les arts. 1 vol. in-12 avec 138 figures dans le texte, cart. 1 fr. 50 c.

Florian. *Fables*, suivies des poëmes de Ruth et de Tobie, avec des notes de M. Geruzez. 1 vol. petit in-16, avec vignettes, cart. 75 c.

Garrigues et Boutet de Monvel. *Simples lectures sur les sciences, les arts et l'industrie.* Nouvelle édition refondue et accompagnée de 157 figures dans le texte. 1 fort vol. in-12, cart. 1 fr. 80 c.

Guérin. *Premières lectures*, contenant : 1º Lectures morales et premières notions sur toutes choses ; 2º Émile et Paul ou deux écoliers peints d'après nature ; 3º Fables et poésies diverses. 1 vol. in-12 avec vignettes, cartonné. 1 fr. 20 c.

Humbert. *Jean le dénicheur* ou *misère et richesse*, in-18, cart. 50 c.

Ouvrage couronné par la Société protectrice des animaux et par la Société pour l'Instruction élémentaire.

La Fontaine. *Choix de fables*, avec une notice bibliographique et des notes tirées de l'édition classique publiée par M. Geruzez. In-18, cart. 1 fr.

Lebrun, ancien inspecteur des écoles primaires de la Seine. *Livre de lecture courante*, en quatre parties, contenant la plupart des notions utiles qui sont à la portée des enfants de huit à douze ans, 4 vol. in-18, avec vignettes, cartonnés :

Ouvrage dont l'introduction dans les écoles est autorisée par le ministre de l'Instruction publique et adopté pour les écoles communales de la ville de Paris.

Chaque volume se vend séparément et contient une lecture pour chacun des jours de classe du trimestre.

1re partie (janv., fév., mars), 1 fr. 10 c.
2e partie (avril, mai, juin), 1 fr. 10 c.
3e partie (juil., août, sept.), 1 fr. 10 c.
partie (octob., nov., déc.), 1 fr. 10 c.

Monternault (Mme), inspectrice des écoles de filles de l'Académie de Douai. *Les saisons*, ou simples causeries pour les petites filles de 7 à 10 ans ; 3e édition. Gr. in-18, avec vignettes, cart. 90 c.

Ouvrage approuvé par NN. SS. les archevêques de Cambrai, de Besançon et de Reims, NN. SS. les évêques d'Arras, d'Amiens, de Soissons et de Gap.

Pape-Carpantier (Mme). *Lectures et travail* pour les enfants et les mères. In-12, avec 64 vignettes, cart. 1 fr. 25 c.

— *Histoire du blé.* 1 vol. grand in-18, avec 64 vignettes dans le texte, cart. 1 fr.

Parent, inspecteur de l'instruction primaire. *Premières lectures courantes*, comprenant : 1º des lectures sur les connaissances à la portée des enfants ; 2º des récits moraux et instructifs ; 3º des morceaux de poésie ; 4º des préceptes de religion, de morale et de civilité. 1 vol. in-12, avec 33 vignettes, cart. 90 c.

Pellissier. *La gymnastique de l'esprit*, modèles et sujets d'exercices oraux et écrits, format grand in-18, cartonné.

Ouvrage adopté pour les écoles communales de la ville de Paris.

1re partie : Observation des choses et des êtres, pour les enfants de 5 à 8 ans. 1 vol. avec figures, 60 c.
2e partie : Jugements et raisonnements sur choses et les êtres, pour les enfants de 7 à 10 ans. 1 vol. 80 c.
3e partie : Directions pour la mémoire et l'imagination, pour les enfants de 9 à 13 ans. 1 vol. 60 c.
4e partie : Education du sens moral et religieux, pour les enfants de 10 à 16 ans. 1 vol. 1 fr. 40 c.
5e partie : Education du goût pour les enfants, pour les enfants de 13 à 18 ans. 1 vol. 1 fr. 40 c.

Poiré. *Simples lectures sur les principales industries.* 1 vol. in-12, avec 163 vignettes dans le texte, cart. 1 fr. 50 c.

— *Premières notions sur l'industrie*, extraites du précédent ouvrage. 1 vol. in-18, avec vignettes, cartonné. 80 c.

Psautier de David, en latin, avec une instruction sur la manière de prononcer le latin, et des prières durant la sainte messe. Nouvelle édition revue par M. l'abbé Doubet. In-18, cart. 60 c.

Édition approuvée par Mgr l'archevêque de Paris.

Rendu (Ambroise). *Robinson dans son île*, ou abrégé des aventures de Robinson, in-18, cart. 50 c.

Autorisé par le Conseil de l'Instr. publique.

Ségur (comtesse de). *Évangile d'une grand'mère*, 1 vol. in-12 cart. 1 fr. 50 c.

Soulice. *Premières connaissances.* 1 vol. grand in-18, avec vignettes, cart. 30 c.

Wallon, membre de l'Institut. *Vie de N. S. Jésus-Christ*, livre de lecture courante. 1 vol. in-12, cart. 1 fr.

— *Jeanne d'Arc.* In-12, br. 1 fr.

Wirth (Mlle). *Le livre de lecture courante des jeunes filles chrétiennes :*

1re partie, à l'usage des classes élémentaires ; 3e édition. 1 v. in-18, cart. 90 c.
2e partie, à l'usage des classes supérieures. 1 vol. in-12, cart. 1 fr. 40 c.

§ 2. *Classes d'adultes*

Distributions de prix et Récompenses.

Chaque volume, format in-12, se vend : broché, 1 fr. 25 c.; cartonné en papier gaufré et doré, 1 fr. 50 c. cartonné, en percaline gaufrée, avec titre doré, 1 fr. 75 c.

Agassiz (M. et Mme). *Voyage au Brésil.* 1 vol.

Aunet (Mme d'). *Voyage d'une femme au Spitzberg.* 1 vol.

Badin. *Duguay-Trouin.* 1 vol.
— *Jean Bart.* 1 vol.

Baines. *Voyage dans le sud-ouest de l'Afrique.* 1 vol.

Baker. *Le lac Albert,* nouveau voyage aux sources du Nil. 1 vol.

Baldwin. *Du Natal au Zambèse.* 1 vol.

Barrau. *Conseils aux ouvriers.* 1 vol.

Bernard. *Vie d'Oberlin.* 1 vol.

Bonnechose (É. de). *Bertrand du Guesclin.* 1 vol.
— *Le général Hoche.* 1 vol.

Burton. *Voyage à la Mecque, aux grands lacs d'Afrique et chez les Mormons.* 1 vol.

Calemard de La Fayette. *La prime d'honneur.* 1 vol.
— *L'agriculture progressive.* 1 vol.

Carraud (Mme). *Une servante d'autrefois.* 1 vol.
— *Les veillées de maître Patrigeon,* entretiens familiers sur l'impôt, le travail, la richesse, la propriété, l'agriculture, la famille, la tempérance, etc. 1 vol.

Charton. *Histoire de trois enfants pauvres.* 1 vol.

Corne. *Le cardinal Mazarin.* 1 vol.
— *Le cardinal de Richelieu.* 1 vol.

Corneille (Pierre). *Chefs-d'œuvre.* 1 vol.

Deherrypon. *La boutique de la marchande de poissons.*

De la Palme. *Le premier livre du citoyen.* 1 vol.

Duval (Jules). *Notre pays.* 1 vol.

Ernouf (le baron). *Histoire de trois ouvriers français :* Richard Lenoir, Bréguet, Brézin. 1 vol.
— *Deux inventeurs célèbres.* Philippe de Girard, Jacquart, 1 vol.
— *Denis Papin,* sa vie et son œuvre. 1 vol.

Franck (Ad.). *Morale pour tous.* 1 vol.

Franklin. *Œuvres,* traduites et annotées par M. Ed. Laboulaye. 5 vol.
Mémoires. 1 vol.
Correspondance. 3 vol.
Essais de morale. 1 vol.

Guillemin *La lune.* 1 vol. illustré.
— *Le soleil.* 1 vol. illustré.
— *La lumière et les couleurs.* 1 vol. illustré.
— *Le son.* 1 vol. illustré.

Hauréau. *Charlemagne et sa cour.*

Hayes. *La mer libre du pôle.* 1 vol.

Homère. *Les beautés de l'Iliade et de l'Odyssée,* par M. Giguet. 1 vol.

Joinville. *Histoire de saint Louis,* texte rapproché du français moderne, par Natalis de Wailly, 1 vol.

Jonveaux. *Histoire de quatre ouvriers anglais :* Henri Maudslay, G. Stephenson, W. Fairbairn, James Nasmyth. 1 vol.
— *Histoire de trois potiers célèbres :* Bernard Palissy, Wedgwood, Böttger. 1 vol.

Jouault. *Abraham Lincoln.* 1 vol.
— *Washington.* 1 vol.

Labouchère. *Oberkampf.* 1 vol.

Lacombe. *Petite histoire du peuple français.* 1 vol.

La Fontaine. *Choix de fables.* 1 vol.

Lanoye (de). *Le Nil et ses sources.* 1 vol.

Le loyal serviteur. *Histoire du gentil seigneur de Bayart,* abrégée par A. Feillet. 1 vol.

Lescure (de). *Vie de Henri IV.* 1 vol.

Livingstone. *Explorations dans l'Afrique australe.* 1 vol.

Mage. *Voyage dans le Soudan occidental.* 1 vol.

Meunier (Mme). *Entretiens familiers sur l'hygiène.* 1 vol.
— *Entretiens familiers sur la botanique.* 1 vol.

Milton et Cheadle. *Voyage de l'Atlantique au Pacifique.* 1 vol.

Molière. *Chefs-d'œuvre.* 2 vol.

Mouhot. *Voyage dans le royaume de Siam.* 1 vol.

Müller. *La boutique du marchand de nouveautés.* 1 vol.

Palgrave. *Une année dans l'Arabie.* 1 vol.

Perron D'Arc. *Aventures d'un voyageur en Australie.* 1 vol.

Pfeiffer (Mme). *Voyage autour du monde.* 1 vol.

Piotrowski. *Souvenirs d'un Sibérien.* 1 v.

Poirson. *Guide de l'orphéoniste.* 1 vol.

Racine (Jean). *Chefs-d'œuvre.* 2 vol.

Reclus (Elisée). *Les phénomènes terrestres.* 2 vol.

Rendu (V.) *Principes d'agriculture.* 2 vol.

— *Mœurs pittoresques des insectes.* 1 vol.

Shakspeare. *Chefs-d'œuvre.* 3 vol.

Speke. *Les sources du Nil.* 1 vol.

Stanley. *Comment j'ai retrouvé Livingstone.* 1 vol.

Vambéry. *Voyages d'un faux derviche dans l'Asie centrale.* 1 vol.

7° Écriture.

Taupier. *Nouveaux cahiers d'écriture cursive,* destinés à être repassés à l'encre par les élèves. 10 cahiers. Chaque cahier. 9 c.

Ouvrage dont l'introduction dans les écoles est autorisée par le ministre de l'Instruction publique.

— *Nouveaux cahiers d'écriture bâtarde, ronde et gothique* pour apprendre à écrire avec ou sans maitre ; 6 cahiers in-8 oblong (2 cahiers de chaque sorte). Prix de chaque cahier. 15 c.

— *Guide des nouveaux cahiers pour les écritures bâtarde et ronde.* 1 cahier de 32 pages in-8 oblong. 75 c.

— *Guide des nouveaux cahiers pour l'écriture gothique.* 1 cahier de 32 pages in-8 oblong. 75 c.

— *Tableaux muraux pour l'enseignement de l'écriture.* Chaque tableau se compose de 4 feuilles colombier ayant ensemble 1 mètre 45 centimètres de hauteur sur 1 mètre 10 centimètres de largeur :

1° Ecriture cursive : lettres minuscules, 1 tableau.

2° Ecriture cursive : lettres majuscules, 1 tableau.

3° Ecriture bâtarde, ronde et gothique, 1 tableau.

Chaque tableau en feuilles. 3 fr.

Le collage sur toile avec gorge et rouleau et le vernissage se payent en sus 7 fr.

Thiolat : *L'enseignement de l'écriture par les procédés combinés de l'imitation et du calque.* Huit cahiers de 20 pages in-4° couronne, fabriqués avec un bon et solide papier. Chaque cahier, avec une couverture de couleur portant une gravure instructive avec légende. 9 c.

8° Étude de la langue française.

Altemont (d'). *Narrations et lettres* (sujets et corrigés). 1 vol. in-12, br. 2 fr. 50 c.

— *Choix de poésies,* propres à être apprises par cœur, extraites de divers auteurs et accompagnées de notes. In-18, cart. 75 c.

Barrau. *Méthode de composition et de style,* ou principes de l'art d'écrire en français, suivis d'un choix de modèles en prose et en vers ; 11e édition. 1 vol. in-12, cartonné. 2 fr. 75 c.

Beaujean, professeur au lycée Louis-le-Grand. *Abrégé du dictionnaire de la langue française de E. Littré*, contenant tous les mots qui se trouvent dans le dictionnaire de l'Académie française, plus un grand nombre de néologismes et de termes de science et d'art, avec l'indication de la prononciation, de l'étymologie et l'explication des locutions proverbiales et des difficultés grammaticales. 1 fort volume in-8 de 1300 pages, broché. 12 f. ; cartonné en toile verte, 13 fr. 50 c. ; relié en demi-chagrin, 16 fr.

— *Petit dictionnaire universel,* comprenant un abrégé du dictionnaire de la langue française de E. Littré, une partie mythologique, historique, biographique et géographique. 1 fort vol. in-16, cart. 3 fr.

Bonnaire. *Cours de thèmes français* ou exercices d'orthographe, de syntaxe, d'analyse et de ponctuation. In-12, cartonné. 1 fr. 20 c.

Corrigé des thèmes. In-12, br. 1 fr. 50 c.

Brachet, lauréat de l'Académie française, et **Dussouchet,** agrégé de grammaire. *Petite grammaire française,* fondée sur l'histoire de la langue. 1 vol. in-12, cartonné. 80 c.

Ouvrage adopté par les écoles communales de la ville de Paris.

Voir *Dussouchet* pour les Exercices.

Carraud (Mme). *Lettres de familles*, ou modèles de style épistolaire pour les circonstances ordinaires de la vie; 4e édition. 1 vol. in-12, cart. 1 fr. 10 c.

Defodon, rédacteur en chef du Manuel général de l'instruction primaire. *Cours de dictées*; 6e édition. In-12 cart. 2 fr.

Dussouchet. *Exercices sur la petite grammaire française* de MM. Brachet et Dussouchet. 1 vol. in-12, cart. 80 c.

Lhomond. *Eléments de la grammaire française*. In-12, cart. 30 c.

— *Abrégé de la grammaire française*. Grand in-18 de 36 pages, br., 15 c.; cartonné, 20 c.

Noël et **Chapsal**. *Nouvelle grammaire française*. 1 vol. in-12 cart. 1 fr. 50 c.

— *Exercices*. In-12, cart. 1 fr. 50 c.

— *Corrigé des exercices*. In-12, c. 2 fr. 10 c.

— *Exercices français supplémentaires*. In-12, cartonné. 1 fr. 50 c.

— *Corrigé des mêmes*. In-12, cart. 2 fr. 10 c.

—*Abrégé de la grammaire*. In-12, cart. 90 c.

— *Exercices élémentaires*. 1 vol. in-12, cartonné. 1 fr. 10 c.

Regnard (Mme). *Cours de dictées* à l'usage des jeunes filles. In-12. 1 fr. 80 c.

— *Compositions françaises*, à l'usage des jeunes filles. 1 vol. in-12, cart. 1 fr. 50 c.

Sardou. *Traité de la conjugaison des verbes*. In-12, cart. 50 c.

Sommer. *Grammaire des écoles primaires*, avec de nombreux exercices; 6e édition. 1 vol. in-12, cartonné. 80 c.

— *Grammaire des jeunes filles*, à l'usage des écoles et des pensionnats, avec des exercices spécialement rédigés par Mme Cécile Regnard. 1 vol. in-12, cart. 80 c.

— *Manuel de l'art épistolaire*; 4e édit. 2 vol. grand in-18, brochés. 3 fr. 25 c.

On vend séparément :

Sujets et préceptes de lettres, à l'usage des élèves. 1 vol. 1 fr. 25 c.

Modèles de lettres, à l'usage des maîtres. 1 vol. 2 fr.

— *Manuel de style*, ou préceptes et exercices sur l'art de composer et d'écrire le français, contenant des morceaux écrits en vieux style à rajeunir, des vers à mettre en prose, des exercices sur les homonymes et les synonymes, des sujets de fables, lettres, narrations et discours; 7e édition. 2 vol. grand in-18, br. 3 fr.

On vend séparément :

Préceptes et exercices, à l'usage des élèves. 1 vol. 1 fr. 50 c.

Modèles, à l'usage des maîtres. 1 volume. 1 fr. 50 c.

— *Petit dictionnaire des synonymes français*, avec 1o leur définition; 2o de nombreux exemples tirés des meilleurs écrivains; 3o l'explication des principaux homonymes français. 1 vol. in-18, cartonné. 1 fr. 80 c.

Soulice. *Petit dictionnaire de la langue française*, à l'usage des écoles primaires. Nouvelle édition entièrement refondue. 1 vol. in-18, cart. 1 fr. 50 c.

Le même ouvrage, suivi d'un *complément historique et géographique*, par M. Soulice fils. 1 vol. in-18, cart. 1 fr. 80 c.

Soulice et **Sardou**. *Petit dictionnaire raisonné des difficultés et exceptions de la langue française*. In-18, cart. 2 fr.

9o Géographie.

§ 1er. *Livres, Atlas.*

Ansart. *Petite géographie moderne*; 36e édition avec 30 vignettes dans le texte. 1 vol. in-18, cart. 80 c.

Autorisé par le Conseil de l'Instr. publique.

Belin de Launay, inspecteur d'académie. *Petite géographie de la France*. Grand in-18 de 36 pages, broché, 15 c.; cartonné. 20 c.

Cortambert. *Petite géographie illustrée du premier âge*, à l'usage des écoles et des familles, présentée sous forme d'entretiens, 5e édition. 1 vol. in-18, avec 88 vignettes ou cartes; cartonné en percaline gaufrée. 80 c.

— *Petite géographie illustrée de la France*, à l'usage des écoles primaires, 1 vol. in-18, contenant 75 vignettes dans le texte, cartonné en percaline gaufrée. 80 c.

— *Petit atlas primaire*, composé de 15 cartes tirées en couleurs. 1 volume petit in-8, broché. 50 c.

— *Petit atlas élémentaire de géographie moderne*, à l'usage des écoles et des familles, composé de 22 cartes tirées en couleur. 1 vol. in-4, br. 90 c.

Le même, accompagné d'un texte explicatif en regard de chaque carte. 1 vol. in-4, cart. 1 fr. 10 c.

Le même, sans texte, suivi d'une carte du département demandé, br. 1 fr. 15 c.

L'Atlas, avec texte, suivi d'une carte du département demandé, cart. 1 fr. 35 c.

— *Petite géographie* à l'usage des écoles primaires; 10e édition. 1 vol. in-18, avec 24 vignettes, cartonné. 60 c.

— *Petit atlas géographique du premier âge*, contenant 9 cartes coloriées, et précédé d'un texte explicatif. Grand in-18, cartonné. 80 c.

Ouvrage dont l'introduction dans les écoles est autorisée par M. le ministre de l'Instruction publique.

— *Petit cours de géographie moderne*, contenant de nombreux exercices; 18e édition. In-12, avec 63 vignettes dans le texte, cartonné. 1 fr. 50 c.

Autorisé par le Conseil de l'Instr. publique.

— *Petit atlas de géographie moderne*. Nouvelle édition gravée sur acier. Grand in-8, contenant 20 cartes imprimées en couleurs, cartonné. 2 fr. 50 c.

— *Petite géographie générale*. Grand in-18 de 36 pages, broché, 15 c.; cartonné, 20 c.

— *Le globe illustré*, géographie générale à l'usage des écoles et des familles. In-4°, avec 130 vignettes et 16 cartes tirées en couleur, cart. 4 fr.

Fillias. *Géographie de l'Algérie*. 1 vol. in-12, avec une carte, cartonné. 1 fr. 25 c.

Joanne (A.). *Géographies des départements de la France*, contenant la liste complète des communes du département et un dictionnaire alphabétique des localités les plus remarquables.

Chaque département, accompagné de vignettes intercalées dans le texte et d'une carte du département tirée en 4 couleurs, forme un volume in-12 élégamment cartonné et se vend séparément 1 fr.

En vente : *Aisne; Allier; Aube; Basses-Alpes; Bouches-du-Rhône; Cantal; Charente; Corrèze; Côte-d'Or; Deux-Sèvres; Doubs; Gironde; Haute-Saône; Indre-et-Loire; Isère; Jura; Landes; Loire; Loire-Inférieure; Loiret; Maine-et-Loire; Meurthe; Nord; Oise; Pas-de-Calais; Puy-de-Dôme; Rhône; Saône-et-Loire; Seine-et-Oise; Seine-Inférieure; Somme.*

En préparation : *Charente-Inférieure; Dordogne; Haute-Vienne; Loir-et-Cher; Seine-et-Marne; Vienne.*

— *Atlas de la France*, contenant 95 cartes, avec notices géographiques et statistiques. In-folio cartonné. 40 fr.

Chaque carte séparément 50 c.

Meissas et Michelot. *Petit atlas élémentaire de géographie moderne* (Atlas A), huit cartes coloriées, grand in-8, cartonné. 2 fr. 50 c.

Le même (atlas B), avec les 8 cartes muettes. Cartonné. 3 fr. 50 c.

— *Petite géographie méthodique*, à l'usage des jeunes enfants. In-18, cartonné. 60 c.

— *Géographie sacrée*. In-18, cart. 1 fr. 25 c.

— *Tableaux de géographie*. 28 tableaux in-folio. 3 fr.

— *Manuel de géographie*. In-18, cart. 75 c.

§ 2. *Cartes murales par MM. Meissas et Michelot.*

Chaque carte est accompagnée d'un questionnaire qui est donné gratuitement aux acquéreurs de la carte à laquelle il se réfère. Chaque questionnaire se vend en outre séparément 30 c.

GRANDES CARTES MURALES

Les cartes en 16 feuilles ont 1 mètre 80 centimètres de hauteur sur 2 mètres 30 cent. de largeur. Celles en 20 feuilles ont 1 mètre 80 cent. de hauteur sur 2 mètres 80 cent. de largeur. Le collage sur toile, avec gorge et rouleau et le vernissage se payent en sus : 1° pour les cartes en 16 feuilles, 12 fr.; — 2° pour les cartes en 20 feuilles, 14 fr.

Géographie ancienne.

Empire romain écrit. 16 feuilles. 10 fr.

Italie et Grèce anciennes écrites. 16 feuilles. 10 fr.

Géographie moderne.

Afrique écrite. 16 feuilles. 10 fr.

Amériques septentrionale et méridionale écrites. 20 feuilles. 12 fr.

L'Amér. septentrionale, séparément, 12 f[lles]. 8 fr.

L'Amér. méridionale, séparément, 8 f[lles]. 6 fr.

Asie écrite. 16 feuilles. 10 fr.

Europe écrite. 16 feuilles. 9 fr.

Europe muette, 16 feuilles. 7 fr. 50 c.

France écrite par départements, *Belgique et Suisse;* nouvelle édition, où l'on a ajouté la division de la France en bassins et la division en gouvernements avant 1789. 16 feuilles. 9 fr.

Mappemonde écrite. 20 feuilles. 12 fr.

Mappemonde muette. 20 feuilles. 10 fr.

NOUVELLES CARTES MURALES.

Ces cartes imprimées en couleurs sur 12 feuilles jésus mesurent ensemble 2 mètres de hauteur sur 2 mètres 10 centimètres de largeur.

Le collage sur toile avec gorge et rouleau et le vernissage se payent en sus, 12 fr.

France muette ou *écrite*, par départements, indiquant le relief du terrain. 15 fr.

Europe muette ou *écrite*. 15 fr.

PETITES CARTES MURALES ÉCRITES.

Les petites cartes murales conviennent aux écoles dans lesquelles les grandes cartes ne peuvent être placées à cause de leur dimension.

La *France*, l'*Europe*, l'*Asie*, l'*Afrique et la Palestine* ont 1 mètre de hauteur sur 1 mètre 30 c. de largeur: la *Mappemonde* a 1 mètre 10 centimètres de hauteur sur 1 mètre 70 cent. de largeur; l'*Amérique* a 1 mètre de hauteur sur 1 mètre 95 centimètres de largeur.

Le collage sur toile, avec gorge et rouleau et le vernissage se payent en sus: 1° pour la *France*, l'*Europe*, l'*Asie*, l'*Afrique* et la *Palestine* 5 fr.; 2° pour la *Mappemonde* et l'*Amérique*, 7 fr.

Afrique, 4 feuilles jésus. 5 fr.

Amériques septentrionale et méridionale, 6 feuilles jésus. 6 fr.

Asie, 4 feuilles jésus. 5 fr.

France, en 89 départements, *Belgique et Suisse*, 4 feuilles jésus. 4 fr. 50 c.

Europe, 4 feuilles jésus. 4 fr. 50 c.

Mappemonde, 8 feuill. grand raisin. 6 fr.

Palestine, 4 feuilles jésus. 6 fr.

§ 3. *Grandes cartes murales par M. Erhard.*

Ces cartes sont imprimées en couleurs, sur 4 feuilles grand-monde, et ont 1 mètre 60 cent. de hauteur sur 1 mètre 78 de largeur. Elles indiquent par des teintes de nuances graduées la configuration du sol et rendent facile l'étude de la géographie physique.

France muette ou *écrite*, d'après la carte oro-hydrographique, publiée sous les auspices du ministère de l'Instruction publique, par la commission de la topographie des Gaules. 20 fr.

Le collage sur toile avec gorge et rouleau et le vernissage se payent en sus 12 francs.

Europe, en préparation.

§ 4. *Petites cartes murales par M. Erhard.*

France muette ou *écrite*, en feuille, réduction de la précédente, imprimée en couleurs, ayant 90 cent. sur 1 mètre. 6 fr.

Le collage sur toile avec gorge et rouleau et le vernissage se payent en sus 4 francs.

Europe muette ou *écrite*, imprimée en couleurs sur un seul morceau de toile de 1 mètre sur 95 centimètres et montée sur gorge et rouleau. 8 fr.

D'autres cartes sont en préparation.

§ 5. *Petites cartes murales écrites par E. Cortambert.*

Ces nouvelles cartes sont imprimées en couleurs sur un seul morceau de toile de 95 centimètres de hauteur sur 1 mètre 20 cent. de largeur et ne se vendent que montées sur gorge et rouleau.

France. — Europe. — Asie. — Afrique. — Amérique du Nord. — Amérique du Sud. — Océanie. — Planisphère. — Palestine.

Prix de chaque carte. 7 fr.

10° Histoire.

Daniel (Mgr), ancien évêque de Coutances. *Abrégé chronologique de l'histoire universelle.* Nouvelle édition, continuée jusqu'à nos jours par M. Ch. Marie, professeur au lycée de Caen. 1 fort vol. in-12, cartonné. 3 fr. 50 c.

Ducoudray. *Premières leçons d'histoire de France.* Ouvrage rédigé conformément aux programmes de la ville de Paris et du ministère de l'instruction publique (premier degré). 1 vol. in-18, avec vignettes, cartonné. 60 c.

Ouvrage adopté pour les écoles communales de la ville de Paris.

— *Nouvelles leçons d'histoire de France* (2e degré). 1 vol. in-18 avec vignettes. 1 fr.

Ouvrage adopté pour les écoles communales de la ville de Paris.

Duruy (V.). *Petit cours d'histoire universelle*, format in-18, cartonné :

Petite histoire sainte. 80 c.
Vie de N. S. Jésus-Christ. 60 c.
Petite histoire ancienne. 1 fr.
Petite histoire grecque. 1 fr.
Petite histoire romaine. 1 fr.
Petite histoire du moyen âge. 1 fr.
Petite histoire des temps modernes. 1 fr.
Petite histoire de France, depuis les temps les plus reculés, jusqu'à nos jours. 1 fr.
Petite histoire générale. 1 fr.

Ferté. *Petite histoire sainte*, comprenant l'Ancien et le Nouveau Testament ; 8e édition. 1 vol. in-12 avec vignettes, cart. 70 c.

Ouvrage approuvé par NN. SS. les évêques de Rodez, de Beauvais et de Versailles.

Geruzez. *Petit cours de mythologie.* Nouvelle édition. In-12, cart. 90 c.

Autorisé par le Conseil de l'Instr. publique.

Lesieur. *Petite histoire sainte.* Grand in-18 de 36 pages, broché, 15 c.; cart. 20 c.

— *Petite histoire ancienne.* Grand in-18 de 36 pages, broché, 15 c. ; cart. 20 c.

— *Petite histoire romaine.* Grand in-18 de 36 pages, broché, 15 c. ; cart. 20 c.

— *Petite histoire moderne.* Grand in-18 de 36 pages, broché, 15 c. ; cart. 20 c.

— *Les rois de France* et la chronologie des principaux événements de leur règne. Grand in-18 de 36 pages, br. 15 c., cart. 20 c.

— *Petite mythologie.* Grand in-18 de 72 pages, broché, 25 c. ; cartonné. 30 c.

Meissas et **Michelot.** *Tableaux d'histoire de France.* 36 tableaux in-folio. 3 fr. 50 c.

— *Manuel d'histoire de France.* In-18. 75 c.

Saint-Ouen (Mme L. de). *Histoire de France*, depuis l'établissement des Francs dans les Gaules jusqu'à nos jours, avec les portraits des rois et une carte de la France à l'époque actuelle. In-18, cart. 80 c.

Autorisé par le Conseil de l'Instr. publique.

Simon, adjoint d'école normale primaire. *Histoire sainte abrégée* (Ancien et Nouveau Testament). Revu par M. l'abbé Manuel. 1 vol. in-12, avec une carte, cartonné. 1 fr. 25 c.

Wallon, membre de l'Institut. *Abrégé de l'Histoire sainte* (Ancien et Nouveau Testament). 1 vol. in-18, cart. 75 c.

Ouvrage approuvé par Mgr l'archevêque de Paris, recommandé par un grand nombre d'autres prélats et adopté pour les écoles communales de la ville de Paris.

— *Petite histoire sainte*, extraite de la précédente ; avec questionnaire. 1 vol. in-18, cart. 50 c.

11° Arithmétique, Poids et Mesures, Tenue des livres.

Boutet de Monvel. *Arithmétique*, à l'usage des écoles primaires, suivie de notions élémentaires sur le système métrique, et accompagnée de nombreux problèmes. In-18, cartonné. 75 c.

Bovier-Lapierre, sous-directeur à l'École Monge. *L'arithmétique simplifiée.* 1 vol. in-12, cart. 1 fr. 50 c.

Cadrès Marmet. *Principes de tenue de livres très-simplifiée*, à partie simple et à partie double, avec un vocabulaire des termes les plus usités dans le commerce. In-18, cartonné. 60 c.

Autorisé par le Conseil de l'Instr. publique.

Cirodde (P. L.). *Abrégé d'arithmétique.* In-18, cartonné. 75 c.

Autorisé par le Conseil de l'Instr. publique.

Courcelle-Seneuil. *Traité élémentaire de comptabilité et de tenue des livres.* 1 vol. in-12, broché. 2 fr.

Degranges (Edmond). *Éléments de la tenue des livres.* 1 vol. In-12, cart. 90 c.

Fauré, directeur d'école normale primaire. *Nouvelle arithmétique simplifiée des écoles primaires*, comprenant : 1° la théorie de l'arithmétique mise à la portée des enfants ; 2° de nombreux exercices de calcul mental et écrit ; 3° un grand nombre de problèmes d'applications ; 4° des questionnaires ; 5° l'indication des meilleurs procédés d'enseignement. 1 vol. in-12, cartonné. 1 fr. 50 c.

Garrigues. *Le système métrique*, avec fig. dans le texte. 1 vol. in-18, cartonné. 75 c.

Lamotte. *Système légal des poids et mesures.* In-18, br. 30 c.
Autorisé par le Conseil de l'Instr. publique.

Ritt, ancien inspecteur général de l'instruction primaire. *Nouvelle arithmétique des écoles primaires*, divisée en deux parties : 1° *Théorie et pratique du calcul :* Nombres entiers, fractions, système métrique, nombres complexes, rapports, — 2° *Applications :* Applications arithmétiques, puissances et racines des nombres, applications géométriques ; et contenant environ 1200 exercices et problèmes. In-12, cartonné. 1 fr. 50 c.

— *Réponses et solutions raisonnées* des exercices de calcul et problèmes contenus dans la *Nouvelle Arithmétique des écoles primaires*. In-12, broché. Prix. 1 fr. 50 c.

— *Premières notions d'arithmétique et de calcul mental.* In-18, cartonné. 75 c.

Saigey. *Problèmes d'arithmétique et exercices de calcul du premier degré*, servant de complément à tous les traités d'arithmétique. In-18, contenant plus de 1300 problèmes. Broché. 75 c.
Autorisé par le Conseil de l'Instr. publique.

— *Solutions raisonnées des problèmes d'arithmétique du premier degré.* In-18, broché. 1 fr. 50 c.

— *Problèmes d'arithmétique et exercices de calcul du second degré*, avec leurs solutions raisonnées. In-18, br. Prix. 50 c.

— *Les poids et mesures du système métrique.* Grand in-18, br., 15 c. ; cart. 20 c.
Autorisé par le Conseil de l'Instr. publique.

— *Tableau des poids et mesures du système métrique*, avec 30 figures enluminées, 3 feuilles ayant ensemble 1 mètre de hauteur sur 1 mètre 49 centimètres de largeur. 1 fr. 50 c.
Le collage sur toile avec gorge et rouleau et le vernissage se payent en sus. 5 fr.

Tarnier, inspecteur primaire à Paris. *Nouvelle arithmétique théorique et pratique ;* 7e édition. 1 vol. in-12, cart. 2 fr.
Ouvrage adopté pour les écoles communales de la ville de Paris.

— *Applications de l'arithmétique aux opérations pratiques.* Recueil de 1000 questions modèles pour l'enseignement élémentaire ; 3e édition. 1 vol. in-12, cart. 2 fr.
Ouvrage adopté pour les écoles communales de la ville de Paris.

— *Solutions raisonnées* des exercices compris dans le précédent ouvrage ; 3e édit. 1 vol. in-12, cart. 3 fr.

— *Petite arithmétique des écoles primaires*, 7e édition. In-18, cartonné. 75 c.
Ouvrage dont l'introduction dans les écoles est autorisée par le ministre de l'instruction publique et adopté pour les écoles communales de la ville de Paris.

— *Carte murale du système métrique.* Mesures légales, effectives et de grandeur naturelle. 9 feuilles coloriées mesurant 1 m. 60 cent. de hauteur sur 2 mètres 15 de largeur. 10 fr.
Le collage sur toile avec gorge et rouleau et le vernissage se payent en sus. 12 fr.
Carte adoptée pour les écoles communales de la ville de Paris.

— *Petit tableau du système métrique*, imprimé en couleurs sur un seul morceau de toile de 90 centimètres sur 1 mètre 20 c., et monté sur gorge et rouleau. 7 fr.

— *Petit manuel raisonné du système métrique*, complément de toutes les arithmétiques et de toutes les cartes murales du système métrique. 1 vol. in-12, br. 1 fr.

Tarnier et Bos. *Problèmes d'arithmétique* à l'usage des commençants (*Enoncés*). 1 vol. in-12, cartonné. 2 fr.

— *Solutions raisonnées* desdits problèmes. 1 vol. in-12, cart. 3 fr.

12° Géométrie, Arpentage, Topographie, Dessin.

Bouillon. *Principes de dessin linéaire ;* 6e édition. 24 planches in-4, avec un texte explicatif, broché. 2 fr.
Autorisé par le Conseil de l'Instr. publique.

Briot et Vacquant. *Arpentage, levé des plans, nivellement*, à l'usage des instituteurs, des élèves des écoles normales et supérieures, etc. 4e édit. 1 vol. in-12 avec planches, broché. 3 fr.
Ouvrage dont l'introduction dans les écoles est autorisée par le ministre de l'Instr. publique.

Demkès, instituteur primaire, à Paris. *Mémento de géométrie pratique*, à l'usage des cours supérieurs de l'enseignement primaire. Petit in-16, br. 60 c.

Henriet (d'). *Cours rationnel de dessin*, à l'usage des écoles élémentaires, avec 206 figures dans le texte et un album de 44 modèles applicables au crayonnage, aux notions de perspective, au dessin usuel et à la figure. Grand in-8, br. 8 fr.

Lamotte. *Traité élémentaire d'arpentage.* In-12, avec planches, broché. 2 fr. 25 c.
Autorisé par le Conseil de l'Instr. publique.

— *Cours méthodique de dessin linéaire et de géométrie usuelle :*

1re partie : *Cours élémentaire*, composé d'un atlas de 19 planches, grand in-4, et d'un vol. in-8 de texte. 4 fr.

2e partie : *Cours supérieur*, composé d'un atlas de 15 planches, gr. in-4, et d'un vol. in-8 de texte. 4 fr.

— *Le dessin linéaire des demoiselles*, contenant les applications à l'ornement et à a composition, à la broderie, au dessin des châles, aux fleurs et au paysage. 1 vol. in-8, avec un atlas de 15 planches, grand in-4. 5 fr.

Autorisé par le Conseil de l'Instr. publique.

Sonnet. *Premiers éléments de géométrie*, contenant les principales applications à l'architecture, au levé des plans, à l'arpentage, etc. ; 10e édition. 2 vol. in-12, texte et planches, br. 2 fr. 50 c.

— *Cours élémentaire de topographie*. 1 vol. in-12 avec 92 figures, cart. 2 fr.

13° Agriculture, Histoire naturelle, Physique, Chimie.

Barrau-Heuzé. *Simples notions sur l'agriculture*, les animaux domestiques, l'économie agricole et la culture des jardins. Nouvelle édition refondue conformément au programme pour l'enseignement agricole dans les écoles, par M. G. Heuzé. 1 vol. in-12, avec 78 vignettes et 1 carte de la France agricole, cart. 1 fr. 50 c.

Boutet de Monvel. *Notions de physique*. 8e édition. 1 vol. in-12, avec des figures dans le texte, br. 3 fr. 50 c.

— *Notions de chimie ;* 10e édition. 1 vol. in-12 avec figures dans le texte. 2 fr. 50 c.

Ces deux ouvrages, dont l'introduction dans les écoles est autorisée par le ministre de l'Instruction publique, comprennent les matières pour l'enseignement dans les écoles normales primaires.

Cortambert. *Les trois règnes de la nature*, simples lectures d'histoire naturelle. 1 v. in-12, avec 213 vignettes, c. 1 fr. 50 c.

Delafosse, membre de l'Institut. *Notions élémentaires d'histoire naturelle*. 3 vol. in-18, avec figures dans le texte, cart. 3 fr. 75.

Autorisé par le Conseil de l'Instr. publique.

On vend séparément :

La *zoologie*. 1 fr. 25 c.
La *botanique*. 1 fr. 25 c.
La *minéralogie*. 1 fr. 25 c.

Heuzé, adjoint à l'inspection générale de l'agriculture. *La France agricole*, notions générales sur le sol, le climat, les engrais, les instruments, les cultures, les plantes, les assolements, les animaux, les agriculteurs célèbres, les concours et les fermes-écoles des différentes régions agricoles de la France.

Région du sud : Pyrénées-Orientales, Aude, Hérault, Gard, Ardèche, Drôme, Vaucluse, Basses-Alpes, Bouches-du-Rhône, Var, Alpes-Maritimes, 1 vol.

Région du sud-ouest : Ariége, Haute-Garonne, Hautes-Pyrénées, Basses-Pyrénées, Landes, Gers, Tarn, Lot, Lot-et-Garonne, Dordogne, Charente, Charente-Inférieure, Gironde, 1 vol.

Région de l'ouest : Vendée, Loire-Inférieure, Côtes-du-Nord, Ille-et-Vilaine, Mayenne, Morbihan, Finistère, Maine-et-Loire, Deux-Sèvres, Vienne, 1 vol.

Chaque région forme un volume in-12, avec de nombreuses figures intercalées dans le texte et une carte de la France agricole et se vend, cartonné, 1 fr. 25 c.

Menault : *Le berger*, 1 vol. in-32, avec 23 vignettes, br. 50 c.

— *Le vacher et le bouvier*. 1 vol. in-32, avec 23 vignettes, br. 50 c.

Neveu-Derotrie. *Veillées villageoises*, ou entretiens sur l'agriculture moderne, à l'usage des écoles primaires rurales. In-12, cart. 1 fr. 25 c.

Autorisé par le Conseil de l'Instr. publique.

Périer (Mlle). *Simples entretiens sur la physique et la cosmographie*. 1 vol. in-12, avec 60 figures, cart. 1 fr. 25 c.

Rendu (Victor), ancien inspecteur général de l'agriculture. *Notions élémentaires d'agriculture*, à l'usage des écoles primaires. 1 volume grand in-18 avec 20 vignettes, cart. 75 c.

Ouvrage couronné par la Société centrale d'agriculture.

— *Petit traité de culture maraîchère*, 1 vol. in-32, avec 38 vignettes, br. 50 c.

— *La basse-cour*. 1 vol. in-32, avec 6 vignettes, br. 50 c.

— *Les abeilles*, leurs mœurs, leur industrie, leur culture. 1 vol. in-32 avec 17 vignettes, br. 50 c.

Saffray (Dr). *La physique des champs*. 1 vol in-32, avec 95 vignettes, br. 50 c.

— *La chimie des champs*. 1 vol. in-32, avec 65 vignettes, br. 50 c.

14° Musique et plain chant.

Clément (Félix). *Le paroissien romain*, avec les plains-chants en notation moderne et dans un diapason moyen. 1 vol. in-18, br. 2 fr. 50 c.

— *Méthode complète de plain-chant*, d'après les règles du chant grégorien, à l'usage des séminaires, des chantres, des écoles normales primaires et des maîtrises. 1 vol. in-12, br. 2 fr. 50 c.

Relié en basane. 3 fr. 50 c.

— *Tableaux de plain-chant*, avec l'indication des procédés à suivre dans l'enseignement simultané. 16 tableaux. 4 fr.

Manuel des tableaux de plain-chant. In-12, broché. 75 c.

— *Méthode d'orgue, d'harmonie et d'accompagnement*, comprenant toutes les connaissances nécessaires pour devenir un organiste habile. 1 vol. in-4, br. 12 fr.

Papin, professeur et maître de chapelle au lycée Saint-Louis. *Méthode pratique de musique vocale*, à l'usage des orphéons et des écoles. Ouvrage divisé en trois parties qui se vendent séparément :

Chaque partie, 1 vol. in-8, broché. 1 fr.

Il existe deux éditions de la première partie l'une transcrite en *clef de fa* pour les voix graves, l'autre en *clef de sol* pour les voix aiguës. Avoir soin de désigner dans les demandes l'édition spéciale que l'on désire recevoir.

— *Les solféges classiques*. Recueil de leçons de grands maîtres italiens et français, disposé à deux parties, voix égales, à l'usage des orphéons et des écoles. Cet ouvrage, complément de la *méthode* du même auteur, est divisé en deux parties qui se vendent séparément :

Chaque partie. 1 vol. in-8, br. 1 fr.

Quicherat (L.). *Traité élémentaire de musique*, contenant 180 exemples imprimés dans le texte. In-12 broché 1 fr. 50 c.

Roques (Léon). *L'accompagnement du plain-chant*, mis à la portée de tout le monde. 1 vol. in-12, broché. 60 c.

Savard, professeur au Conservatoire de musique de Paris. *Principes de la musique et méthode de transposition*. In-8, broché. 4 fr.

Ouvrage approuvé par l'Académie des beaux-arts et adopté par le Conservatoire de musique.

— *Premières notions de musique*, extraites de l'ouvrage précédent. In-12, br. 50 c.

15° Notions de droit, Tenue des Actes de l'état civil.

Delacourtie, avocat, docteur en droit. *Éléments de législation usuelle*; 3e édition. 1 vol. in-12, br. 2 fr.

— *Éléments de législation commerciale et industrielle*. 1 vol. in-12, br. 3 fr.

Grün, *Guide et formulaire pour la rédaction des actes de l'état civil et des procès-verbaux, certificats, déclarations et actes divers*, à l'usage des secrétaires de mairie, des instituteurs ; 4e édition. Grand in-18, br. 1 fr. 50 c.

Autorisé par le Conseil de l'Instr. publique.

16° Gymnastique, Hygiène.

Riant (Dr), médecin de l'École normale du département de la Seine. *Hygiène scolaire*, influence de l'école sur la santé des enfants. 1 vol. in-12, avec 42 figures, br. 3 fr.

— *Le café, le chocolat, le thé*. 1 vol. in-32 avec 30 vignettes, br. 50 c.

— *L'alcool et le tabac*. 1 vol. in-32, avec 35 vignettes, broché. 50 c.

Saffray (le Dr). *Les remèdes des champs*, herborisations pratiques à l'usage des instituteurs et de tous ceux qui donnent leurs soins aux malades; 2e édition. 2 vol. in-32 avec 60 vignettes, broché. 1 fr.

Soubeiran (Dr). *Hygiène élémentaire* répondant aux programmes des écoles normales et des lycées. In-12. 1 fr. 50 c.

Vergnes, ex-capitaine instructeur de gymnastique. *Manuel de gymnastique*, à l'usage des écoles primaires, des écoles normales primaires, des lycées et des colléges ; 5e édit. 1 vol. in-12 avec 170 fig. et 4 planches d'appareils gymnastiques, cartonné. 2 fr. 25.

Ouvrage publié conformément aux programmes officiels annexés au décret du 3 février 1869.

Voir, pour le Matériel des écoles, le Catalogue spécial.

ENSEIGNEMENT SPÉCIAL

Ouvrages destinés aux écoles et aux cours préparatoires pour les professions agricoles, industrielles et commerciales.

LANGUE FRANÇAISE.

Barrau. *Méthode de composition et de style*, ou principes de l'art d'écrire en français, suivis d'un choix de modèles en prose et en vers. In-12, cart. 2 fr. 75 c.

Demogeot, agrégé de la Faculté des lettres de Paris. *Textes classiques de la littérature française* extraits des grands écrivains français, avec notices biographiques, bibliographiques, appréciations littéraires et notes explicatives (3e année). 2 vol. in-12, cart. 4 fr. 50 c.

Tome I. *Moyen âge, renaissance*, XVIIe *siècle*. 3 fr.

Tome II. XVIIIe *et* XIXe *siècles*. 1 fr. 50

Lelion-Damiens, économe du collège Rollin. *Lectures ou dictées* (année préparatoire et 1re année), 2 vol. in-12, cart.

Tome I, à l'usage des contrées agricoles. 1 fr. 50 c.

Tome II, à l'usage des contrées commerciales. 1 fr. 50 c.

Pellissier, professeur au collège Chaptal et à Sainte-Barbe. *Premiers principes de style et de composition* (2e année), 1 vol. in-12, cart. 1 fr. 50 c.

— *Sujets et modèles de composition française* destinés à servir d'application aux *principes de style*. 1 vol. in-12, cart. 1 f. 50.

— *Morceaux choisis des classiques français*, en prose et en vers, adaptés au précédent ouvrage, 1 vol. in-12, cart. 1 fr.

— *Principes de rhétorique française* (3e année) 1 vol. in-12, cart. 2 fr. 50 c.

— *Morceaux choisis des classiques français*, en prose et en vers, adaptés au précédent ouvrage. 1 vol. in-12, cart. 2 fr.

— *Sujets et modèles de composition française*, destinés à servir d'application aux *principes de rhétorique*. 1 vol. in-12, cartonné. 2 fr. 50 c.

Sommer. *Grammaire de l'enseignement spécial*, avec de nombreux exercices. 3e édition. In-12, cart. 1 fr. 50 c.

HISTOIRE ET GÉOGRAPHIE.

Cortambert. *Géographie de la France* (année préparatoire), 1 vol. in-12, cartonné. 90 c.

— *Atlas* correspondant. Gr. in-8. 2 fr. 50 c.

— *Géographie des cinq parties du monde* (1re année), 1 vol. in-12, cart. 1 fr. 50 c.

— *Atlas* correspondant. Grand in-8. 6 fr.

— *Géographie agricole, industrielle et commerciale de la France et de ses colonies* (2e année), 1 vol. in-12, cart. 2 fr.

— *Atlas* correspondant. Grand in-8. 4 fr.

— *Géographie commerciale des cinq parties du monde* (3e année), 1 vol. in-12, cart. 3 fr.

— *Atlas* correspondant. Grand in-8. » »

Ducoudray et **Feillet.** *Simples récits d'histoire de France* (année préparatoire). 1 vol. in-12, cart. 2 fr.

— *Simples récits d'histoire ancienne, grecque, romaine et du moyen âge* (1re année). 1 vol. in-12, cart. 2 fr. 50 c.

Ducoudray (G.), agrégé d'histoire. *Histoire de la France depuis l'origine jusqu'à la Révolution française, et grands faits de l'histoire moderne, de 1453 à 1789* (2e année), 1 vol. in-12 cart. 2 fr. 50 c.

— *Histoire de France et histoire générale depuis 1789 jusqu'à nos jours* (3e année), 1 vol. in-12, cart. 2 fr. 50 c.

Joanne. *Géographies des départements de la France.* Voir *Enseignement primaire*, page 14.

Sardou, ancien professeur à l'Ecole de commerce et des arts industriels. *Abrégé de géographie commerciale et industrielle* indiquant pour chaque État : sa situation maritime; les principaux ports de mer, les places de commerce et centres de grande fabrication; le climat; les productions naturelles; les canaux et chemins de fer; les revenus, la dette publique, etc.; et pour la France en particulier : ses richesses agricoles, minérales et industrielles; le mouvement général de son commerce avec l'étranger, la nature et la valeur des importations et exportations, la navigation, la grande pêche, etc.; avec un tableau des monnaies, poids et mesures de tous les pays; 6e édit., in-12, br. 4 fr.

Autorisé par le Conseil de l'Instr. publique.

LÉGISLATION, MORALE, ÉCONOMIE POLITIQUE, INDUSTRIE.

Delacourtie, avocat, docteur en droit. *Éléments de législation usuelle* (3e année), 5e édition. 1 vol. in-12, cart. 2 fr.

— *Éléments de législation commerciale et industrielle* (4e année), 2e édition. 1 vol. in-12, cartonné. 3 fr.

Figuier (L.). *Les grandes inventions modernes* dans les sciences, l'industrie et les arts (4e année). 1 vol. in-12 avec 138 figures dans le texte, cart. 1 fr. 50 c.

Franck (Adolphe), membre de l'Institut. *Eléments de morale* (3e et 4e années), 4e édition. 1 vol. in-12, cart. 2 fr.

Levasseur, membre de l'Institut. *Cours d'économie rurale, industrielle et commerciale* (4e année), 1 volume in-12, cartonné. 3 fr.

Poiré (P.). *Simples lectures sur les principales industries* (4e année), 1 vol. in-12, avec 163 vignettes dans le texte, cart. 1 fr. 50

ARITHMÉTIQUE ET APPLICATIONS, TENUE DES LIVRES, CORRESPONDANCE COMMERCIALE.

Bovier-Lapierre, ancien professeur de mathématiques à l'école normale de Cluny. *Arithmétique* (année préparatoire et 1re année). In-12, cart. 2 fr. 50 c.

— *Traité d'arithmétique commerciale* (2e année), 1 vol. in-12, cart. 1 fr. 50 c.

Coupin, directeur de l'École commerciale de Bordeaux. *Cours raisonné d'arithmétique commerciale*. 1 vol. in-8. 3 fr. 50 c.

Courcelle-Seneuil. *Cours de comptabilité* (1re, 2e, 3e et 4e années). 4 vol. in-12, cartonnés : chaque vol. se vend séparément. 1 fr. 50 c.

Dupuis (J.), proviseur du lycée de Bourges. *Tables de logarithmes* à cinq décimales, d'après J. de Lalande. Édition stéréotype disposée à double entrée et contenant les logarithmes de 1 à 10 000, les logarithmes des sinus et des tangentes des arcs, calculés de minute en minute dans la supposition de R = 1, et un très-grand nombre de tables usuelles. 1 vol. gr. in-18, broché. 2 fr.

Cartonné en percaline gaufrée. 2 fr. 50 c.

Houjon et Sardou. *Cours complet de tenue de livres et d'opérations commerciales*, comprenant : — l'analyse des opérations du commerçant et les premières écritures qui servent à les constater ; — la théorie des comptes courants ; — les comptes d'intérêts par toutes les méthodes ; — la tenue des livres en partie simple et en partie double ; — la correspondance : — les effets publics ou rente sur l'État ; les matières d'or et d'argent — les changes et les arbitrages ; — les comptes en participation ; — les actes de société ; — les écritures des sociétés par actions, etc. ; 5e édition, 1 vol. in-8, br. 5 fr.

Ouvrage dont l'introduction dans les écoles est autorisée par le ministre de l'Instruction publique.

— *Solutions des exercices* contenus dans le Cours complet de tenue de livres et d'opérations commerciales. 1 vol. in-8, broché. 2 fr. 50 c.

Jeanne, directeur de l'École de commerce de Toulouse. *Cours d'arithmétique commerciale* (2e année), 1 vol. in-12, cartonné. 3 fr.

Monnaies, poids et mesures, et usages commerciaux de tous les pays du monde. 1 vol. in-8, broché. 6 fr.

Pichot, censeur du lycée de Versailles. *Eléments d'arithmétique* (année préparatoire et 1re année) ; 3e édition. 1 vol. in-12, cartonné. 2 fr. 50 c.

Sonnet. *Problèmes et exercices d'arithmétique et d'algèbre* sur les principales questions usuelles relatives au commerce, à la banque, aux fonds publics, aux établissements de prévoyance, à l'industrie, aux sciences appliquées, etc. 2 vol. in-8, brochés. 5 fr.

On vend séparément,

1re partie : *Énoncés*. 1 vol. 2 fr.

2e partie : *Solutions raisonnées*. 1 volume. 3 fr.

GÉOMÉTRIE, ARPENTAGE ET TOPOGRAPHIE.

Bezodis, professeur au lycée Henri IV. *Notions sur les courbes usuelles* (4e année). 1 vol. in-12, cart. 1 fr. 50 c.

Briot et Vacquant. *Arpentage, levé des plans, nivellement* ; 4e édition, 1 vol. in-12, avec 194 figures dans le texte et des planches, broché. 3 fr.

Ouvrage dont l'introduction dans les écoles est autorisée par le ministre de l'Instruction publique.

Saint-Loup, professeur à la Faculté des sciences de Besançon. *Géométrie plane* (année préparatoire) ; 4e édition. 1 vol. in-12, avec 90 figures, cart. 1 fr.

— *Géométrie plane* (1re année), 2e édition. 1 vol. in-12 avec 394 fig., cart. 2 fr.

— *Géométrie dans l'espace* (2e année) ; 3e édit. 1 vol. in-12, avec 144 fig., cart. 1 fr. 50 c.

Sonnet *Géométrie théorique et pratique*, contenant de nombreuses applications au dessin linéaire, à l'architecture, à l'ar-

pentage, au levé des plans, à la perspective, aux ombres, etc., et les premiers éléments de la géométrie descriptive ; 7e édition. 2 vol. in-8, texte et planches, brochés. 6 fr.
Autorisé par le Conseil de l'Instr. publique.

— *Premiers éléments de géométrie*, extraits du précédent ouvrage ; 10e édition, 2 vol. in-12, texte et planches, br. 2 fr. 50 c.
Autorisé par le Conseil de l'Instr. publique.

— *Cours élémentaire de topographie*. 1 vol. in-12 avec vignettes, cart. 2 fr.

ALGÈBRE, TRIGONOMÉTRIE, GÉOMÉTRIE DESCRIPTIVE.

Bezodis, professeur au lycée Henri IV. *Notions élémentaires de trigonométrie rectiligne* (4e année), 2e édition. 1 vol. in-12, cartonné. 1 fr. 50 c.

Bovier-Lapierre, ancien professeur de mathématiques à l'École normale de Cluny. *Traité élémentaire de trigonométrie rectiligne*, rédigé sur un plan nouveau (4e année). In-8 avec 23 figures dans le texte, br. 2 fr. 50 c.

Kiæs. *Cours élémentaire de géométrie descriptive* (3e et 4e années); 5e édition. 2 vol. in-12, texte et planches, cart. 5 fr.

Sonnet. *Principes d'Algèbre*, mis en harmonie avec les programmes officiels de l'enseignement spécial par M. Jeanne. (3e et 4e années), 1 vol. in-12, cart. 2 fr. 50 c.

MÉCANIQUE.

Collignon, répétiteur à l'École polytechnique. *Cours élémentaire de mécanique:*
Troisième année (1re partie, *cinématique*). 1 vol. in-12. 1 fr. 80 c.
Troisième année (2e partie, *statique*). 1 vol. in-12. 2 fr. 20 c.
Quatrième année (*dynamique*), 1 vol. (sous presse).

Dessins muraux pour l'enseignement de la mécanique dans les lycées et collèges d'enseignement spécial (arrêté ministériel du 27 octobre 1867) imprimés en couleur sur 4 feuilles colombier mesurant ensemble 1 mètre 45 de longueur sur 1 mètre de hauteur.

Roue en dessous; roue de côté; roue en dessus ; turbine Fontaine ; turbine Jonval; bélier hydraulique; locomobile; locomotive.

Prix de chaque dessin mural. 6 fr.
Le collage sur toile avec gorge et rouleau et le vernissage se payent en sus. 7 fr.

Morin (le général), membre de l'Institut (Académie des sciences). *Aide-mémoire de mécanique pratique;* 6e édition. 1 vol. in-8, broché. 9 fr.

— *Notions géométriques* sur les mouvements et leurs transformations, ou éléments de *cinématique ;* 4e édition. 1 vol. in-8, broché. 5 fr.

— *Notions fondamentales de mécanique et données d'expérience;* 3e édition. 1 vol. in-8 avec des figures dans le texte et des planches, broché. 7 fr. 50 c.

Morin et **Tresca**. *Dessins coloriés pour l'enseignement de la mécanique* publiés sous la direction du général Morin et par les soins de M. Tresca. 30 planches de 49 centimètres sur 64 centimètres. Prix. 40 fr.

Les 30 planches se divisent en quatre séries qui se vendent comme suit :
1o Organes de transmission du mouvement. 12 planches. Prix, 18 fr.
2o Roues hydrauliques et autres récepteurs. 6 planches. Prix, 10 fr.
3o Machines hydrauliques. 7 planches. Prix, 12 fr.
4o Machines à vapeur. 5 planches. Prix, 10 fr.
Chaque planche se vend séparément. 2 fr.

Robinet. *Cours complet de dessin des machines*, appliqué à la construction. Voir ci-après page 23.

PHYSIQUE, CHIMIE, AGRICULTURE, HISTOIRE NATURELLE, COSMOGRAPHIE.

Dehérain, professeur au collège Chaptal, et **Tissandier** : *Eléments de chimie*. 4 vol. in-12, avec des figures intercalées dans le texte, cartonnés :

Première année. 1 vol.	1 fr. 50 c.
Deuxième année. 1 vol.	2 fr. 50 c.
Troisième année. 1 vol.	3 fr.
Quatrième année. 1 vol.	2 fr. 50 c.

Gervais, membre de l'Institut. *Eléments de zoologie*, avec des figures intercalées dans le texte. 5 vol. in-12 cartonnés :
Année préparatoire : *Notions préliminaires*. 1 vol. 1 fr. 25 c.
Première année : *Notions générales et histoire des mammifères*. 1 fr. 25 c.
Deuxième année : *Vertébrés, ovipares, animaux sans vertèbres*. 1 v. 2 fr. 50 c.
Troisième année : *Anatomie et physiologie des animaux*. 1 vol. 2 fr. 50 c.
Quatrième année : *Zoologie appliquée à l'agriculture, à l'industrie et à l'hygiène*. 1 vol. (en préparation).

Gervais, Marchand et Raulin. *Notions élémentaires d'histoire naturelle :* Zoologie, Botanique, Géologie. 5 volumes in-12 avec fig. dans le texte, cartonnés :
Année préparatoire. 1 vol. 9 fr.

Première année. 1 vol. 3 fr. 50 c.
Deuxième année. 1 vol. 3 fr. 50 c.
Troisième et quatrième années. 2 vol. en préparation.

Gossin, proviseur du lycée de Toulon. *Cours élémentaire de physique*, avec figures, 4 vol. in-12 cartonnés :
Première année. 1 vol. 3 fr.
Deuxième année. 1 vol. 3 fr.
Troisième année. 1 vol. 3 fr.
Quatrième année. 1 vol. 3 fr.

Guillemin (Amédée). *Éléments de cosmographie* (3e année). 1 volume in-12, avec 164 figures intercalées dans le texte, cartonné. 3 fr. 50 c.

Marchand, agrégé de l'école de pharmacie de Paris. *Éléments de botanique*. 4 vol. in-12 avec figures dans le texte, cart.
Année préparatoire. 1 vol. 1 fr. 25 c.
Première année. 1 vol. 1 fr. 50 c.
Deuxième année. 1 vol. 1 fr. 50 c.
Troisième et quatrième années : *classification et usages des plantes*. 1 vol. 3 fr.

Marié-Davy. *Notions préliminaires de physique* (1re année). 1 vol. in-12, avec des figures dans le texte, cartonné. 3 fr.

Raulin, professeur à la faculté des sciences de Bordeaux. *Éléments de géologie*. 5 vol. in-12 avec figures dans le texte, cartonnés :
Année préparatoire. 1 vol. 1 fr. 25 c.
Première année : *Géologie de la France*. 1 vol. 1 fr. 25 c.
Deuxième année, 1 vol. 1 fr. 50 c.
Troisième année, 1 vol. (sous presse).
Quatrième année : *Éléments de physique terrestre*, par MM. Marié-Davy et Sonrel, 1 vol. 1 fr. 80 c.

DESSIN LINÉAIRE ET INDUSTRIEL, DESSIN D'IMITATION.

Bouillon. *Exercices de dessin linéaire*, présentant un choix très-varié de modèles pratiques d'architecture, de menuiserie, de charpente, de serrurerie, de marbrerie et d'ameublement. 24 planches in-folio avec un texte explicatif, in-8. 5 fr.
Autorisé par le conseil de l'Instr. publique.

Chazal, professeur de dessin au lycée Henri IV : *Modèles de dessin d'imitation*, à l'usage des lycées et des écoles. Études d'architecture, d'ornement et de figures, choisies parmi des spécimens de l'art dans les époques égyptienne, assyrienne, grecque, romaine et de la renaissance.
Trois séries de 20 planches in-folio.
Chaque série de 20 planches. 15 fr.
Chaque planche séparément. 1 fr.

Henriet (d'). *Cours rationnel de dessin*, avec 206 figures dans le texte et un album in-4° de 44 modèles lithographiés applicables au crayonnage, aux notions pratiques de perspective, au dessin usuel et à la figure. 1 vol. grand in-8, broché. 8 fr.

Morin et **Tresca**. *Modèles de dessin et de lavis*, publiés sous la direction du général Morin, de l'Académie des sciences, et par les soins de M. Tresca, sous-directeur du Conservatoire des arts et métiers :
1re *série*, comprenant 22 planches, savoir : 10 planches d'ornement, 6 planches de géométrie, 4 planches de levé de plans et de bâtiments, et 2 planches de lavis. 6 fr.
2e *série*, comprenant 14 planches, savoir : 6 planches de géométrie et projections et 8 planches de levé de plans et topographie. 4 fr.
3e *série*, comprenant 12 planches, savoir : 5 cartes géographiques, 1 planche de géométrie et 6 planches de lavis de machines. 3 fr. 25 c.

Normand fils, **Douliot** et **Krafft**. *Cours de dessin industriel* ; 3e édition. 1 volume in-8 avec un atlas de 34 planches in-folio. 7 fr. 50 c.

Ottin, grand prix de Rome. *Méthode élémentaire de dessin* comprenant l'étude des lignes, des mesures des angles, de l'ombre et de la lumière. Ouvrage composé d'un texte explicatif et de 66 planches in-4. 7 fr.

Robinet, ingénieur dessinateur. *Cours complet de dessin des machines*, appliqué à la construction, comprenant 150 planches in-folio, avec un texte explicatif, In-8, br. 30 fr.

GYMNASTIQUE.

Vergnes. *Manuel de gymnastique*, avec 170 figures et quatre grandes planches d'appareils ; 5e édition. 1 vol. in-12, cartonné. 2 fr. 25 c.

MANUEL GÉNÉRAL
DE L'INSTRUCTION PRIMAIRE

JOURNAL HEBDOMADAIRE

DES INSTITUTEURS ET DES INSTITUTRICES

RÉDACTEUR EN CHEF : M. CHARLES DEFODON.

43e ANNÉE

Prix de l'abonnement : un an, 6 fr.

On ne s'abonne que pour un an; l'année commence au premier janvier, mais les abonnements peuvent se prendre du 1er de chaque mois.

Le *Manuel général* parait, chaque semaine, par numéro de 16 pages in-8, se compose de deux parties distinctes d'égale étendue, l'une *générale*, l'autre *scolaire*, ayant chacune leur pagination ; une fois par mois, un supplément de quatre pages au moins, spécialement destiné à la correspondance, est ajouté au journal sans augmentation de prix ; toutes les fois que l'abondance des matières l'exige, notamment pour la reproduction du compte rendu sténographique des débats des chambres concernant l'instruction primaire, il est également ajouté un supplément.

La *Partie générale* (huit pages) contient, sous le titre de chronique générale, un résumé des faits historiques, géographiques, militaires ou économiques qui ont pu se passer d'une semaine à l'autre, soit à l'intérieur, soit à l'extérieur ; le texte officiel des lois et des actes les plus importants du gouvernement ; les comptes rendus *in extenso* de celles des séances des Chambres qui ont rapport aux intérêts de l'instruction primaire, comptes rendus qui ne se trouvent guère, sous cette forme, que dans le *Journal officiel;* tous les actes officiels relatifs à l'instruction primaire ; une revue hebdomadaire des faits concernant l'enseignement des écoles en France et à l'étranger ; des articles sur les questions à l'ordre du jour relatives à l'administration de l'instruction primaire ; des articles de pédagogie pratique, examen de questions diverses concernant les principes de la pédagogie ou l'exposé des méthodes, biographies des grands pédadogues français et étrangers, études de pédagogie historique, questions d'enseignement ou de méthode, proposées aux instituteurs sous forme de concours volontaires donnant droit à des récompenses, suivis du compte rendu anonyme d'un grand nombre de mémoires (tous les mémoires sont renvoyés à leurs auteurs avec des annotations) ; des articles de variétés, surtout de variétés pédagogiques ; un cours suivi de langue anglaise à l'usage des instituteurs; des morceaux de musique à l'usage des écoles ; des comptes rendus de livres et procédés d'enseignement ; une correspondance avec les abonnés sur les questions administratives, pédagogiques et autres, qui peuvent les intéresser.

La *Partie scolaire* (huit pages) comprend des devoirs de tous genres, destinés à faciliter la préparation quotidienne de la classe, et gradués, d'après la division mensuelle des matières de l'enseignement adoptée dans les écoles publiques du département de la Seine, pour les trois cours d'une école primaire.

Moyennant un supplément de 4 fr. par an, les abonnés peuvent recevoir vingt-quatre modèles de dessin gradués formant un *Cours rationnel de dessin*, dessin linéaire et dessin d'ornement, à l'usage spécial des écoles primaires ; ces modèles sont tirés hors texte ; le texte du cours de dessin, avec vignettes à l'appui, est inséré dans la *partie générale.*

Paris. — Imprimerie Viéville et Capiomont, rue des Poitevins, 6.

[illegible]

BRETON (Marcel) : [illegible]

[illegible]

[illegible]

8°

EXTRAIT DU CATALOGUE DE LA LIBRAIRIE HACHETTE ET Cie

OUVRAGES ADOPTÉS POUR LES ÉCOLES COMMUNALES DE LA VILLE DE PARIS.

BARRAU : **Choix gradué de 50 sortes d'écritures,** pour exercer à la lecture des manuscrits. Édition refondue par M. Barrau. 1 vol. grand in-8, cart. 1 fr. 30

BRACHET et DUSSOUCHET : **Petite grammaire française,** fondée sur l'histoire de la langue. 1 vol. in-12 cart. 80 c.

CARRAUD (Mme) : **Contes et historiettes.** 1 vol. in-12, cart. 1 fr. 10

CORTAMBERT : **Petit atlas élémentaire de géographie moderne,** composé de 22 cartes tirées en couleur. 1 vol. in-4, br. 1 fr. 15

— **Notions de géographie générale** (cours élémentaire). 1 volume in-18, cart. 50 c.

— **Notions sommaires sur les cinq parties du monde et sur l'Europe en particulier** (cours moyen). 1 volume in-12, cartonné. 1 fr. 25

DUCOUDRAY : **Premières leçons d'histoire de France** (premier degré). 1 vol. in-18, avec vignettes, cart. 60 c.

— **Nouvelles leçons d'histoire de France** (deuxième degré). 1 vol. in-18, cart. 1 fr.

DELAPALME : **Premier livre de l'enfance.** 1 volume grand in-18, imprimé en gros caractères, avec gravures, cart. 60 c.

HENRY (Gervais) : **Cartographie de l'enseignement,** comprenant 5 cartes pour les bassins physiques et 5 cartes pour les bassins politiques. En noir, 6 cent. ; coloriés, 10 cent.

— **Livret de lecture.** 1 vol. in-12, cart. 50 c.

LEBRUN (Th.) : **Livre de lecture courante,** en quatre parties. 1 vol. in-18, cart. Chaque volume se vend séparément. 1 fr. 10

MEISSAS et MICHELOT : **Mappemonde écrite.** 20 feuilles. 12 fr.

— **Palestine écrite,** avec un plan de Jérusalem. 6 feuilles. 6 fr.

PELLISSIER : **La Gymnastique de l'esprit.** 1re partie, 60 cent. ; 2e partie, 80 cent. ; 3e partie, 60 cent.

RÉGIMBEAU : **Syllabaire.** 1 vol. in-12, cart. 60 c.

— **Grand tableau mural méthodique de lecture,** en feuilles. 5 fr.

TAGNARD et DAUPHIN : **Arithmétique.** 1 vol. in-12, cart. 1 fr. 25

TARNIER, **Nouvelle arithmétique.** 1 vol. in-12, cart. 2 fr.

— **Applications de l'arithmétique.** 1 vol. in-12, cart. 2 fr.

— **Solutions raisonnées.** 1 vol. in-12, cart. 3 fr.

— **Petite arithmétique des écoles primaires.** In-18, cart. 75 c.

— **Carte murale du système métrique.** 6 feuilles. 10 fr.

WALLON, membre de l'Institut : **Abrégé de l'histoire sainte** (Ancien et Nouveau Testament). 1 vol. in-18, cart. 75 c.

— **Petite histoire sainte,** extraite de la précédente, avec questionnaires. 1 vol. in-18, cart. 50 c.

— **Épîtres et Évangiles,** 1 vol. in-18, cart. 75 c.

BIBLIOTHÈQUE NATIONALE DE FRANCE
3 7502 00783613 5

PARIS. — IMPRIMERIE DE E. MARTINET, RUE MIGNON, 2

www.ingramcontent.com/pod-product-compliance
Ingram Content Group UK Ltd.
Pitfield, Milton Keynes, MK11 3LW, UK
UKHW031844260826
14628UKWH00002B/585

9 782329 425221